الصيرفة الإلكترونية

الأدوات والتطبيقات ومعيقات التوسع

Electronic Banking

Tools , Applications And Expansion Obstacles

تأليف

الأستاذ الدكتور
ناظم محمد نوري الشمري
علوم مالية ومصرفية

الدكتور
عبد الفتاح زهير العبداللات
علوم مالية ومصرفية

دار وائل للنشر
الطبعة الأولى
2008

رقم الايداع لدى دائرة المكتبة الوطنية : (٢٠٠٧/٧/٢٢٥٧)
ناظم محمد نوري الشمري
الصيرفة الالكترونية : الأدوات والتطبيقات ومعيقات التوسع/ ناظم محمد نوري الشمري، عبد الفتاح زهير العبداللات. - عمان ، دار وائل ، ٢٠٠٧ .
(٢٦٨) ص
ر.إ. : (٢٠٠٧/٧/٢٢٥٧)
الواصفات: المصارف / الاقتصاد المالي / الحواسيب / العلوم المصرفية/ البنوك التجارية
* تم إعداد بيانات الفهرسة والتصنيف الأولية من قبل دائرة المكتبة الوطنية

****

رقم التصنيف العشري / ديوي : ٣٣٢.٢
(ردمك) ISBN ٩٧٨-٩٩٥٧-١١-٧١٨-٤

* الصيرفة الإلكترونية - الأدوات والتطبيقات ومعيقات التوسع
* الأستاذ الدكتور ناظم محمد الشمري- الدكتور عبد الفتاح العبداللات
* الطبعة الأولى ٢٠٠٨

* جميع الحقوق محفوظة للناشر

دار وائل للنشر والتوزيع

• الأردن - عمان - شارع الجمعية العلمية الملكية - مبنى الجامعة الاردنية الاستثماري رقم (٢) الطابق الثاني
هاتف : ٠٠٩٦٢-٦-٥٣٣٨٤١٠ - فاكس : ٠٠٩٦٢-٦-٥٣٣١٦٦١ - ص. ب (١٦١٥ - الجبيهة)
• الأردن - عمان - وسط البلد - مجمع الفحيص التجاري- هاتف: ٠٠٩٦٢-٦-٤٦٢٧٦٢٧
www.darwael.com
E-Mail: Wael@Darwael.Com

بسم الله الرحمن الرحيم

قال تعالى :

{ وفوق كل ذي علم عليم }

صدق الله العظيم

سورة يوسف

الاهـــداء

إلى أبناء أمتنا العربية المستنيرة عقولهم بهالة
العلم والمعرفة لولوج فجر عربي جديد

مقدمة

يشهد العالم منذ نهاية القرن العشرين وبدايات القرن الحالي تغيرات واسعة النطاق، وذلك نتيجة التطورات الهائلة في مجال تكنولوجيا المعلومات (Information Technology) وتكنولوجيا الاتصالات (Communication Technology) والتي انعكست على كافة نواحي الحياة وقطاعاتها المختلفة بما فيها قطاع البنوك التي أصبحت تعمل في بيئة أكثر تنافسية ، ونتيجة لإستفادة البنوك من تلك التكنولوجيا أصبحت الصيرفه الإلكترونية (Electronic Banking) فرصة لزيادة ربحية وحصة البنك السوقية بإستخدام المزيد من أدوات ومجالات الصيرفة الإلكترونية .

إن الإستثمار في التكنولوجيا يشكل العامل الأهم لنجاح ومستقبل النمو في المؤسسات الإقتصادية عموماً، والمصرفية على وجه الخصوص. وتؤكد الأبحاث العالمية أهمية الإستثمار في الخدمات المصرفية المرتكزة على التكنولوجيا الحديثة، إذ تُظهرْ التوقعات أن نصيب الفروع من الخدمات المصرفية سيتراجع بعد أن تأخذ مكانها أجهزة الصراف الآلي، والبنك الناطق، والبنك الخلوي، وبنوك الإنترنت، ونقاط البيع، وأدوات التحويل الإلكتروني للأموال، والبنك الآلي وغيرها والتي ستصبح القنوات الرئيسة لخدمة العملاء.

وتشير الإتجاهات الحديثة إلى تفضيل العملاء للخدمة الذاتية لإدارة أنشطتهم المالية، وبالتالي فإن المصارف التي لا تتوافر لديها التكنولوجيا الكافية والمتطورة التي تمكنها من تطوير استراتيجية قائمة على الخدمة الذاتية للعميل ستواجه بلا شك نتائج سلبية تنعكس على بقائها واستمرارها في السوق المصرفي.

إن هذا الكتاب يحاول الخوض بعمق في مجال الصيرفة الإلكترونية بإعتبارها من الموضوعات الحيوية ، والتي تستحق الدراسة والإهتمام من قبل المعنيين بهذا الموضوع ، كما

أن المكتبة العربية بحاجة إلى المزيد من الكتب المتخصصة في هذا المجال ليستفاد منها من قبل طلبتنا في مراحلهم الدراسية الأولية والعليا .

لقد قسم الكتاب إلى أربع فصول اشتمل الفصل الأول وهو بعنوان نشأة الصيرفه الإلكترونية وتطورها على مبحثين ، حيث تناول المبحث الأول موضوع تكنولوجيا المعلومات من حيث المفهوم والمكونات ، أما المبحث الثاني فقد تطرق إلى موضوع تطبيقات الصيرفه الإلكترونيه عالمياً ، أما الفصل الثاني فقد عرض أدوات الصيرفه الإلكترونيه من خلال ثلاثة مباحث حيث تناول المبحث الأول موضوع القنوات الإلكترونيه ، أما المبحث الثاني فقد خصص للتحدث بإسهاب عن البطاقات الإلكترونية ، وكانت إدارة الصيرفه الإلكترونيه هي موضوع مبحثنا الثالث.

أما الفصل الثالث فقد تناول تحليل وتوضيح لمهام ومسؤوليات الجهات المتعاملة بالصيرفة الإلكترونية من خلال ثلاث مباحث الأول منها تناول دور عملاء البنوك في توسيع الصيرفة الإلكترونية والثاني والثالث اشتمل على تحليل دور ومهام كل من البنوك التجارية والبنوك المركزية في ما يخص توسيع دائرة استخدام الصيرفة الإلكترونية ، أما الفصل الأخير فقد تطرق إلى واقع ومستقبل الصيرفة الإلكترونية عربيا من خلال دراسة حالة الأردن ميدانياً وقوفاً على أهم معيقات التوسع في مجال الصيرفة الإلكترونية على صعيد الوطن العربي .

نأمل أن تكون جهودنا العلمية في إنجاز هذا الكتاب إسهاماً في إثراء مكتبتنا العربية ولا يفوتنا أن نوجه جزيل شكرنا وامتناننا لجميع من قدم لنا يد العون والمساعده العلمية والفنية لإظهار هذا الكتاب إلى حيز الوجود ، وإذا كان هناك ثمة قصور في هذا الجهد فإن مسوؤليته تقع على عاتقنا .

أخيرا نسأل الله التوفيق

المؤلفان

عمان/ الأردن

فهرس المحتويات

الصفحة			الموضوع

الفصل الأول
نشأة الصيرفة الإلكترونية وتطورها

٧	مقدمة		
١٩	المبحث الأول : تكنولوجيا ونظم المعلومات ، المفهوم والمكونات		١-١
١٩	مفهوم تكنولوجيا المعلومات	١-١-١	
٢٠	مكونات وميزات تكنولوجيا المعلومات	٢-١-١	
٢٤	الصيرفة الإلكترونية	٣-١-١	
٢٥	مراحل التطور التكنولوجي في العمل المصرفي	١-٣-١-١	
٢٧	مفهوم الصيرفة الإلكترونية (البنوك الإلكترونية)	٢-٣-١-١	
٢٩	قنوات التوزيع الإلكترونية	٤-١-١	
٣٤	خصائص البنوك الإلكترونية	٥-١-١	
٣٦	مراحل العمل الالي في البنوك	٦-١-١	
٣٨	بنوك الإنترنت	٧-١-١	
٣٩	الخدمات المصرفية عبر الإنترنت	١-٧-١-١	
٤٠	ميزات بنوك الإنترنت	٢-٧-١-١	
٤٤	المبحث الثاني : تطبيقات الصيرفة الإلكترونية عالميا		٢-١
٤٥	إستخدام شبكة الإنترنت	١-٢-١	
٤٦	نظام الدفع الإلكتروني	٢-٢-١	
٥٢	الصيرفة الإلكترونية في الدول المتقدمة	٣-٢-١	
٥٣	المصارف العربية وإستخدام الصيرفة الإلكترونية	٤-٢-١	

الموضوع		الصفحة

الفصل الثاني
أدوات الصيرفة الإلكترونية

٢-١ المبحث الأول : القنوات الإلكترونية ٦١

٢-١-١ بنك الإنترنت ٦١

٢-١-١-١ التعريف والخدمات التي يقدمها البنك ٦١

٢-١-٢ البنك الآلي ٦٤

٢-١-٢-١ التعريف والخدمات التي يقدمها البنك ٦٤

٢-١-٣ البنك الخلوي ٦٤

٢-١-٣-١ التعريف والخدمات التي يقدمها البنك ٦٤

٢-١-٣-٢ متطلبات وشروط الخدمة ٦٥

٢-١-٤ البنك الناطق ٦٦

٢-١-٤-١ التعريف والخدمات التي يقدمها البنك ٦٦

٢-١-٤-٢ متطلبات الحصول على الخدمة ٦٦

٢-١-٤-٣ إجراءات الحصول على الخدمة ٦٧

٢-١-٥ البنك الفوري ٦٨

٢-١-٥-١ التعريف والخدمات التي يقدمها البنك ٦٨

٢-١-٦ خدمة مرسال ٧٠

٢-١-٦-١ التعريف والخدمات التي يقدمها البنك ٧٠

٢-١-٦-٢ متطلبات وشروط الخدمة ٧١

٢-١-٦-٣ تعبئة ، شحن ، دفع فواتير الهواتف الخلوية من خلال 3M3 .... ٧١

٢-١-٧ جهاز تبديل العملات ٧٢

٢-١-٧-١ التعريف والخدمات التي يقدمها البنك ٧٢

٢-١-٧-٢ متطلبات شروط الخدمة ٧٢

الصفحة		الموضوع	
٧٣	خدمة الدفع الإلكتروني	٨-١-٢	
٧٣	التعريف وميزات الخدمة	١-٨-١-٢	
٧٤	متطلبات وشروط الخدمة	٢-٨-١-٢	
٧٥	خدمة تسديد الفواتير الكترونيا (إيجابي)	٩-١-٢	
٧٥	التعريف وميزات الخدمة	١-٩-١-٢	
٧٥	الصراف الآلي	١٠-١-٢	
٧٥	التعريف والخدمات التي يقدمها البنك	١-١٠-١-٢	
٧٦	إجراءات تشغيل الصراف الآلي	٢-١٠-١-٢	
٧٧	تغذية أجهزة الصراف الآلي لدى الفروع بالنقد	٣-١٠-١-٢	
٧٨	**المبحث الثاني : البطاقات الإلكترونية**		٢-٢
٧٨	بطاقات الفيزا	١-٢-٢	
٧٨	تعريف بطاقات الفيزا	١-١-٢-٢	
٧٩	أنواع البطاقات والسقوف	٢-١-٢-٢	
٨٠	مزايا ومتطلبات الخدمة	٣-١-٢-٢	
٨٠	الضمانات التي يمكن اصدار البطاقة مقابلها	٤-١-٢-٢	
٨١	الأحكام العامة للفيزا	٥-١-٢-٢	
٨٤	إجراءات الحصول على بطاقات الفيزا	٦-١-٢-٢	
٨٨	تجديد بطاقات الفيزا	٧-١-٢-٢	
٨٩	إجراءات تعديل بطاقات الفيزا أو رفع سقفها أو وقفها.	٨-١-٢-٢	
٨٩	إجراءات تجميد بطاقات الفيزا	٩-١-٢-٢	
٩١	خطوات الإعتراض على عمليات الفيزا	١٠-١-٢-٢	
٩٢	التسحيب النقدي على بطاقات الفيزا	١١-١-٢-٢	
٩٨	تحصيل سحوبات الفيزا النقدية	١٢-١-٢-٢	
١٠١	بطاقات الماستركارد الائتمانية	٢-٢-٢	
١٠١	تعريف خدمة الماستر كارد	١-٢-٢-٢	

الموضوع		الصفحة
٢-٢-٢-٢	أنواع البطاقات والسقوف	١٠١
٣-٢-٢-٢	مزايا الخدمة	١٠٣
٤-٢-٢-٢	متطلبات وشروط الخدمة	١٠٤
٥-٢-٢-٢	إجراءات إصدار بطاقات الماستر كارد الإئتمانية	١٠٥
٦-٢-٢-٢	إجراءات استلام بطاقات الماستر كارد والأرقام السرية	١٠٩
٧-٢-٢-٢	منح خدمة نقاط البيع لبطاقات الماستر كارد	١٠٩
٨-٢-٢-٢	التفويض على سحوبات الماستر كارد	١١٤
٣-٢-٢	بطاقات التسوق عبر الإنترنت	١١٥
٤-٢-٢	بطاقات الفيزا الكترون	١١٦
١-٤-٢-٢	التعريف ومتطلبات شروط الخدمة	١١٦
٢-٤-٢-٢	مزايا الخدمة	١١٦
٣-٤-٢-٢	الأحكام العامة الخاصة ببطاقة الفيزا الكترون	١١٧
٤-٤-٢-٢	إجراءات الحصول على الخدمة	١٢١
٥-٤-٢-٢	طباعة بطاقات الفيزا الكترون (إصدار لأول مرة أو المجمدة)	١٢٤
٦-٤-٢-٢	فحص بطاقات الفيزا الكترون والفيزا والماستركارد ...	١٢٥
٧-٤-٢-٢	بطاقات الصراف الآلي أو الفيزا أو الفيزا الكترون المحجوزة على أجهزة البنك وتخص بنوك أخرى	١٢٧
٨-٤-٢-٢	بطاقات الفيزا والفيزا الكترون الخاص بالبنك والمحجوزة داخل وخارج الأردن	١٢٨
٥-١-٢-٢	بطاقات الفيزا الكترون المدفوعه مسبقا	١٢٩
١-٥-٢-٢	التعريف ومتطلبات الحصول على الخدمة	١٢٩
٢-٥-٢-٢	أنواع البطاقات والسقوف ومزايا الخدمة	١٢٩
٣-٥-٢-٢	إجراءات إصدار بطاقات الفيزا الكترون المدفوعه مسبقا	١٣٠

١٣٥	إعادة تعبئة بطاقات الفيزا الكترون المدفوعه مسبقا ...	٢-٢-٥-٤
١٣٧	إصدار بدل فاقد أو تالف لبطاقات الفيزا الكترون المدفوعه مسبقا	٢-٢-٥-٥
١٣٩	إصدار رقم سري جديد لبطاقات الفيزا الكترون المدفوعه مسبقا	٢-٢-٥-٦
١٤١	بطاقات الماستر كارد البلاتينيوم	٢-٢-٦
١٤١	التعريف وشروط الحصول على البطاقة	٢-٢-٦-١
١٤١	أنواع البطاقات والسقوف ومزايا الخدمه	٢-٢-٦-٢
١٤٢	إصدار بطاقات الماستر كارد البلاتينيوم	٢-٢-٦-٣
١٤٤	تجديد بطاقات الماستر كارد البلاتينيوم	٢-٢-٦-٤
١٤٤	تعديل أو الغاء أو تجميد أو وقف بطاقات الماستر كارد البلاتينيوم	٢-٢-٦-٥
١٤٦	الإعتراض على عمليات الماستر كارد البلاتينيوم	٢-٢-٦-٦
١٤٦	البطاقات المدفوعه مسبقا	٢-٢-٧
١٤٦	التعريف وشروط الحصول على البطاقة	٢-٢-٧-١
١٤٧	مزايا الخدمة	٢-٢-٧-٢
١٤٧	واجبات مدير المنتج في مركز البطاقات الإلكترونية	٢-٢-٧-٣
١٤٧	إجراءات الإعتراض على البطاقة	٢-٢-٧-٤
١٤٩	**المبحث الثالث : إدارة الصيرفة الإلكترونية**	٢-٣
١٤٩	مركز البطاقات الإلكترونية	٢-٣-١
١٤٩	دراسة الإقتراحات الواردة من مركز السياسات والإجراءات في مجال البطاقات الإلكترونية	٢-٣-١-١
١٥٠	إعداد عروض التعامل مع المؤسسات والشركات في الغاء مجال البطاقات الإلكترونية	٢-٣-١-٢

الموضوع الصفحة

٢-٣-١-٣	اعداد مشاريع تعديل أدلة العمل ومجلدات الأسعار والصلاحيات في مجال البطاقات الإلكترونية	١٥٠
٢-٣-١-٤	اصدار التعاميم في مجال البطاقات الإلكترونية	١٥٨
٢-٣-١-٥	الغاء واستحداث وتعديل النماذج المتعلقة بنشاط البطاقات الإلكترونية	١٥٨
٢-٣-١-٦	تنفيذ التكليفات الوارده لمركز البطاقات	١٥٩
٢-٣-١-٧	دراسة أسعار ورسوم البطاقات الإلكترونية في السوق المصرفي	١٦٠
٢-٣-١-٨	اجراءات متابعة واستلام الأرقام السرية للبطاقات الإلكترونية	١٦١
٢-٣-١-٩	تطوير واستحداث الخدمات المصرفية والمنتجات وقنوات التوزيع	١٦١
٢-٣-٢	مركز القنوات الإلكترونية	١٦٩
٢-٣-٣	دائرة الأنظمة	١٧٠

الفصل الثالث

أطراف الصيرفة الإلكترونية

٣-١	**المبحث الأول . عملاء البنوك التجارية ....**	١٧٩
٣ ١ ١	أسباب عدم الحصول على البطاقة الإلكترونية	١٧٩
٣ ١ ٢	القنوات التي يستخدمها العملاء وطرق التعرف عليها..	١٨٠
٣-١-٣	معيقات إستخدام الصيرفه الإلكترونية بالنسبة للعملاء	١٨٥
٣-١-٤	مزايا إستخدام القنوات الإلكترونية (الصيرفة الإلكترونية)	١٨٦
٣-١-٥	أهم الدراسات في مجال الصيرفة الإلكترونية	١٨٦
٣-١-٦	أهم التوصيات فيما يتعلق بزيادة إستخدام الصيرفة الإلكترونية من قبل العملاء	١٩٠

٣-٢	**المبحث الثاني : البنوك التجارية**	١٩١
٣-٢-١	معيقات التوسع في الصيرفة الإلكترونية بالنسبة للبنوك التجارية	١٩١
٣-٢-٢	مزايا التوسع في إستخدام الصيرفة الإلكترونية بالنسبة للبنوك التجارية	١٩٣
٣-٢-٣	أهم الدراسات فيما يخص أثر التوسع في إستخدام الصيرفة الإلكترونية على البنوك التجارية	١٩٤
٣-٢-٤	التوصيات المتعلقه بالبنوك التجاريه للتوسع في الصيرفة الإلكترونية	١٩٥
٣-٣	**المبحث الثالث: البنوك المركزية**	١٩٦
٣-٣-١	البنك المركزي والصيرفه الإلكترونية	١٩٦
٣-٣-٢	المهمة الرقابية للبنك المركزي على الصيرفة الإلكترونية.	١٩٧
٣-٣-٢-١	أنواع وتقنيات الجرائم المعلوماتية المصرفية	١٩٧
٣-٣-٢-٢	أهم التحديات التي تواجه السلطات الإشرافية	٢٠٠
٣-٣-٣	التوصيات المتعلقة بالبنك المركزي للتوسع في الصيرفة الإلكترونية	٢٠٨

الفصل الرابع

الصيرفة الإلكترونية عربيا

٤-١	**المبحث الأول: هيكل الجهاز المصرفي الأردني والصيرفة الإلكترونية**	٢١٣
٤-١-١	التطور التاريخي للجهاز المصرفي في الأردن	٢١٣
٤-١-٢	البنك المركزي وإدارته النقدية	٢١٥
٤-١-٢-١	مهام البنك المركزي	٢١٥
٤-١-٢-٢	إدارة السياسة النقدية في الأردن	٢١٦
٤-١-٣	تطبيقات الصيرفة الإلكترونية في الأردن	٢١٨

١٥

٤-١-٣-١   أهـم المنتجـات وأنـواع الاستخدامات المصرفية الإليكترونيـة في
البنوك الأردنية ٢١٨

٤-١-٤   تحليل هيكل الصيرفة الإلكترونية في الأردن ٢٢٤

٤-١-٤-١   إنتشـار القنـوات والخـدمات الإلكترونيـة لـدى البنـوك الأردنيـة
....   ٢٢٤

٤-١-٤-٢   ترتيب البنوك حسب الصيرفة الإلكترونية مقارنة بـرأس المـال
  ٢٣١

٤-١-٤-٣   تركيبة الصيرفة الإلكترونية في الأردن ٢٣٣

٤-١-٤-٤   تحليل إحصائيات البنك المركزي بخصوص الصيرفه الإلكترونية
....   ٢٣٤

٤-١-٥   التجارة الإلكترونية في الأردن ٢٤٠

٤-٢   المبحث الثاني: البنك المركزي والصيرفة الإلكترونية ١٤٤

٤-٢-١   إجـراءات وتشـريعات البنـك المركـزي تجـاه العمـل المصرفـي
الإلكتروني ٢٤٤

٤-٢-١-١   أنواع المخاطر التي تواجه العمل المصرفي الإلكتروني..   ٢٤٤

٤-٢-١-٢   التحديات التي تواجه تطبيق الخدمات الإلكترونية ٢٤٧

٤-٢-١-٥١-٧   تشريعات البنك المركزي ٢٥٠

قائمة المصادر ٢٥٥

المصطلحات باللغة الإنجليزية ٢١٣

الملاحق ٢٦٧

الفصل الاول
نشأةالصيرفة الإلكترونية وتطورها

Electronic Banking Start And Development

تمهيد

١-١- المبحث الأول: تكنولوجيا ونظم المعلومات، المفهوم والمكونات

(Information Technology, Concept And Compononts)

١-١-١-   مفهوم تكنولوجيا المعلومات

هناك العديد من الكتابات التي تناولت تكنولوجيا المعلومات بتعمق؛ نظراً لأهميتها الإستراتيجية بالنسبة للمنظمات على اختلاف أنواعها وحجمها في العصر الحالي الذي يعتبر عصر ثورة المعلومات،كما أن هناك تبايناً في تحديد المفهوم الدقيق لتكنولوجيا المعلومات، إذ طرح مفهوم نظم المعلومات كبديل عنه أو العكس. فالبعض عرّف نظم المعلومات (حيدر، ٢٠٠٢) باعتبارها: تلك النظم المبنية على الحاسب الآلي، وتكنولوجيا المعلومات، والتي تتكون من عدد من الأجزاء التي يجب أن تتكامل مع بعضها البعض لتكون نظاماً فعالاً، وتتضمن تلك الأجزاء أو العناصر والمعدات والأجهزة والبرمجيات وقواعد البيانات، وشبكات الربط، والإتصالات عن بُعد، وعمليات المنظمة والأفراد والبيئة المحيطة، أما مفهوم تكنولوجيا المعلومات: فيشير إلى جميع أنواع التكنولوجيا المستخدمة في تشغيل، ونقل، وتخزين المعلومات بشكل إلكتروني، وتشمل تكنولوجيا المعلومات الحاسبات الآلية، ووسائل الإتصال، وشبكات الربط، وأجهزة الفاكس وغيرها من المعدات (ص٣٢، ص٢٥٣).

أما ايفي أوز (Effy Oz, ٢٠٠٢) فيعرّف نظم المعلومات: بأنها تلك النظم المعتمدة على الحاسب، وتتكون من البيانات، والأجهزة، والبرمجيات، والشبكات، والأفراد، والقواعد والإجراءات التي تنظم العمل (pp.١٥-١٦).

وفي تعريف آخر (مرسي، ٢٠٠٢) يعرّف نظم المعلومات بأنها: مجموعة متداخلة من المكونات التي تعمل على تجميع، وتشغيل، ونشر المعلومات، وذلك بغرض مساندة عملية صنع القرار، والرقابة داخل المنظمة. ويعرّف نظم المعلومات المعتمدة على الحاسب الآلي بأنها: نظم معلومات معتمدة على الأجهزة المادية للحاسب الآلي وبرامج التشغيل، وذلك بغرض تشغيل البيانات، ونشر المعلومات وتضم الأجزاء المادية للحاسب الآلي، والبرامج،

ووسائط مادية لتخزين البيانات والبرامج وتكنولوجيا الإتصالات والشبكات (ص ص١٦-٢٠).

وفي تعريف آخر (قنديلجي، الجنابي، ٢٠٠٥) لتكنولوجيا المعلومات أنها: تمثل انطلاقة واسعة من القدرات والمكونات والعناصر المختلفة في خزن ومعالجة البيانات واسترجاع وتوزيع المعلومات، فضلاً عن دورها في تأمين المعرفة المطلوبة التي هي صنيعة امتزاج النظم المحاسبية، وشبكات الإتصال، والمعرفة التكنولوجية، بالتالي فهي تختلف عن نظم المعلومات التي تمثل خدمة محوسبة تستخدم تكنولوجيا المعلومات، وتستثمر إمكانياتها في دعم الإدارة بمختلف مستوياتها ونشاطاتها، فمن خلال نظم المعلومات - بأجيالها وأنماطها المختلفة - تنجز عملية التكامل بين تكنولوجيا المعلومات ونشاطات المنظمة من أجل تحقيق الأهداف المختلفة للمنظمة، لذا يمكن أن نعرّف نظام المعلومات تعريفاً عاماً: بأنه مجموعة من العناصر المتداخلة والمتفاعلة مع بعضها والتي تعمل على جمع البيانات والمعلومات، ومعالجتها، وتخزينها، وبثها وتوزيعها، ويمكن أن نعرّف نظام المعلومات بشكل أكثر تحديداً بأنه مجموعة من العناصر البشرية والآلية التي تعمل معاً على تجميع البيانات، ومعالجتها، وتحليلها، وتبويبها طبقاً لقواعد وإجراءات مقننة لأغراض محددة وإتاحتها للباحثين وصانعي القرارات، والمستفيدين الآخرين على شكل معلومات مناسبة ومفيدة (ص٥، ص ص:٢٣-٢٤).

٢-١-١ مكونات وميزات تكنولوجيا المعلومات

يشتمل نظام المعلومات المعاصر على خمسة عناصر أساسية، تعمل بشكل مترابط لضمان عمل النظام بطريقة فعّالة، وهذه العناصر أو الموارد هي:

١- الأفراد (Human): وتمثل متطلباً ضرورياً للعمليات والإجراءات في كل نظم المعلومات، ومن هؤلاء الأفراد ما نطلق عليه اسم المستخدمين النهائيين (End Users)، وهم الذين يستخدمون النظام أو المعلومات التي ينتجها النظام، والذين من الممكن أن يكونوا محاسبين، أو زبائن، أو مديرين، كما يمكن أن يكونوا من الاختصاصين الفنيين (Information

(System Specialists) المسؤولين عن تشغيل وإدامة النظام وتطويره.

٢- الأجهزة (Hardware): والتي تشتمل على كافة أنواع المكونات والوسائط المادية المستخدمة في العمليات التي تمر بها البيانات والمعلومات فتشتمل على الحواسيب وبقية الأجهزة، والوسائط (Media)، والأغراض المنظورة (Tangible Objects) التي تسجّل عليها البيانات، والأقراص الممغنطة أو الضوئية وملحقات الحاسب وغيرها.

٣- البرمجيات (Software): والتي تشتمل على كل من برامج نظم التشغيل وهي برامج النظام التي توجه المكونات المادية للحاسب وتسيطر عليها، وبرامج التطبيق وهي برامج توجه عمل الحاسب لأغراض محددة من قبل المستخدم النهائي.

٤- البيانات (Data): وهي المواد الأولية لنظم المعلومات، وتعتبر البيانات موارد ذات قيمة عالية في المنظمة، لذا يجب أن تستثمر وتدار بشكل فعّال لتحقيق الفائدة المرجوة منها.

٥- الشبكات (Network): وتشمل تكنولوجيا الإتصالات والإتصالات بعيدة المدى، ومختلف أنواع الشبكات مثل الإنترنت، والشبكات الداخلية (الإنترانت)، والشبكات الخارجية (الأكسترانت) (قنديلجي والجنابي، ٢٠٠٥، ص ص:٢٩-٣٤).

وبناءً على ما تقدم، فإن أهمية بناء نظام فعّال للمعلومات تعود لأسباب أساسية هي:

١- السرعة: حيث إن الحصول على المعلومة واسترجاعها يتم بسرعة عالية.

٢- الدقة: إن احتمال الوقوع في الخطأ في النظم التقليدية اليدوية أكبر بكثير من النظم المحوسبة التي تمتاز بدرجة عالية من الدقة.

٣- توفير الجهود: فالجهد البشري المبذول في النظم التقليدية هو أكبر من الجهد المبذول في النظم المحوسبة سواء على مستوى إجراءات التعامل مع المعلومات أو الإستفادة منها أو استرجاعها.

٤- كمية المعلومات: إن حجم المعلومات والوثائق المخزونة بالطرق التقليدية محدودة قياساً بالإمكانات الكبيرة والمتنامية لذاكرة الحاسب، ووسائط الحفظ والتخزين الإليكترونية والليزرية المساعدة الأخرى.

٥- الخيارات المتاحة في الإسترجاع: إن خيارات استرجاع المعلومات أوسع وأفضل في النظم المحوسبة عما هو الحال في النظم التقليدية. ولا بد من الإشارة إلى أن نظام المعلومات يعتبر أحد الموارد الأساسية بالمنظمة، وسلاحها الإستراتيجي في التعامل مع البيئة التي تتصف بالتغير السريع، واشتداد حدة المنافسة ليس على المستوى المحلي وإنما على المستوى العالمي، فالمعلومات تساهم في تحقيق التكامل بين المتغيرات الخارجية في بيئة المنظمة وبين احتياجات وإمكانيات وقدرات المنظمة إلى جانب أهمية بناء نظام فعّال للمعلومات، إن هناك مزايا لإستخدام نظم المعلومات يمكن حصرها في الجوانب الأساسية الآتية:

أ- تحسين أداء الخدمة: من خلال تقديم خدمة ذات مستوى أفضل للعملاء، ومثال ذلك: استخدام آلات الصرف السريع في البنوك مما يتيح للعملاء السحب من أرصدتهم على مدار اليوم.

ب- تلعب نظم المعلومات دوراً في خلق وتطوير المنتجات خاصة في بعض الصناعات مثل البنوك.

ج- التعرف على الفرص واستغلالها باعتبار أن المنظمات تعيش في مناخ سريع التغير إلى جانب المنافسة الشديدة التي خلقتها ظاهرة العولمة.

د- ربط العملاء بالشركة: من خلال جعل العملاء أكثر قرباً وارتباطاً بها، وتحسين مستوى الخدمات التي تقدم لهم، وكسب رضائهم عن خدماتها، ومعرفة احتياجاتهم المستقبلية لمنع تحولهم إلى الشركات المنافسة (معالي، ٢٠٠٥، ص ص:٣٤-٣٥).

ويمكن تحديد أنواع نظم المعلومات التي تخدم الهرم الإداري للمنظمة كما يلي:

١- النظم الأربعة التي تخدم المستويات التنظيمية:

أ- مستوى العمليات: والذي يمثل القاعدة الأساسية لحركة المنظمة، ويشتمل على إدارة عملياتها.

ب- المستوى المعرفي: والذي يشتمل على العاملين في مجالات البيانات والمعلومات والمعرفة.

ج- المستوى الإداري: والذي يشتمل على إدارات المنظمة الوسطى.

د- المستوى الإستراتيجي: والذي يشمل على الإدارات العليا، أو إدارات العمل الإستراتيجي في المنظمة.

إن المستويات الأربعة المُشار إليها سابقاً تحصل على الخدمات المعلوماتية من خلال ستة أنواع من نظم المعلومات وهي:

أ- نظم معالجة المعاملات التجارية: وهي تخدم مستوى العمليات والتعاملات التجارية في المنظمة، بالتالي انسيابية العمل اليومي للمنظمة.

ب- نظم المكتب: وتتعلق بوظائف المعالجة المحوسبة للكلمات، والنشر المكتبي وتصوير الوثائق وغيرها.

ج- نظم العمل المعرفي: وتتعلق وظائفها بالمحطات الهندسية، ومعالجة البيانات وغيرها.

د- نظم دعم القرار: ويدعم صنع القرار بواسطة المديرين والمحللين.

هـ- نظم المعلومات الإدارية: تدعم هذه النظم الأنشطة الوظيفية والمديرين وتخدم نظم دعم القرار.

و- نظم الدعم التنفيذي: وهي النظم التي تخدم الإدارات العليا على مستوى التخطيط الإستراتيجي للمنظمة.

أما أنواع نظم المعلومات بحسب التعاملات التجارية فإنها تنحصر فيما يلي:

١- نظم المبيعات والتسويق: وتؤدي وظائف عدة منها: إدارة المبيعات، وبحوث السوق، ووظائف المنتجات الجديدة.

٢- نظم التصنيع والإنتاج: ومن أمثلتها نظم طلبات الشراء، ونظم السيطرة النوعية.

٣- نظم التمويل والمحاسبة: ومن أمثلتها نظم إدارة التمويل.

٤- نظم الموارد البشرية: ومن أمثلتها نظم سجلات العاملين، ونظم الامتيازات.

٥- نظم أخرى وتعتمد على طبيعة المنظمة وتخصصاتها، فإذا كانت جامعة فإنه يوجد نظامٌ للتسجيل، ونظام السيطرة على المساقات وغيرها (قنديلجي، والجناني، ٢٠٠٥، ص ص:٦١-٦٨).

١-١-٣ الصيرفة الإلكترونية (Electronic Banking)

يشهد العالم منذ سنوات توسعاً وتطوراً مذهلاً في سوق المعلوماتية والإتصالات، وفي تقنيات هذا السوق، وقد أخذت تقنيات المعلوماتية والإتصالات ترتبط بالأنشطة والمجالات الإقتصادية على تنوعها، وأخذت هذه التقنيات عنصراً مساعداً للتقدم والتطور في تلك الأنشطة.

وربما كان قطاع المصارف من أبرز القطاعات التي تتأثر بثورة المعلوماتية والإتصالات والتي شكلت عاملاً مساعداً لتنمية العمل المصرفي منذ أوائل السبعينيات وفي اتجاهات متطورة للغاية خلال فترة الثمانينيات والتسعينيات وحتى اليوم. وقد صاحب ذلك ظهور استخدام الشبكات، وربط أجهزة الحاسب مع بعضها البعض، بحيث انطلقت بسرعة عمليات التطور والإرتقاء بالعمل المصرفي، والتي ما زالت مستمرة حتى اليوم، وهي تعيد بالتأكيد صياغة المفاهيم حول النظم المصرفية وبالتالي تؤثر على الإقتصاد العالمي بشكل كبير، بحيث نشهد ولادة اقتصاد المعلومات الشامل (Global Knowledge Economy) هذا الإقتصاد الذي يتغذى من تغلغل استخدام وانتشار شبكات الإتصال وتوصيلها لكمّ

هائل من الحواسيب، والتي تتبع نظماً موحدة تمكن من تبادل جميع أنواع البيانات من كلمة مكتوبة أو صوت مسموع أو صورة مرئية متحركة كانت أم ساكنة، بل إننا اليوم نشهد ولادة الجيل الأول من العمل المصرفي الإفتراضي (Virtual Banking)، مرتكزاً في ذلك بدرجة أساسية على ركائز إلكترونية متطورة، بعد أن شهدنا في بداية السبعينيات ولادة العمل المصرفي الإلكتروني (E-Banking).

وقد أصبح استخدام التكنولوجيا الحديثة عنصراً ملازماً للعمل المصرفي لما توفره من فعاليّة في العمل، وسرعة في الإنجاز، ووفرة في المعلومات عن العملاء والأسواق، والقدرة على تطوير المنتجات الجديدة وإيصالها إلى العملاء في أي مكان كانوا أو أي وقت أرادوا، وذلك نتيجة تزايد المنافسة في الصناعة المصرفية وتوسعها لتصبح منافسة على نطاق سوق عالمية مفتوحة، مما سيتطلب تركيزاً متزايداً على سرعة التحرك لاغتنام الفرص في الأسواق المختلفة، والتطوير والتحديث المتواصل والحرص الشديد على الإنتاجية (الغندور ، ٢٠٠٣ ، ص ص : ٨٣-٨٤).

أما مراحل التطور التكنولوجي الذي شهده العمل المصرفي فيمكن تناوله على الوجه المبين:

١-١-٣-١   مراحل التطور التكنولوجي في العمل المصرفي

حصل في العمل المصرفي بين عام ١٩٥٠ وعام ١٩٧٠ ثلاثة تطورات مهمة، ابتدأت بإدخال المحترفين (Professional) إلى العمل المصرفي أعقاب نهاية الحرب العالمية الأولى في عام ١٩١٤، ومن ثم دخول ثقافة التسويق والبيع (Marketing & Sales)، ومن ثم مرحلة تنامي دور التكنولوجيا المتقدمة، لقد مر استخدام التكنولوجيا من قبل بالمصارف بست مراحل وهذه المراحل هي:

أ-   مرحلة الدخول: وهي المرحلة التي دخلت فيها التكنولوجيا إلى أعمال المصارف بغرض إيجاد حلول للأعمال المكتبية الخلفية (Back Office Operations)، حيث بدأ الأخصائيون في شؤون التكنولوجيا يدخلون إلى المصارف لإيجاد الحلول

التكنولوجية لمشاكل الأعمال المصرفية الخلفية، مثل: مشكلات التأخير في إعداد التقارير المالية، والتقارير المحاسبية ولم يكن هناك تدخل مباشر من قبل الإدارات الوسطى والعليا التنفيذية سواء في الحلول المقترحة أوفي كلفتها، فكان المهم هو حل المشاكل المتعلقة بالعمل المصرفي.

ب- مرحلة تعميم الوعي بالتكنولوجيا (Technology Awareness): وهي المرحلة التي بدأت بتعميم الوعي بالتكنولوجيا على كافة العاملين بالمصرف من خلال برامج تدريب تغلب عليها التقنية على حساب المعرفة بالأعمال، وكانت مرحلة تحضير أوسع لدخول التكنولوجيا، وتميّزت هذه المرحلة بعدم وجود تدخل مباشر من قبل الإدارات الوسطى والعليا.

ج- مرحلة دخول الإتصالات والتوفير الفوري لخدمات العملاء (Online Real Time)، وتميزت هذه المرحلة بالتكاليف العالية؛ حيث بدأ اهتمام الإدارات العليا بالتكنولوجيا.

د- مرحلة ضبط أو السيطرة على التكاليف (Cost Control): وهي مرحلة ضبط الإستثمار في التكنولوجيا، وعمدت هذه الإدارات إلى الإستعانة بأخصائيين واستشاريين في شؤون التكنولوجيا لمساعدتهم في ضبط التكاليف.

هـ- مرحلة اعتبار التكنولوجيا أصلاً كباقي أصول المصرف (Asset Like any Other Asset)، بالتالي يجب أن يجني هذا الأصل مردوداً كباقي الأصول، وهنا ابتدأت مرحلة إدارة التكنولوجيا (Technology Management).

و- مرحلة اعتبار التكنولوجيا عملاً ضمن أعمال المصرف: وهي المرحلة التي بدأت فيها الإدارة الاستراتيجية للتكنولوجيا، والتي ارتكزت على تفعيل الإنتاجية على الصعيد الداخلي، وتحسين الضبط على الصعيد العملي، وتسويق التكنولوجيا على الصعيد الخارجي.

إن هناك عناصر أساسية لا بد من التأكيد عليها ضمن نطاق الإدارة الإستراتيجية للتكنولوجيا المصرفية، وهذه العناصر تتمثل في:

أ-   تصاعد أهمية الخدمات المصرفية بالتجزئة (Retail Banking) كميدان أساسي من أعمال البنوك، ومصدر مهم لزيادة ربحيته.

ب-   الإعتماد المتنامي على الركائز الإلكترونية لتلبية احتياجات العملاء من الخدمات المصرفية الإلكترونية (E-Banking Services).

ج-   تصاعد أهمية التكنولوجيا في مراقبة سير الأعمال والرقابة الداخلية.

د-   معايير (بازل) الجديدة التي تهتم بمخاطر التشغيل، وأهمية الإدارة الإستراتيجية لمخاطر التكنولوجيا المصرفية لمنع أي تأثير سلبي على البنوك.

ومن هنا كانت بداية العمل المصرفي الإلكتروني (E-Banking)، واعتماد البنوك على إستراتيجيه خاصة بالصيرفة الإلكترونية من خلال تقديم الخدمات المصرفية عبر فروعه، وبالتالي طريقة الإرتباط بالعميل: وهل سيتم ذلك من خلال الركائز الإلكترونية أم من خلال الفروع المصرفية أو من خلالهما معاً، وضرورة الإختيار بين امتلاك برامج جاهزة أو تطويرها داخل المصرف، وتؤكد التجارب العالمية أن شراء البرامج الجاهزة المتخصصة هي الطريقة الأكثر فاعلية بحيث يجاري المصرف متطلبات واحتياجات العصر، فالعمل المصرفي الإلكتروني يجب أن يشكل أداة مساعدة وليس أداة طاردة لضمان التواصل بين المصرف وزبائنه، مع التوضيح للعميل ما أمكن بأن وضع المصرف الركائز الإلكترونية في إطار الخدمات والمنتجات التي يوفرها له هي لتسهيل أعماله وتلبية متطلباته، وليس قناة لمنع الإحتكاك الدائم بينه وبين مصرفه (سروغ، ٢٠٠٣).

١-١-٣-٢-   مفهوم الصيرفة الإلكترونية (البنوك الإلكترونية)

تشهد دول العالم المتقدم ثورة متتابعة في العمل المصرفي، إذ تم الإنتقال من (المصارف التقليدية) التي لها وجود مادي في شكل فروع ومعاملات تتبادل فيها المستندات والنقود المعدنية والورقية، إلى (المصارف الإفتراضية) التي تعتمد على الركائز أو الوسائط الإلكترونية وظهرت أنواع جديدة من النقود هي النقود الإلكترونية، وكذلك البنوك الإلكترونية، والخدمات المصرفية الإلكترونية، وقد تم إضافة أبعاد جديدة للعمل المصرفي

مثل: العمل على مدار الساعة (٢٤) ساعة يومياً و(٧) أيام في الأسبوع وبدون توقف، والإمتداد إلى كل مكان وبدون تكلفة كبيرة، وبدون الحاجة إلى الإنتقال إلى العميل أو انتقال العميل إلى البنك عبر أنظمة الإتصال فائقة الكثافة، وتخطى كافة الحواجز والقيود المكانية والإدارية، وقد ساعد على ذلك التطور الهائل الذي حدث في شبكة المعلومات الدولية "الإنترنت" التي تعتبر الركيزة الإلكترونية الأكثر تفضيلاً لدى الكثير من المؤسسات المصرفية، والمالية، والعملاء حول العالم، ويرى اليابانيون أن هذه النوعية الجيدة من البنوك ما هي إلا تكملة لخدمات الصراف الآلي، والخدمات المصرفية عبر الهاتف، بينما يرى الأمريكيون والأوروبيون أنها وسيلة لتقديم كافة الخدمات المصرفية بتكلفة أقل، ومرونة عالية جداً، إذ تقدم الخدمات في أي وقت، وأي مكان، وسوف يتزايد الإعتماد عليها، ومن المتوقع أن تكون منافساً قوياً للخدمات المقدمة بواسطة الفروع التقليدية بما فيها الصراف الآلي.

وفي هذا الإطار يمكن تعريف البنوك الإلكترونية على أنها: تلك البنوك أو المؤسسات المالية التي تقوم على الركائز الإلكترونية وتوظيف كافة التطورات الحديثة في مجال تكنولوجيا الإتصال والمعلومات لتقديم كافة الخدمات المصرفية بأمان مطلق (الغندور، ٢٠٠٣، ص ص: ٨١-٨٣).

ويتفق هذا التعريف مع آراء العديد من الخبراء المصرفيين، إذ يعرّفها (طربيه، ٢٠٠١) على أنها "تلك البنوك التي تركز في تقديم خدماتها على خدمات (Home Banking) والـ(Phone Banking) والـ(Internet Banking) وغيرها من الركائز الإلكترونية المعروفة في عالم تكنولوجيا المعلومات والإتصال".

كما يؤكد على هذا المفهوم أيضاً (سروغ، ٢٠٠٠)، حيث يُعرّف العمل المصرفي الإلكتروني بأنه "يضم كافة العمليات أو النشاطات التي يتم عقدها أو تنفيذها أو الترويج لها بواسطة الوسائل الإلكترونية أو الضوئية مثل: الهاتف والحاسب والصراف الآلي والإنترنت والتلفزيون الرقمي وغيرها، وذلك من قبل المصارف أو المؤسسات المالية، وكذلك العمليات التي يجريها مصدرو البطاقات الإلكترونية وأيضاً المؤسسات التي تتعاطى التحويل النقدية إلكترونياً".

كما أوضح (عرب، ٢٠٠١) أن اصطلاح البنوك الإلكترونية يعدّ تعبيراً متطوراً وشاملاً لكافة المفاهيم التي ظهرت في مطلع التسعينات كمفهوم الخدمات المالية عن بعد (Remote Electronic Banking) أو البنك المنزلي أو البنك على الخط (Online Banking)، والخدمات المالية الذاتية (Self Service Banking)، فالتعريف المحدد للبنوك الإلكترونية هو "النظام التي يتيح للعميل الوصول إلى حساباته أو الحصول على الخدمة المصرفية من خلال شبكة معلومات مرتبطة بجهاز كمبيوتر العميل أو أي وسيلة أخرى".

وبناءاً على ما ورد في التعريفات السابقة يمكن التوصل إلى تعريف لهذه البنوك باعتبارها "تلك البنوك والمؤسسات المالية المستندة على الركائز الإلكترونية، من خلال توظيف التطورات الحديثة في مجال تكنولوجيا المعلومات والإتصالات لتقديم كافة الخدمات المصرفية بأمان، وبأقل كلفة، وأسرع وقت، وأقل جهد للعملاء"، لذلك فإن العمل المصرفي يتصف بالمرونة، من خلال: زيادة وتنويع المنتجات والخدمات المصرفية، وزيادة وتنويع قنوات التوزيع، وزيادة وتنويع عدد العملاء ليس فقط من خلال الوسائل التقليدية من بيع شخصي مباشر، بل أيضاً من خلال زيادة وتنويع المنتجات والخدمات وقنوات التوزيع الإلكترونية، بشكل يجذب العميل للإقبال على الخدمة الإلكترونية، ويجعله هو الباحث عنها والراغب فيها والمستخدم المباشر لها، والمنتفع بأي تطور يحدث عليها، وأيضاً توفر العديد من المزايا مثل: عدم الحاجة للذهاب إلى الفرع، والحصول على الخدمة المصرفية في أي وقت وبأسرع ما يمكن وبأقل جهد وأقل كلفة (ص ص:٤١٤-٤١٦).

١-١-٤- قنوات التوزيع الإلكترونية (Electronic Delivery Channels)

تجدر الإشارة إلى أن هذه القنوات الإلكترونية تقدم من خلالها الخدمة المصرفية بشكل كامل، من بداية اختيار الخدمة من قبل العميل، مروراً بإجراءات إتمامها، وانتهاءً بأدائها بشكل إلكتروني كامل مثل: قيام العميل بدفع فاتورة الهاتف عن طريق الصراف الآلي، أو العملية النصف إلكترونية، مثل قيام العميل بالسحب من حسابه المدين أو الدائن

نقداً، فيتم التأثير على هذا الحساب إلكترونياً بالخصم بقيمة المبلغ المسحوب، بينما يستلم النقود الورقية فعلياً.

إن أهم قنوات التوزيع الإلكترونية (سيتم تناول القنوات الإلكترونية بشكل متكامل في المبحث الثالث في الفصل الثاني) هي:

أ- آلة الصراف الآلي (Automatic Teller Machine)

وهي تلك الآلات التي يمكن نشرها بالأماكن المختلفة سواء بالجدار أو بشكل مستقل، وتكون متصلة بشبكة حاسب المصرف، ويقوم العميل باستخدام بطاقة بلاستيكية أو بطاقة ذكية للحصول على الخدمات المختلفة مثل: السحب النقدي، والإيداع النقدي، والإستفسار عن الحساب وغيرها من الخدمات، ولقد أصبحت هذه الأجهزة منذ بدء تشغيلها في عام ١٩٧٥ من المستلزمات اليومية في تنفيذ العمليات المصرفية الحديثة للأفراد، وقد بلغ عدد ماكينات الصراف الآلي في الولايات المتحدة نحو (١٣٢.٤) آلة عام ١٩٩٩، بينما يوجد في المملكة المتحدة نحو (٢٢) ألف آلة تنفذ نحو (٨٠%) من مجموع العمليات النقدية في العام المذكور (غندور، ٢٠٠٣، ص٨٧).

ومن الإرشادات لمستخدمي الصراف الآلي ما يلي:

١- المحافظة على بطاقة الصراف الآلي والتي تسمى أيضاً (Debit Card)، والتأكد من وجودها مع العميل دائماً.

٢- الإبلاغ بسرعة في حالة فقدانها.

٣- اختيار رقم سري للبطاقة مختلف عن رقم الهاتف، أو الرقم الوطني، أو تاريخ الميلاد لأن ذلك يؤدي إلى صعوبة في الإستخدام في حالة السرقة.

٤- التأكد من صحة الوصل في حالة إجراء أية عملية مالية.

(Electronic Banking. www.adobe.com).

ب-   نقاط البيع الإلكترونية (Electronic Points of Sale)

وهي الآلات التي تنتشر لدى المؤسسات التجارية والخدمية بمختلف أنواعها وأنشطتها، ويمكن للعميل استخدام بطاقات بلاستيكية أو بطاقات ذكية للقيام بأداء مدفوعات من خلال الخصم على حسابه إلكترونياً بتمرير هذه البطاقة داخل هذه الآلات المتصلة إلكترونياً بحاسب المصرف.

ج-   الصيرفة المنزلية (Home Banking)

وهو ذلك الحاسب الشخصي الموجود بالمنزل أو العمل أو أي مكان، والذي يتصل بحاسب المصرف ليتمكن من خلال كلمة سر (Password) أو رقم سري (Pin Number) أو كليهما لإتمام العمليات المصرفية المطلوبة.

د-   الصيرفة المحمولة (Mobile Banking)

وهي تلك الخدمات المصرفية التي تتاح من خلال التليفون المحمول، من خلال استخدام العميل رقم سري يتيح له الدخول إلى حسابه للإستعلام عن أرصدته، وكذلك للخصم منه تنفيذاً لأي من الخدمات المصرفية المطلوبة.

هـ-   الصيرفة الهاتفية (Phone Banking) أو تسمى أيضاً مركز خدمة العملاء (Call Center).

إذ تقوم البنوك بتشغيل مراكز للإتصالات وخدمة العملاء بحيث تتيح أداء الخدمة المصرفية هاتفياً باستخدام رقم سري، وتعمل هذه المراكز على مدار الساعة (الغندور، ٢٠٠٣، ص٨٩).

ويؤكد باتدورف (Batdorff, ١٩٩٦): أن الطريق إلى التوسع في تكنولوجيا الصيرفة الإلكترونية يمر من خلال الصراف الآلي، والبنك الناطق، وبلغ نسبة القروض المقدمة من خلال الهاتف (١٠%) من إجمالي القروض الممنوحة من قبل بنك (Cleveland, Ohio) عام ١٩٩٦، وشدد على أهمية التوسع في استخدام هذه القناة.

ومن ميزات هذه القناة أيضاً الحصول على الخدمات الآتية :

١- إتاحة الحصول على الخدمة في أي وقت خلال اليوم وخلال الأسبوع (٢٤ ساعة يومياً، ٧ أيام بالأسبوع).

٢- باستطاعة العميل اختيار نغمة الإتصال التي يريد سماعها.

٣- الحصول على معلومات بخصوص حسابات الودائع، والقروض التي يملكها العميل.

٤- التحويل بين الحسابات التي يملكها، وكذلك الحصول على خدمات أخرى من خلال القناة (Phone Banking, Keeping Track by Phone, www.asbhawii.com).

و- **التلفزيون الرقمي** (Digital Television)

وهو عبارة عن ربط عبر الأقمار الصناعية بين جهاز التلفزيون بالمنزل وبين حاسب البنك، بالتالي يمكن الدخول من خلال رقم سري إلى حاسب البنك أو شبكة الإنترنت، وتنفيذ العمليات المطلوبة. ويُعد هذا التلفزيون من أحدث القنوات التي تم ابتكارها، والتي تمكن المصارف من التفاعل مع العملاء في مواقعهم خصوصاً في المنزل مع ربات البيوت، لا سيما في حالة عدم توفر جهاز حاسب، ووجدت هذه التقنية رواجاً خصوصاً في بريطانيا وفي السويد وفرنسا.

ز- **بنوك الإنترنت** (Internet Banks)

تعد بنوك الإنترنت الأعم والأشمل والأيسر، والأكثر أهمية في مجال قنوات توزيع الخدمة المصرفية إلكترونياً، وذلك بفضل اتساع شبكة الإنرنت، والزيادة اليوسية لعدد مستخدميها، ويمكن تمييز بنوك الإنترنت إلى قسمين رئيسيين:

القسم الأول: وهو ما يتعلق بأداء الخدمات المصرفية من خلال شبكة الإنترنت الدولية، من خلال ربط البنوك لحواسيبها على الشبكة الدولية، فيتمكن العميل من أي مكان وفي أي وقت من الدخول على هذه الشبكة، ثم من خلال رقم سري شخصي يمكنه الدخول إلى حاسب البنك لتنفيذ تعليماته المصرفية، وفقاً للقواعد والإشتراطات المسموح بها والمحددة.

ومن الخدمات المتاحة عبر هذه القناة الإلكترونية فتح الحسابات، والحصول على القروض، ودفع الفواتير إلكترونياً، وتحويل الأموال، وتقدم بنوك الإنترنت الأمريكية خدمة تلقي وتنفيذ أوامر البيع والشراء للأسهم في البورصات العالمية.

أما **القسم الثاني**: فإنه يتعلق بالتجارة الإلكترونية والتي تتم عبر شبكة الإنترنت بين بائع ومشتري، وكل من بنكي البائع والمشتري لتسوية مبالغ الصفقة وتتمثل أنواع التجارة الإلكترونية في:

١- المعاملات التجارية بين وحدات الأعمال بعضها البعض (الشركات)(Business to Business (B٢B))، وهو النوع الأكثر شيوعاً في الوقت الحالي.

٢- المعاملات التجارية بين مؤسسات الأعمال (الشركة) والمستهلك (العميل) (Business to Consumer (B٢C)) وهو ما يطلق عليه في بعض الأحيان التسوق الإلكتروني (E-Shopping).

٣- المعاملات التجارية بين مؤسسات الأعمال والحكومة.

٤- المعاملات التجارية بين المستهلك والحكومة، ويتضمن العديد من الأنشطة أهمها دفع الضرائب إلكترونياً.

وتقسم السلع الإلكترونية إلى نوعين يتم تبادلهما من خلال التجارة الإلكترونية وهما:

أ- المنتجات التي يتم التعامل بها إلكترونياً وفق المراحل الثلاث للمعاملة الإلكترونية وهي الدعاية وجمع المعلومات، والإتفاق والشراء والدفع الإلكتروني، وتسليم السلعة مثل: برامج الكمبيوتر، والموسيقى، والأفلام.

ب- السلع والخدمات التجارية التي تقتصر فيها المعاملات التجارية الإلكترونية على المرحلة الأولى والثانية فقط، حيث لا يمكن تسليمها إليكترونياً بسبب عدم إمكانية تحويلها إلى ملفات أو معلومات أو بيانات رقمية.

وتجدر الإشارة هنا إلى أن السلع غير الملموسة (السلع الإفتراضية) تمثل الفئة الرئيسية في التجارة الإلكترونية بين الشركات والأفراد، وتشمل خمس مجموعات رئيسية:

١- سلع التسلية مثل: الألعاب والأفلام وغيرها.

٢- خدمات النقل والسفر مثل: حجز تذاكر الطيران وغيرها.

٣- الصحف والمجلات الإلكترونية.

٤- الخدمات المالية.

٥- خدمة البريد الإلكتروني.

وفي حالة التسوق الإلكتروني يتم السداد من خلال ثلاث وسائل هي:

١- الدفع النقدي الإلكروني: وذلك من خلال استخدام النقود الإلكترونية.

٢- الشيكات الإلكترونية: وهي تحرر باستخدام الكمبيوتر، وتأخذ مسار الشيك الورقي.

٣- بطاقات الائتمان البلاستيكية (الغندور، ٢٠٠٣، ص ص:٨٩-٩٦).

١-١-٥- خصائص البنوك الإلكترونية

تمتاز البنوك الإلكترونية بميزات عن البنوك التقليدية، ويمكن الوقوف على ست خصائص أو ميزات أساسية وهي:

أ- اختفاء الوثائق الورقية للمعاملات، حيث إن كافة الإجراءات والمراسلات بين طرفي الخدمة المصرفية تتم إلكترونياً دون استخدام أي أوراق.

ب- فتح المجال أمام البنوك صغيرة الحجم لتوسيع نشاطها عالمياً باستخدام شبكة الإنترنت، دون الحاجة إلى التفرع خارجياً، وزيادة الاستثمار والموارد البشرية وغيرها.

ج- القدرة على إدارة العمليات المصرفية للبنوك عبر شبكة الإنترنت بكفاءة من أي موقع جغرافي، بالتالي يستطيع البنك أن يختار أفضل الأماكن على مستوى العالم، من

حيث النظم الإقتصادية المشجعة أو الأوضاع السياسية المستقرة، أو المعاملة الضريبية الأفضل ليمارس أعماله في بيئة مناسبة وينشرها في جميع أنحاء العالم.

د- عدم إمكانية تحديد الهوية، حيث لا يرى طرفا التعاملات الإلكترونية كل منهما الآخر، وهو ما تعالجه التكنولوجيا بالعديد من وسائل التأمين للتعرّف على الهوية إلكترونياً.

هـ- إمكان تسليم بعض المنتجات إلكترونياً، مثل المنتجات الرقمية ككشوف الحساب والرصيد وغيرها.

و- سرعة تغير القواعد الحاكمة، وذلك لمواكبة التطور السريع في مجال المعاملات الإلكترونية مما يحتاج إلى سرعة في صياغة التشريعات اللازمة لمواكبة هذا التطور السريع.

إن البنوك الإلكترونية بما تتضمنه من بنوك الإنترنت تمثل حداثة القرن الواحد والعشرين، لكن السؤال الذي يفرض نفسه هو متى يمكن للبنك اعتبار تجربته في تحويل خدماته إلى خدمات إلكترونية ناجحة؟ والإجابة المباشرة هي في تحقيق البنك بعض الأهداف من أهمها:

١- فتح أسواق جديدة أمام منتجات وخدمات البنك، ذلك أن التحول إلى الخدمات الإلكترونية يجب أن يصاحبه الحصولُ على عملاء جدد، وفتح آفاقٍ جديدة، وبما يغطي تكلفة استثماراته التكنولوجية، ومخاطر تشغيله.

٢- تحسين طرق إدارة العلاقات مع العملاء، وذلك لكون الخدمة الإلكترونية يميزها الدقة في الأداء، والأمن، وفي أي وقت وأي مكان، فبالتالي من المفروض أن تؤدي إلى تحسين العلاقات مع عملاء البنك.

٣- تخفيض كلفة أداء الخدمة، فانخفاض تكلفة أداء الخدمة سمة من سمات الخدمات الإلكترونية، وذلك بالرغم مما تتطلبه من بنية تحتية، وبرامج، وحاسبات، وتدريب، إلا أن ذلك يظل أقل تكلفة من تقديم الخدمة المصرفية بالوسائل التقليدية من خلال الفروع.

٤- القدرة على مخاطبة كل عميل على حدة وتقديم الخدمة المناسبة له، أي إدارة العلاقات مع العملاء للمحافظة على رضاهم، وذلك نتيجة ما تتيحه الخدمات الإلكترونية من البرامج التي تمكنها من تحقيق شعور لدى العميل بأن الخدمة مقدمه له دون غيره.

١-١-٦- مراحل العمل الآلي في البنوك

إن العمل الآلي في البنوك مرّ بمراحل عديدة حتى وصل إلى البنوك الإلكترونية، وهذه المراحل هي:

أ- مرحلة استخدام الآلات الميكانيكية المساعدة، وكانت استجابة طبيعية لزيادة حجم العمل اليدوي وكانت تمثل ميكنة لبعض مراحل عملية تشغيل البيانات يدوياً.

ب- مرحلة استخدام آلات البطاقات المثقبة، وتعتبر الباب الرئيسي الذي قاد لمرحلة الآلات الإلكترونية، وفكرتها تقوم على استحداث وسيلة يتم بواسطتها اختزان البيانات والمعلومات على بطاقة مثقبة، ثم قراءة هذه البيانات وتشغيلها بواسطة آلة.

ج- مرحلة استخدام الآلات شبة الإلكترونية، وهي مرحلة تم فيها عمليات تطوير واسعة للآلات المساعدة بهدف تشغيلها إلكترونياً لزيادة سرعتها، ورفع طاقتها الإنتاجية.

د- مرحلة ظهور الحاسب الإلكتروني، وهي أهم مراحل التحول الإلكتروني والتي ظهر فيها الحاسب الآلي، وحدث تطور هائل في مكوناته من حيث السرعة، والحجم، والكفاءة، والسعة.

هـ- مرحلة ظهور البنوك الإلكترونية، ويمكن تقسيم التطور الذي حدث إلى ثلاث مراحل حسب التطور التكنولوجي لقنوات الخدمات الإلكترونية.

- **المرحلة الأولى:** وهي التي ظهرت بها آلات الصراف الآلي، ونقاط البيع، والكمبيوتر المنزلي، والبنك المحمول، والبنوك الهاتفية، وقد حققت هذه المرحلة العديد من الأهداف

- للبنوك، أهمها: خفض الضغط على الفروع، وتحسين الخدمة، وتخفيض التكاليف وزيادة الأرباح.

- **المرحلة الثانية:** وهي مرحلة ظهور بنوك الإنترنت. وهي أهم مرحلة من مراحل البنوك الإلكترونية، وبموجبها تم الإنتقال من مرحلة البنوك التقليدية التي لها واقع مادي مُمثلاً في فروع ومستندات، إلى وجود افتراضي على شبكة الإنترنت.

- **المرحلة الثالثة:** وهي تلك المرحلة التي ظهرت بها توجهات الدمج ما بين قنوات تقديم الخدمة المصرفية المذكورة بالمرحلة الأولى، وتقنية الإنترنت المذكورة بالمرحلة الثانية.

وفيما يلي تفاصيل الدمج بين قناتين من قنوات تقديم الخدمات المصرفية، وتقنية الإنترنت، وهما آلة الصراف الآلي والهاتف المحمول.

١- آلة الصراف الآلي: لا زالت أجهزة الصراف الآلي التي تدعم العمل على شبكة الإنترنت في بدايتها المبكرة بالولايات المتحدة الأمريكية، وتحتاج بعض الوقت ليتمكن عملاء المصارف من رؤيتها في المملكة المتحدة وأوروبا، ولقد كان المصرف الإمبراطوري الكندي للتجارة (Canadian Imperial of Commerce) من أوائل المصارف التي قامت بتجربة استخدام الصراف الآلي الداعمة للتصفح عبر الإنترنت، فقامت منذ عام ١٩٩٨ بتشغيل سبعة أجهزة، وقام البنك بتسميتها بالأجهزة الذكية. وقامت تلك الأجهزة بتوفير الخدمات المصرفية ذاتها التي توفرها ماكينة (ATM) التقليدية مع إنجاز بعض الخدمات الأخرى مثل: توفير المعلومات، دفع ثمن تذاكر السينما وغيرها، وقامت مؤسسة (Partners) الأمريكية بتبني المشروع وأنشأت جهاز صرّاف آلي يتيح للعملاء التعرّف على حركات حساباتهم، والتحويلات والإطلاع على أسعار الأسهم، ومعلومات أخرى، ودفع الفواتير مستقبلاً.

٢- الهاتف المحمول (البنك المحمول): وتعتمد هذه الخدمة على إقامة قناة اتصال مباشر بين البنك والعميل عن طريق تقنية الـ(WAP)، وهو النظام الذي يتيح استخدام الإنترنت من خلال المحمول، وتتيح هذه الخدمة للبنك عرض خدماته للعميل، وقيام

العميل بالعديد من الخدمات مثل: الإستفسار عن حساباته وإجراء بعض التحويلات، ووقف صرف الشيكات وغيرها، وبنك أوف أمريكا سبّاق في تقديم هذه الخدمة (الغندور، ٢٠٠٣، ص ص: ٩٧-١٠٨).

١-١-٧- بنوك الإنترنت (Internet Banks)

قبل التطرق إلى موضوع بنوك الإنترنت لا بد من الإشارة إلى نشأة شبكة الإنترنت، ففي مؤتمر (لندن) عام ١٩٩٨ حول دمج التقنيات تحدّث (بيل غيتس) رئيس مجلس إدارة شركة (Microsoft) العالمية قائلاً: يجب النظر إلى الإنترنت على أنه أمر مسلم به وأضاف قائلاً "إن المؤسسات التي تأخذ بتقنية الإنترنت هي التي سيكتب لها البقاء، والمؤسسات التي لا تواكب التغير ستبقى في المؤخرة" من هذه العبارة تظهر أهمية استخدام التقنيات الإلكترونية في العمل المصرفي وخصوصاً على صعيد المنافسة المصرفية محلياً أو عالمياً.

وتعود نشأة الإنترنت إلى عام ١٩٥٧ أثناء الحرب الباردة بين الولايات المتحدة والإتحاد السوفيتي سابقاً، وكانت تسمى (Arpanet) نسبة إلى وكالة المشاريع البحثية المتقدمة الأمريكية (Advanced Research Projects Agency)، وسميت بعد ذلك بالـ(Arpanet) نسبة إلى وكالة المشاريع البحثية المتقدمة لدائرة الدفاع الأمريكية، وقد تطورت تلك الشبكات في عام ١٩٦٩، وأنشأت مؤسسة العلوم الوطنية الأمريكية موقعاً لخدمة الباحثين والعلماء. وتعد العمود الفقري لشبكة الإنترنت الحالية، وتم إنشاء شبكات خاصة لتقديم هذه الخدمات، ومع بداية التسعينات انتشرت الإنترنت انتشاراً واسعاً عبر العالم (Fuller, ٢٠٠٠, pp.٦٧-٦٨).

وتعرف بنوك الإنترنت وتسمى أيضاً البنوك الإفتراضية (Virtual Banks): بأنها تلك البنوك التي تستخدم الإنترنت كقناة للحصول على الخدمات المصرفية مثل: فتح حسابات الإيداع، وتحويل الأموال، والحصول على الخدمات المصرفية الجديدة. ويعد الإنترنت سر بوهر عمل هذه البنوك، وتعتبر بنوك الإنترنت مجال التنافس الرئيسي بين البنوك (الشريف، ٢٠٠٠).

١-١-٧-١- الخدمات المصرفية المقدمة عبر الإنترنت

يمكن تصنيف الخدمات المصرفية المقدمة عبر الإنترنت إلى الفئات الثلاث الآتية:

أ- **الخدمات المعلوماتية (Informational Services).**

ويقوم المصرف هنا بعرض وتسويق الخدمات والمنتجات المصرفية المقدّمة ضمن موقع إلكتروني عنكبوتي (Web Site) على الإنترنت، وينطوي هذا النوع من الخدمات على مخاطر متدنية نسبياً، بسبب عدم وجود قناة اتصال إلكتروني عبر الإنترنت تمكن أحداً من الدخول إلى شبكة وأنظمة المعلومات الداخلية للمصرف.

ب- **الخدمات الإتصالية (Communicational Services).**

وينطوي هذا النوع من الخدمات على مخاطر أعلى، حيث إنه يسمح بنوع من الإتصال المحدود بشبكة وأنظمة المعلومات الداخلية للمصرف، والمثال على هذه الخدمات: طلب كشف حساب، وتقديم طلب الحصول على تسهيلات ائتمانية، وغيرها.

ج- **الخدمات التنفيذية (Executive Services).**

وهذا النوع من الخدمات يسمح لعميل المصرف تنفيذ الخدمة المصرفية عبر الإنترنت، حيث يمّكن العميل من إجراء عمليات التحويل النقدي من الحساب، ودفع الفواتير، وإجراء عمليات تنفيذية على حسابه، وغيرها، ويعتبر هذا النوع هو الأكثر خطورة على الإطلاق، حيث أنه يمكّن عميل المصرف من الدخول إلى أنظمة المعلومات الداخلية وتنفيذ العمليات المطلوبة (قاحوش، ٢٠٠١، ص ص: ٣٦-٣٨).

ويعد بنك (نت بانك) (www.netbank.com) أول بنك على شبكة الإنترنت، وقد نمت أعماله من عام ١٩٩٥ إلى عام ٢٠٠٠ حوالي (٧١٧%)، وفي دراسة أجرتها مؤسسة (E-Funds) نشرت نهاية ١٩٩٩ تبيّن ما يلي:

١- إن (٨٠%) من مستخدمي الإنترنت يرون أن تجربتهم الإلكترونية أفضل من التقليدية مع البنك نفسه.

٢- إن (٩٠%) يملكون حسابات تقليدية إلى جانب حساباتهم الإلكترونية.

٣- المعيقات: الخشية من عدم توفر الأمان في التعاملات المصرفية، بالإضافة إلى عدم المحافظة على السرية (عرب، ٢٠٠٠، ص٩).

١-١-٧-٢- ميزات بنوك الإنترنت

هناك العديد من الميزات التي تميز بنوك الإنترنت ليس عن الخدمات التقليدية، بل حتى عن القنوات الإلكترونية الأخرى، ويرجع ذلك للأسباب الآتية:

أ- انخفاض تكلفة أداء الخدمات المصرفية على الشبكة: إن تكلفة الخدمات المصرفية عبر الإنترنت تقل كلفتها عن باقي القنوات، وكما مبين في الجدول (١).

الجدول (١)

تكلفة الحصول على الخدمة المصرفية عبر القنوات المختلفة الإلكترونية والفروع

القناة الإلكترونية	الإنترنت	صراف آلي	الهاتف	الفروع
تكلفة الخدمة £	٠.٠٩	٠.١٧	٠.٤٠	١.٠٦

المصدر: دود، بول (تفهم آثار الثورة المصرفية العالمية)/ مؤتمر الأكاديمية العربية العاشر بعنوان (تقديم المنتجات والخدمات المصرفية أمام تحديات القرن الواحد والعشرين)، الأكاديمية العربية للعلوم المالية والمصرفية، عمّان - الأردن، ٢٠٠٠.

وفي دراسة كريس (Chris, ٢٠٠٥) نرى أنه قد تمّ توكيد ضروره ببسيط إجراءات فتح الحسابات التي يستطيع العملاء فتحها من خلال الإنترنت، حيث إن إجراءات فتح الحساب الحالية تتضمن الكثير من الأخطاء لا سيما بأنه يتم إعادة إدخال البيانات يدوياً، وأيضاً إن كلفة فتح الحساب الحالية التي تحتاج إلى الذهاب إلى الفرع (٦٥$)، بينما كلفة فتح الحساب من خلال الإنترنت (١٥$) فقط، بالإضافة إلى أن البنك يقوم بتسويق باقي الخدمات التي يقدمها على الإنترنت.

وفي دراسة أخرى حول تكلفة الحصول على الخدمة المصرفية حسب القنوات الإلكترونية كانت النتائج كما في:

الجدول (٢)

تكلفة الحصول على الخدمة المصرفية عبر القنوات الإلكترونية المختلفة والفروع

القناة	الفرع	الهاتف	الصراف الآلي	الإنترنت
تكلفة الحصول على الخدمة المصرفية USD	١.٠٧٠	٠.٥٤٠	٠.٢٧٠	٠.٠١٠

المصدر: قولدفينقر، كارلس، (بنوك الإنترنت)/ مؤتمر معهد الدراسات المصرفية بعنوان (الصيرفة الإلكترونية)، معهد الدراسات المصرفية، عمّان - الأردن، ٢٠٠٥.

ب- الازدياد المُطرد لإستخدامات الشبكة: تشير الدراسات إلى أن عدد مستخدمي الإنترنت ممن لديهم حاسبات شخصية في ٢٠٠٥ سيبلغ (٧٦٥) مليون نسمة.

ج- تعدد وسائل الدخول إلى الشبكة: فمن الممكن لمستعمل الهواتف الجوالة (GSM) القدرة على الدخول للشبكة، أو مشاهدي التلفاز الرقمي بالمنزل أو المكتب وغيرها.

هـ- اتجاه التشريعات الدولية نحو التبادل غير المادي للعمليات التجارية والمصرفية.

و- مشاكل النقل والإزدحام داخل المدن عموماً، والمدن الكبرى خصوصاً، بالتالي يفضل العديد من العملاء إتمام عملياتهم عبر الشبكة من المنزل أو المكتب.

ز- تناقص ربحية العمليات المصرفية التقليدية: هناك تناقص في ربحية البنوك، ويعود ذلك لعدة أسباب أهمها: انفتاح العديد من عملاء البنوك على الأسواق المالية العالمية مما يمكنهم من القيام بعدد من عمليات الوساطة التي كانوا يلجأون إلى البنوك للقيام بها، وتقليص الفارق بين الفائدة المدينة والدائنة وزيادة النفقات والتكاليف للبنوك نتيجة الموجات التضخمية، ممّا يساعد على الإستثمار في الخدمات عبر الإنترنت.

ح- التحول من البطاقات الممغنطة إلى البطاقات الذكية: وذلك في إطار مكافحة عمليات النصب والإحتيال، وفي نطاق تطبيق المواصفات العالمية (Euro Card-Master Card- Visa (EMV)) للبطاقات البنكية التي ستحوّل كافة البطاقات الممغنطة إلى البطاقات الذكية بحلول عام ٢٠٠٧، مما يسهل من عمليات الإمضاء الإلكتروني، وبالتالي يسهل القيام بالأعمال عبر الإنترنت.

ط- مواجهة المنافسة العالمية: وذلك في ظل مقررات منظمة التجارة العالمية، وتحرير الخدمات المالية واتجاه البنوك المتقدمة نحو تقديم خدماتها عبر الإنترنت.

ي- استقطاب رؤوس الأموال الخارجية: فالإنترنت خير قناة لإستقطاب رؤوس الأموال، والترويج لإستثماراتها، مما يعظم فرص الربحية.

وقد أقامت إحدى شركات التأمين البريطانية (Prudential Insurance) في سوق لندن بنكاً على شبكة الإنترنت، واستطاع بعد (١٨) شهراً من جذب ودائع تقدر بنحو (١٣) مليار دولار، أي ما يعادل (١%) من حجم السوق المصرفية في بريطانيا، واستطاع بنك (Nordea) في فنلندا وهو من البنوك الرائدة في تقديم الخدمات المصرفية عبر الإنترنت، من زيادة أرباحه من (١.٨) مليار عام ١٩٩٩ إلى (٢.٢) مليار عام ٢٠٠٠، وقام بتقليص الفروع إلى (٤٠٠) فرعاً بعد أن كانت (٨٠٠) فرعاً (الغندور، ٢٠٠٣، ص ص: ١١٧-١٢٥).

ومن الممكن لأي مصرف أن يقتحم العمل المصرفي الإلكتروني من خلال الإنترنت على مرحلتين:

المرحلة الأولى: بناء موقع إلكتروني

بناء موقع إلكتروني (Web Site) لأي منظمة مهم جداً؛ لأنه يُعتبر البوابة للقيام بالأعمال التجارية وتقديم الخدمات، أما تصميم الموقع وما يتضمن هذا الموقع من خدمات، وما يحتاج من إدارة وتوفير الأمن والحماية والسرية، يعتبر من الأمور المهمة في بناء بنية تحتيه للتجارة الإلكترونية.

ويوجد منافع عديدة لبناء موقع لأي بنك على الإنترنت منها: الوصول إلى ملايين العملاء بسهولة، وتخفيض تكاليف الإعلان، وتخفيض تكاليف الخدمة، والوصول إلى الأسواق العالمية، وعرض خدمات البنك على شكل حُزَم تصل إلى (١٠٠) خدمة، ويتضمن الموقع عدد الزوار لهذا الموقع. وقد يقوم البنك بالإستعانة بخدمات (Web Hosting Service) لتصميم وعمل حماية وصيانة لهذا الموقع، أو قد يقوم البنك بذلك بنفسه مع توفر خبرة في التصميم، والبرمجيات، والأجهزة، والدعاية على الإنترنت، ويجب أن يتم عند تصميم الموقع مراعاة العديد من الأمور المهمة منها: الدقة، والمظهر الخارجي، والتآلف والتناغم بين مكوناته، والمحافظة على السرية والأمان، والقدرة على التفاعل مع العملاء والتطور (Awad, ٢٠٠٢, pp.١٣٧- ١٤٠).

ومن الملاحظ أن العديد من الدول قد بدأت بوضع التشريعات والقوانين المناسبة لإدخال العمل المصرفي الإلكتروني إلى أسواقها المحلية، ولا بد للمصارف من معرفة أهمية وضرورة الإستثمار الكبير في الأنظمة المعلوماتية، واعتماد التقنيات الحديثة في مجال الإتصالات، وتطوير الشبكات الداخلية والخارجية، وتطوير أساليب الحماية والأمان، وإعداد وتدريب وتنمية مهارات الكوادر البشرية في مجال الثقافة المعلوماتية والإلكترونية، والعمل على زيادة ونمو الوعي المصرفي لدى العملاء بأهمية التحول نحو الخدمات الإلكترونية وبالذات الإنترنت؛ نظراً للفوائد الجمة الناجمة عن إمكانية الإتصال المباشر، وتوفير الوقت والجهد والكلفة، حيث يتم بذلك إنجاز موقع (WEB) إشهاراً للتعريف بإنجازات البنك ونشاطه، وحجم ورقم أعماله وأرباحه، وبعض المعلومات عن الأسواق المالية والخدمات التي يسوقها، ولا بد أن يكون منفتحاً على محيطه، ويعطي الفرصة لتمكين زبائنه من مراسلته بالبريد الإلكتروني للتعرف على احتياجاتهم، ويعطي أيضاً معلومات للمصرف مثل: إمكانية إحصاء عدد الزوار والبلدان التي ينتمون إليها، وهي تفيد المصرف في تسويق خدماته، وتخصيصها حسب ما يقتضيه السوق، وهذه المرحلة لا تحتاج استثماراً كبيراً، كما لا تشكل مخاطرة إضافية على المصرف.

المرحلة الثانية: تطوير الموقع الإلكتروني

يمكن أن يُطور موقع (WEB) إلى موقع خدمات مصرفية فورية، إذ يوفر للعميل إمكانية إنجاز عمليات تحويل الأموال ودفع الفواتير التجارية، واستعراض معلومات عن الرصيد والعمليات المنجزة، وغيرها من الخدمات، وتتطلب المرحلة الثانية من المصرف اتخاذ بعض الإجراءات ذات الطابع الأمني كحماية للموقع باستعمال البرمجيات الحارسة مثل: الجدار الناري (Fire Walls)، والتعامل مع موزع إنترنت خاص بالقطاع قادر على توطين موقع البنك مع ضمان سلامته، ومتمكن مع مهارة فائقة من علم الكربتولوجيا، والتشفير مع استعمال الإمضاء الإلكتروني المبني على البطاقة الذكية، ومما يجب ذكره أن على المصرف مراعاة أصول وأشكال منح الائتمان الإلكتروني، وشروط إصدار البطاقات الإلكترونية، وأيضاً ممارسة النشاط المصرفي والمالي عبر الإنترنت من وإلى الخارج، وإجراءات الأمان والوقاية وتدابير الرقابة الداخلية والخارجية في العمليات الإلكترونية وغيرها من الشروط.

إن الدخول في مجال الصيرفة الإلكترونية بمرحلتها الأولى (E-Banking)، وبمرحلتها المتقدمة (Virtual Banking)، يتطلب التزاماً تاماً من المؤسسة بالأهداف المرجوة من الإستثمار على المستوى الآني والإستراتيجي، بالتالي لا بد المؤسسات التى تود الدخول في مجال الصيرفة الإلكترونية أن تتوفر لديها المعرفة الناضجة والقادرة على تطوير استراتيجية شاملة وواضحه، التي من شأنها إذا اقترنت بتطبيق دقيق أن توفر عناصر النجاح، لتحقيق الأهداف المرجوة (سروغ، ٢٠٠٠).

١-٢- المبحث الثاني: تطبيقات الصيرفة الإلكترونية عالمياً

لقد أصبح استخدام التكنولوجيا الحديثة عنصراً أساسياً للعمل المصرفي؛ لما توفره من الفعّالية في العمل، والسرعة في الإنجاز، ووفرة في التكاليف، وزيادة في الأرباح، وابتكار خدمات جديدة ومتنوعة، بالتالي زيادة القدرة على المنافسة في ظل تحرير الخدمات المالية، وتحوّل العالم إلى قرية صغيرة، بالتالي إن استخدام التكنولوجيا تشكل العامل الأهم للنجاح ولمستقبل النمو في المؤسسات المصرفية، وتؤكد الأبحاث العالمية على أهمية

الإستثمار في الخدمات المصرفية المرتكزة على التكنولوجيا الحديثة. فالإتجاهات تشير إلى تفضيل العملاء الخدمة الذاتية لإدارة أنشطتهم المالية؛ فالمصارف التي لا تتوافر فيها التكنولوجيا الحديثة والمتطورة التي تمكنها من تطوير استراتيجية قائمة على الخدمة الذاتية للعميل لا شك أنها ستتعرض للفشل.

وسنستعرض في هذا المبحث بعض تطبيقات الصيرفة الإلكترونية في دول العالم، وسنتحدث بداية عن استخدام شبكة الإنترنت كونها تشكل محور القنوات المصرفية الحديثة:

١-٢-١   استخدام شبكة الإنترنت

على الرغم من نمو استخدام شبكة الإنترنت والتجارة الإلكترونية في جميع أنحاء العالم، ألا إن هناك فروقات في مستويات الإستخدام وحجم التجارة الإلكترونية فيما بين البلدان المختلفة، وكما يلي:

أ-   **أوروبا:** كان النمو في استخدام شبكة الإنترنت في أوروبا أبطأ من نموه في الولايات المتحدة، وتضم ألمانيا والمملكة المتحدة أكبر عدد من مستعملي شبكة الإنترنت (٦.١) مليون شخص، و(٧.٢) مليون على التوالي، وبلغت قيمة التجارة الإلكترونية في أوروبا حسب تقديرات مؤسسة فوريستر للبحوث زهاء (١.٢) مليار دولار عام ١٩٩٨، وارتفع إلى (٦٤.٤) مليار دولار في ٢٠٠١.

ب- **أفريقيا:** تحسنت إمكانية ربط أفريقيا بشبكة الإنترنت بصورة كبيرة منذ أوائل التسعينات، لكنها عند مستويات منخفضة مقارنة بالدول المتقدمة، في عام ١٩٩٦ لم يكن سوى (١٦) بلداً أفريقيا موصولاً بشبكة الإنترنت، أما الآن فإن أكثر من (٧٥%) من العواصم الأفريقية تتمتع بكل إمكانات الوصول إلى شبكة الإنترنت.

ج- **الشرق الأوسط:** شهدت بلدان الشرق الأوسط زيادة كبيرة في عدد مستخدمي الإنترنت، وتتصدر إسرائيل القائمة، ويبلغ عدد المستخدمين (٣٠٠٠٠٠) شخص

يشكلون (٥.٥%) من السكان، تليها الإمارات المتحدة التي يبلغ عدد المستخدمين (٨٨٦٠٠) شخص، ويشكلون (٣%) من السكان وتليها مصر، وقدرت التجارة الإلكترونية في الشرق الأوسط بما يتراوح بين (٩) ملايين و(١١.٥) مليون دولار عام ١٩٩٧.

د- **أمريكا اللاتينية ومنطقة الكاريبي:** شهدت أمريكا اللاتينية نمواً سريعاً في استخدام شبكة الإنترنت على مدى السنوات الماضية، ويبلغ عدد الموصولين بالشبكة (٨.٥) مليون شخص، ويبلغ عدد أجهزة الحاسب في البرازيل عام ١٩٩٧ بـ(٢.٥) مليون حاسب، وتمثل البرازيل سوق الإنترنت الرائدة في أمريكا اللاتينية.

هـ- **آسيا والمحيط الهادي:** يُقدر مجموع عدد المستخدمين بـ(٢٢) مليون شخص، والعدد الأكبر في اليابان (١٢.١) مليون شخص، ونسبة تغلغل الإنترنت هي الأكثر في أستراليا (٣.٣) مليون شخص، والشركات الـ(١٠٠٠) الأولى بالمنطقة (٧٥%) منها تملك مواقع على شبكة الإنترنت.

ز- **الولايات المتحدة وكندا:** تدل الدراسات أن عدد مستخدمي شبكة الإنترنت من سن (١٦) سنة فأكثر عام ١٩٩٨ يبلغون (٧٩) مليون شخص، وعدد الأشخاص الذين يشترون سلع وخدمات عبر شبكة الإنترنت نحو (٢٠) مليون شخص (الديوه جي، ٢٠٠٠).

١-٢-٣- نظام الدفع الإلكتروني (Electronic Payments System)

يشير هذا النظام إلى أن عملية الدفع تتم إلكترونيا، بدون استخدام الورق (النقد، والشيكات، والمستندات، وغيرها)، فالعميل يقوم مثلاً بدفع فواتيره، ونقل الأموال إلكترونياً، وطريقة الدفع الإلكتروني تتضمن خمسة أطراف هي:

١- العميل أو الزبون (Customer/ Payer/ Buyer): وهو الطرف الذي يقوم بالدفع إلكترونياً لشراء السلع والخدمات.

٢- التاجر أو البائع (Merchant/ Payee/ Seller): وهو الطرف الذي يقوم بالحصول واستقبال الدفعة الإلكترونية من العميل.

٣- المُصدر (Issuer): وهو المُصدر لأداة الدفع الإلكترونية وقد يكون مؤسسة بنكية أو غير بنكية.

٤- المُنظم (Regulator): وعادة تقوم دوائر حكومية بتنظيم عملية الدفع الإلكتروني.

٥- غرفة التقاص الإلكتروني (Automated Clearing House): وهي شبكة إلكترونية تنقل الأموال بين البنوك.

ويجب أن تتصف طرق الدفع الإلكترونية بالعديد من الصفات لكي تضمن لها التقدم والنجاح منها: سهولة الإستخدام، وأن تكون الرسوم والعمولات مناسبة، ولا تتطلب الحصول عليها أجهزة وبرمجيات متعددة وصعبة الإستخدام، وتوفر الأمن والسرية. وأهم طرق الدفع الإلكتروني تتمثل في:

١- بطاقات الدفع (Payment Card)

وهي بطاقات بلاستيكية، وهي بطاقات تستخدم لأغراض الدفع، ويوجد في الولايات المتحدة (٧٠٠) مليون بطاقة دفع مقبولة من قبل أكثر من (٤) مليون تاجر في أمريكا و(١١) مليون تاجر حول العالم، وقيمة الدفعات السنوية في أمريكا كانت (٨٥٠) بليون دولار للسنوات الأخيرة. ويوجد ثلاثة أنواع من بطاقات الدفع وهي:

أ- البطاقات الائتمانية (Credit Cards): وهي البطاقات التي تمنح الحامل سقف ائتمانياً محدداً للسحب، وتكون هذه البطاقات عادة برسوم سنوية للإصدار، وفائدة على الرصيد غير المدفوع، ومن أهم الجهات المصدرة لتلك البطاقات شركة (Visa)، وشركة (MasterCard).

ب- البطاقات الوفائية (Charge Cards): وهي البطاقات التي تعطي بسقف محدد، ويقوم العميل في العادة بدفع قيمة المطالبة كاملة خلال فترة ما بين ثلاثين إلى خمسة وأربعين يوماً، ويوجد عادة رسوم سنوية، ومن أهم

الجهات المصدرة شركة (American Express).

ج-   البطاقات المدينة (Debit Card): وهنا يتم خصم قيمة فاتورة الشراء مباشرة من حساب العميل، ومن أهم الجهات المصدرة هي (Visa)، (MasterCard).

٢-   **بطاقات الائتمان الوهمية (Pseudo Credit Cards)**

وهي من الإبتكارات الجديدة، تمثل نظام دفع إلكتروني إذ تعطي الجهة المصدرة للبطاقة رقم خاص يمكن استخدامه بدلاً من أرقام البطاقات الإعتيادية، فالمستخدم يعطي رقم عملية بدلاً من رقم بطاقة.

٣-   **الحسابات الجارية المدينة (Debiting Checking Accounts)**

نتيجة ازدياد عدد البائعين الذين يعرضون خدماتهم وسلعهم للمتسوقين عن طريق الإنترنت، فقد ازداد استخدام الحسابات الجارية لدفع قيمة المطالبة إلكترونياً، وبالذات من الذين يخافون استخدام البطاقات الائتمانية للدفع الإلكتروني، وتسمى هذه الخدمة (Money Zap Service)، ويجب تعبئة نموذج خاص للحصول على الخدمة، وبالتالي الحصول على رقم سري، وعملية الخصم تتم إلكترونياً خلال ثوانٍ .

٤-   **المحافظ الإلكترونية (Electronic Wallets)**

وهو برنامج يقوم المستخدم بتنصيبه على جهاز الحاسب الشخصي، ويتم تخزين المعلومات الشخصية وأرقام البطاقة الائتمانية في هذا البرنامج، وعندما يقوم المستخدم بعملية الشراء يضغط على كبسة واحدة على هذا البرنامج ليتم تعبئة المعلومات المطلوبة آلياً، وظهرت هذه الطريقة بدلاً من قيام العميل بتعبئة نموذج الشراء عن كل عملية، ومن أهم الشركات المصدرة (Visa Card)، (MasterCard).

٥- **البطاقات الذكية (Smart Cards)**

وهي من الإختراعات الحديثة التي دعمت نظام الدفع الإلكتروني، وهي بطاقة دفع بلاستيكية تتميز بوجود قرص رقيق محفور على البطاقة قادر على التحكم والمحافظة على البيانات المخزنة من أي شطب أو إضافة، وهذه البيانات ممكن قراءتها من خلال القارئ عندما تمرر البطاقة عليه، ويوجد نوعان من البطاقات الذكية:

أ- بطاقة الإتصال المباشر (Direct Contact Card): ويحتوي هذا النوع من البطاقات على صفيحة معدنية ذهبية قطرها نصف إنش تقع في المقدمة، عندما تمرر البطاقة على القارئ يحدث اتصال إلكتروني، ويتم تمرير البيانات من خلال القرص.

ب- بطاقة الإتصال غير المباشر (Indirect Contact Card): وفي هذا النوع إضافة إلى وجود قرص محفور على البطاقة، يوجد هوائي محفور أيضاً، وهنا المعلومات تمرر من وإلى البطاقة عن طريق الهوائي إلى هوائي آخر مربوط بقارئ البطاقة أو أي أداة أخرى، ويستخدم هذا النوع من البطاقات في التطبيقات التي تحتاج إلى معالجة سريعة مثل: الدفع في الباصات أو القطارات وغيرها، ويوجد العديد من التطبيقات للبطاقات الذكية منها بطاقات الولاء (Loyalty Cards) وهي من تطبيقات البطاقات الذكية، ويستخدمها تجار التجزئة لتمييز عملائهم ومكافأتهم، وتسمح لعملائهم بالحصول على نقاط عند كل عملية بيع بالتالي الحصول على مكافأة عند مستوى معين من النقاط، ويوجد استخدامات أخرى للبطاقات الذكية في مجال المواصلات، والخدمات، والرعاية الصحية خصوصاً في ألمانيا، ويوجد حالياً البطاقة متعددة الأغراض (Multipurpose Cards)، وهي بطاقة لكل التطبيقات كأن تكون بطاقة ائتمانية، وبطاقة مدينة، وبطاقة ولاء في الوقت نفسه.

٦- **النقود الإلكترونية (Electronic Cash)**

وهي نقود رقمية أو إلكترونية تكافئ النقود الورقية والمعدنية، وتدعم الدفعات الإلكترونية التي لا تتم عن طريق بطاقات الدفع وبالذات للمبالغ الصغيرة.

٧- **بطاقات القيمة المخزنة (Stored-Value Cards)**

هي بطاقات ذكية لها استخدامات أكثر من النقود الإلكترونية، وتستخدم لدفع قيمة الفواتير للدفع لقيم فواتير ابتداءاً من السنتات إلى مئات الدولارات، فمثلاً قد تستخدم لدفع الضريبة، وأجرة الكراج، بالإضافة إلى التسوق عبر الإنترنت.

٨- **طريقة الدفع من شخص إلى شخص آخر (Person to Person Payments)**

وهي إحدى وسائل الدفع الجديدة والسريعة التي تسمح بتحويل الأموال بين الأشخاص لأغراض مختلفة مثل: الحوالات النقدية.

٩- **الشيكات الإلكترونية (Electronic Checks)**

استناداً إلى الإحصاءات الأمريكية الحكومية فإن (٧٠%) من الدفعات غير النقدية تتم من خلال الشيكات، بالإضافة إلى أن عدد الشيكات المحررة من قبل الحكومة والأفراد ورجال الأعمال (٨٠) بليون شيك، تكلفتهم (١%) من الناتج القومي، ويوجد خسائر احتيال الشيكات تقدر بـ(٦٠) بليون دولار، هذه التكاليف وغيرها هي التي قادت، إلى الشيكات الإلكترونية، والشيك الإلكتروني هو صورة أو نسخة إلكترونية للشيك الورقي ويتضمن نفس المعلومات ونفس الإطار القانوني الموجود في تلك الشيكات، لكن يأخذ شكل إلكتروني، ويمتاز الشيك الإلكتروني بأنه أسرع وأرخص وأكثر أماناً، ويستطيع العملاء الذين لديهم حسابات جارية تحريره لشراء السلع والخدمات مثلاً، وفي حالة المشتريات الحكومية أو التجارة الإلكترونية بين شركات الأعمال يتضمن إصدار الشيك الإلكتروني إجراءات أكثر أماناً حيث إن الشيك يكون بمبلغ كبير.

وفي التجارة الإلكترونية بين مؤسسات الأعمال (Business to Business) يتم استخدام طرق للدفع الإلكتروني أهمها:

أ-   الإعتماد المستندي (Letter of Credit): وهو اتفاقية مكتوبة من قبل البنك بالإتفاق مع المشتري يتم بموجبها الدفع للبائع والتقييد على حساب المشتري، وذلك مقابل الحصول على مستندات محددة، والإعتماد المستندي مكلف؛ لذا تم اللجوء إلى الوسائل الآتية:

١.   نظام البطاقة التجارية (Trade Card System): وأنشأتها شركة (MasterCard) وشركة البطاقة التجارية، وتسمح بالدفع الإلكتروني من خلال الحصول على عضوية في تلك الشركات، ويتم تقييم جدارتهم الائتمانية قبل قبول عضويتهم، ويسمح هذا النظام بالدفع الإلكتروني سواء داخل البلد أو خارج البلد وبأي مبلغ.

٢.   الفواتير الإلكترونية (Electronic Billing): في الفترة السابقة كان يتم دفع الفواتير بالطرق التقليدية من خلال قيام الشركة بطباعة الفاتورة وإرسالها بالبريد وقيام العميل بعد ذلك بإرسال القيمة بالطرق التقليدية، وهذه الطريقة كانت تأخذ أسابيع أو أكثر لإتمام العملية، بعد ذلك أصبح هناك تقدم في عملية دفع الفواتير إلكترونياً من خلال طباعة تقرير واحد إلكترونيا بالتالي يتم طباعة فقط ما يعادل (٣%) من (١٩) بليون فاتورة ترسل سنوياً، ومن المتوقع أن تنمو هذه النسبة إلى (٣٤%) عام ٢٠٠٥، والفاتورة الإلكترونية تسمى أيضاً (Electronic Bill Presentment and Payment): فهو النظام الذي يسمح بإرسال الفاتورة إلكترونياً إلى العميل عبر الإنترنت، والمعلومات المطلوبة تكون مطبوعة على الفاتورة، ويتم تسديد قيمتها من خلال حساب العميل الجاري إلكترونياً.

وفي العديد من الدول مثل: هونج كونج، وسنغافورة يمكن دفع قيمة الفاتورة من خلال الصراف الآلي، وتوفر هذه الطريقة مزايا منها تخفيض التكاليف، فالفاتورة الورقية تكلف بين (٠.٧٥$) إلى (٢.٧٥$)، بينما تكلفة الفاتورة الإلكترونية بين (٠.٢٥$) إلى (٠.٣$) (Turban & Others, ٢٠٠٤, pp.٤٩٣-٥٢٠).

١-٢-٣- الصيرفة الإلكترونية في الدول المتقدمة

تعد الدول المتقدمة، وفي مقدمتها الولايات المتحدة، من الدول الرائدة في استخدام الصيرفة الإلكترونية، وقد نما استخدام تكنولوجيا الصيرفة الإلكترونية بشكل سريع في أمريكا. فالدراسات تؤكد وجود ثورة في استخدام هذه التكنولوجيا المتطورة، وفي دراسة أجريت عام ١٩٩٩ تبين أن (٨٥%) من العملاء يجرون حركات مالية عبر القنوات الإلكترونية، وقد بلغت عدد الحركات المالية عن طريق جهاز الصراف الآلي (٩٠٧) مليون حركة شهرياً، وبلغت عدد الحركات المالية عبر نقاط البيع (٢٠٢) مليون حركة شهرياً، ويوجد (٧) ملايين شخص يستخدمون (Online Banking) (Koldinsky, ٢٠٠١).

وفي دراسة بيون (Pyun, ٢٠٠٢) التي أجريت في أمريكا عام ١٩٩٨ بلغ عدد البنوك الأمريكية التي تعرض خدماتها عبر القنوات الإلكترونية (٧٧٠) بنكاً، وارتفع العدد إلى (٤٩٩٠) في السنة التالية، بينما بلغ عدد بنوك الإنترنت في ثماني دول أوروبية هي: ألمانيا، وبلجيكا، وهولندا، وإسبانيا، والمملكة المتحدة، وإيطاليا، وأيرلندا، وفرنسا (١٨٤٥) بنكاً، وقد شكلت البنوك الألمانية القسم الأكبر من هذه البنوك، وقد كان العدد الأقل من هذه البنوك في فرنسا.

وقد أدخلت المصارف الفرنسية نظاماً للتعرفة على الخدمات المصرفيه عبر الإنترنت شبيه بنظام تعرفة (Minitel)، على عكس المصارف الإنجليزية التي تشهد تقدماً حذراً في مجال الخدمات المصرفية عبر الإنترنت، والمصارف الألمانية والسويسرية تؤمن الخدمات المصرفية عبر الإنترنت مجاناً، وبين عام ١٩٩٧ و١٩٩٨ يوجد سبعة مصارف من أصل عشر مصارف كبيرة في أوروبا أطلقت مواقع لها على الإنترنت، وتؤمن خدمات

أساسية كالإستعلام عن الأرصدة والتحويل من والى الحساب، وبعضها تؤمن خدمات وساطة، وفي مقارنة بين المصارف اليابانية مع المصارف في أمريكا وأوروبا نجد أن المصارف اليابانية ترى في الإنترنت تكملة لخدمات الصراف الآلي والخدمات المصرفية عبر الهاتف وتقيم الإنترنت على أنه في المرتبة الثالثة من حيث الأهمية بعد الفروع والهاتف، أما في شمال أمريكا وأوروبا فينظرون إلى الإنترنت على أنه وسيلة لتخفيض كلفة الخدمات المصرفية، وسيكون أهم وسيلة للتعامل مع الزبائن خلال العشرة سنين القادمة (نحلة، ٢٠٠٠).

١-٢-٤- المصارف العربية واستخدام الصيرفة الإلكترونية

أولت السلطات النقدية والمصرفية في الدول العربية اهتماماً متزايداً لتطوير وإصلاح وتحرير قطاعاتها المصرفية انطلاقاً من الدور الهام الذي تلعبه هذه القطاعات في تعزيز النمو الإقتصادي. وقد شهد القطاع المصرفي في الدول العربية تطوراً كبيراً في السنوات الأخيرة نتيجة الجهود الكبيرة التي بذلتها معظم الدول العربية لإصلاحه وتطويره إلى جانب الدور الكبير لهذه المصارف على المستويات المؤسساتية والرأسمالية والبشرية والتكنولوجية.

إن المصارف العربية تواجه تحديات كبيرة أملتها التغيرات العالمية في البيئة المصرفية نتيجة التطورات التكنولوجية، وتحرير تجارة الخدمات المالية في ظل منظمة التجارة العالمية، وتحول العالم إلى قرية صغيرة، وازدياد المنافسة، لذا يتعين على البنوك العربية التأقلم مع هذه التحديات وتحويلها إلى فرص حقيقية للنمو والتطور خلال المرحلة المقبلة.

أما أهم التحديات التي تواجه القطاع المصرفي العربي فهي:

أ- **صغر حجم المصارف العربية:** إن المصارف العربية لازالت رغم زيادة أصولها ورؤوس أموالها تعاني من صغر أحجامها مقارنة مع المصارف الأخرى في الدول المتقدمة، وقد بلغت موجودات المصارف العربية خلال عام ١٩٩٩ (٥٢٦.٣) مليار

دولار، وهذا يقل عن أصول بنك واحد من كبريات المصارف العالمية، بالإضافة إلى أن عدد المصارف العربية التي تزيد موجوداتها عن (١٥) مليار دولار في عام ١٩٩٩ لم يتجاوز (٩) مصارف، بالتالي تبرز أهمية الإندماج بين البنوك العربية أو الإندماج مع مصارف أجنبية في الإستفادة من التقنيات العالمية، ولكي تكوّن وحدات أقوى وأكثر فاعلية.

ب- **الكثافة المصرفية:** يتسم عدد من الأسواق المصرفية العربية بظاهرة الكثافة المصرفية الزائدة (Over Banking)، حيث لا يتناسب عدد المصارف مع السوق المصرفي والإقتصاد. ففي لبنان يوجد (٦٦) مصرفاً، تعمل في سوق مصرفية موجوداتها نحو (٤٥) مليار دولار، وعدد سكان (3.5) مليون نسمة، وناتج إجمالي (١٦) مليار دولار وحصته من موجودات القطاع المصرفي العربي حوالي (١٠%).

ج- **التركز في نصيب المصرف:** وهو ارتفاع نصيب عدد قليل من المصارف من مجمل الأصول المصرفية، الأمر الذي يحدّ من المنافسة، ففي مصر تمتلك أربعة مصارف تجارية حكومية (٧٠%) من إجمالي أصول المصارف التجارية العاملة في مصر والبالغة (٢٨) مصرفاً حسب بيانات عام ١٩٩٩.

د- **هيكل ملكية المصارف:** أي المساهمة الكبيرة للقطاع العام في ملكية المصارف.

هـ- **ضعف استخدام التكنولوجيا لمواكبة** التطورات الحديثة في العمل المصرفي، بالتالي تحتاج المصارف العربية إلى زيادة الاستثمار في التكنولوجيا المصرفية الحديثه، وتطبيق الأنظمة العصرية لتكون قادرة على المنافسة في الأسواق المحلية والعالمية، ويمكنها من التوسع والتنوع في الخدمات التي تقدم للعملاء.

و- ومن التحديات الخارجية ظاهرة العولمة وتحرير الخدمات المالية التي أدّت إلى زيادة المنافسة نتيجة التقدم الهائل في التكنولوجيا المصرفية، وحرية انتقال رؤوس الأموال نتيجة اتفاقية الجات (Gats) في مجال الخدمات المصرفي والمالية (مديرية البحوث، ٢٠٠٠).

وقد بدأت البنوك العربية بإعادة النظر في أعمالها التقليدية التي تعتمد أساساً على قبول الودائع وإقراضها، حيث وجدت نفسها مضطرة للتعامل مع المتغيرات المالية والإقتصادية والإجتماعية المستجدة على الساحتين المحلية والدولية، ولقد أصبحت البنوك في العالم تعتمد على توفير خدمة ما أو بيع منتج معين أكثر من اعتمادها على تقديم القروض للعملاء، وقد مرت البنوك خلال عملية الإنتقال هذه بمراحل ثلاث:

أ- المرحلة الأولى: وهي مرحلة نمو صناديق الإستثمار المشتركة على حساب الودائع.

ب- المرحلة الثانية: وهي حدوث نمو مطرد في سوق الأسهم والسندات على حساب القروض المصرفية التقليدية.

ج- المرحلة الثالثة: وهي التركيز على تغيير منافذ توزيع الخدمات المصرفية، حيث انتشرت أجهزة الصراف الآلي منذ عدة سنوات، وخدمة البنك الناطق خلال العقد الحالي، ومؤخرا أصبحت البنوك تقدم خدماتها من خلال شبكة الإنترنت.

وتعتبر ثورة تكنولوجيا المعلومات وانتشار القنوات الإلكترونية، وبالذات تقديم الخدمات عبر الإنترنت من التغيرات المهمة، فمثل هذه الخدمات تعطي العملاء القدرة للإختيار بين بدائل مختلفة بدلاً من القبول بما هو متوفر لهم في الأسواق المحلية. ولمعرفة حجم التحدي الذي تواجهه البنوك العربية لا بد من المقارنة بين ما يحدث في السوق المالي الأمريكي وبين ما يحدث في البلدان العربية، وهو غالباً ما يحدد التوجهات العالمية في هذا المجال، فقد ساعدت التكنولوجيا الحديثة على تقليص عدد الفروع، إذ تراجعت حصة استخدام الفروع في إجمالي الخدمات المصرفية مثلاً من (٧٠%) في الثمانينيات إلى (٤٠%)، في حين ارتفعت حصة أجهزة الصراف الآلي إلى (٣٠%) والبنك الناطق إلى (٢٨%) والخدمات المصرفية عبر الإنترنت إلى (٢%)، وهذه النسب تشير إلى تفضيل العملاء لقنوات التوزيع الذاتية بدلاً من الذهاب للفرع، أما في المنطقة العربية فما زال أكثر من (٩٠%) من العملاء يستخدمون الفروع، إذ بلغ متوسط عدد السكان لكل فرع (٨٨٠٠) مقارنة مع (٤٠٠٠) في الدول المتقدمة.

وتشير تقديرات (الفاينانشال تايمز) إلى أنه في عام ٢٠٠٥ بلغ عدد الذين يستخدمون الإنترنت إلى (٢) بليون شخص، وهؤلاء يشكلون (٩٠%) من القدرة الشرائية في العالم، وسيكون الدخول للإنترنت ليس من خلال الكمبيوتر الشخصي فقط، وإنما من خلال قنوات أخرى مثل الهاتف المتنقل والأجهزة الرقمية الشخصية وأجهزة التلفاز.

لقد أصبحت الخدمات المصرفية الذاتية أو قنوات التوزيع المباشر مفضلة لدى العملاء، وتقدمها معظم البنوك في العالم، وفيما يتعلق بالبنوك العربية فقد استثمرت الملايين لتطوير أجهزة الصراف الآلي لديها، ونقاط البيع، والبنك الناطق، ويتجه معظمها الآن نحو تقديم الخدمات عن طريق الإنترنت، وفي هذا المجال استطاع (City Group Bank) من خلال (١٠) فروع فقط في الهند، وباستخدام أجهزة الصراف الآلي والبنك الناطق أن يصبح أكبر مصدّر للبطاقات الائتمانية في الهند، لذا نجد أن استخدام الفروع أخذ يتراجع بشكل تدريجي، ومع تراجع استخدام الفروع أصبح من الضروري تحويلها إلى منافذ للتسويق وبيع المنتجات المصرفية المباشرة للعملاء بدلاً من أن تبقى مراكز عمليات مستقلة، ففي الغرب يتم تخصيص (٨٠%) من مساحة الفرع للعملاء و(٢٠%) للموظفين بالتالي يتحول الموظفون من موظفين ينجزون أعمالاً روتينية إلى مسؤولي تسويق وبيع خدمات مصرفية متطورة، وما زالت البنوك العربية متأخرة كثيراً عن البنوك الأمريكية والأوروبية في تقديم الخدمات المصرفية عبر الإنترنت، والسبب الرئيسي في ذلك يعود إلى عدم انتشار الإنترنت في دول المنطقة، حيث إن أقل من (١%) من السكان العرب يستخدمون الإنترنت مقارنة مع (٥٠%) من السكان في أمريكا، كما إن أهم عنصر لنجاح الخدمات المصرفية عبر الإنترنت هو ارتفاع عدد الذين يزورون الموقع، لأن ذلك سيخفض من تكلفة خدمة الفرد، لذا على البنوك العربية أن تمتلك الاسم التجاري المعروف الذي سيجذب العملاء الحاليين والجدد.

وهنا نجد أنه يتحتم على البنوك العربية أن تعمل على إحداث تغيرات جذرية في نشاطاتها، وأن تزيد الإستثمارات في مجال التكنولوجيا لمواجهة المنافسة المحلية والخارجية، وأن تقلص من النفقات التشغيلية من خلال الإستخدام الفعال لتكنولوجيا الإنترنت، وأن تتفهم احتياجات عملائها، وأن تقتنع بأن عملائها أصبحوا أكثر نضجاً ووعياً، حيث أصبح العميل يعرف أنه بإمكانه الإنتقال من بنك إلى آخر على الإنترنت مباشرة.

إن هناك اختراعاً قد حصل منذ سنوات، وهو سيغير وجه وطبيعة العمل المصرفي خلال السنوات القادمة، هذا الإختراع هو الإنترنت. وتؤكد الدراسات أن العديد من المصارف باتت تستغل هذه التكنولوجيا الحديثة لتقديم خدمات متميزة لعملائها، كما أصبح هؤلاء العملاء يستخدمونها كواحدة من الوسائل المفضلة لديهم لإجراء معاملاتهم المصرفية، لذا فإن القطاع المصرفي ملزم بمواكبة سريعة وناشطة لحركة التطور، خصوصاً في ظل الإنفتاح العالمي الحاصل، والذي تتزايد وتيرته بشكل متعاظم، وهذا يضع مصارفنا العربية أمام تحدي كبير ليس بمقدورها المواجهة إلا من خلال التحديث، واستمرارية متابعة التطورات المتلاحقة على الصعيد التكنولوجي، ومن خلال استخدام التقنيات المتطورة التي تستخدمها البنوك الأجنبية، لتكون أقدر على تطوير الخدمات والمنتجات وأساليب العمل وفق احتياجات العملاء، وهذا ليس ممكناً إلا عبر بوابة التكنولوجيا والمعلوماتية، فمصارفنا العربية بحاجة إلى زيادة استثماراتها في ميدان التكنولوجيا المتطورة لكي تتمكن من التوسع محلياً وعالمياً، وللصمود في وجه المنافسة المحلية والأجنبية، وتقديم خدمات ومنتجات مالية ومصرفية ترتكز على التقنيات الآلية والذاتية (أبو تايه، ٢٠).

الفصل الثاني
أدوات الصيرفة الإلكترونية

Tools of Electronic Banking

٢-١-المبحث الاول: القنوات الإلكترونية (Electronic Channels)

٢-١-١- بنك الإنترنت

٢-١-١-١ التعريف والخدمات التي يقدمها البنك

تعريف الخدمة : يمكن تعريف بنك الإنترنت بأنه عبارة عن إنجاز المعاملات المصرفية من خلال الـدخول على موقع البنك على الإنترنت مثال ذلك موقع بنك الاسكان :

www.hbtf.com أو يمكن أيضاً الدخول على موقع الخدمة مباشرة مثال ذلك موقع بنك الإنترنت لـدى بنك الاسكان: https://www.ib.hbtf.com.jo و البنـك العـربي www.arab bank.com او أي بنـك آخـر وبعـد الدخول إلى الموقع يمكن الحصول على خدمات مصرفية متعددة ، ويمكن الـدخول إلى بنك الإنترنت مـن خلال بطاقات الفيزا إلكترون أو بطاقات الماسترو ، وفي بعض البنـوك يـتم إعطـاء رقم سري خـاص ببنك الإنترنت.

الخدمات التي يقدمها البنك

أولاً: الإستعلامات وتشمل:

١- ملخص أرصدة الحسابات .

٢-الإستعلام عن الحركات .

٣-آخر عشر حركات .

٤-قائمة الشيكات .

٥-بطاقة ماستركارد .

٦-بطاقة التسوق عبر الإنترنت .

٧- أسعار العملات .

٨-أسعار الفوائد للودائع لأجل على الدينار .

٩- أسعار الفوائد للودائع لأجل على العملات الأجنبية .

ثانياً: التحويل المالي

١- التحويل بين حسابات العميل .

٢- التحويل بين فروع البنك .

ملاحظة:

١- سيكون حدود التحويل من حساب الوديعة لأجل عبر الإنترنت بما لا يسمح بإنخفاض رصيد الوديعة عن حد أدنى يساوي (١٠٠٠).

سقف الحركة والسقف اليومي للتحويل: سيكون سقف التحويل من حساب إلى حساب بين فروع البنك عبر الإنترنت كالآتي:

١- بين حسابات العميل سواء في نفس الفرع أو في الفروع الأخرى سيكون السقف (١٠٠٠٠) دينار , فقط عشرة آلاف دينار

٢- من حساب العميل إلى حسابات عملاء آخرين سواء في نفس الفرع أو في فروع أخرى سيكون السقف (١٠٠٠٠) دينار , فقط عشرة آلاف دينار.

٣- هذه السقوف هي سقوف يومية أو لحركة واحدة (أي يمكنك أن تنفذ أكثر من حركة إذا كانت ضمن السقف اليومي) .

ثالثاً: المدفوعات

١- تسديد الفواتير مثل (المياه/ فاست لينك/موبايلكم أو أي شبكات الهاتف الخلوي الأخرى) .

٢- التفويض بتسديد فواتير (الكهرباء/الماء/الإتصالات) .

٣- البطاقات المدفوعة مسبقاً.

رابعاً: الطلبات

١-دفتر شيكات .

٢- كشف حساب .

٣-إيقاف بطاقة فيزا إلكترون .

٤-طلب الحصول على الرقم السري الثاني PIN .

خامساً: خدمة الرسائل

لإرسال واستقبال الرسائل بينك وبين البنك وذلك للإستفسار عن أي خدمة أو لطلب المساعدة.

سادساً: قائمة المستفيدين

وهي تضم أسماء وعناوين وأرقام حسابات المستفيدين والتي ينشئها العميل على موقع (بنك الإنترنت) ليتم إستخدامها من قبله في التحويلات الداخلية مستقبلا دون الحاجه إلى إدخال اسم ورقم حساب المستفيد كل مرة .

سابعاً: الآلة الحاسبة

١- أسعار العملات : حيث يمكن احتساب قيمة أي مبلغ بالدينار الأردني بما يعادله بعملة أجنبية أخرى.

٢- احتساب القرض : حيث يستطيع العميل معرفة تفاصيل عن القرض الذي يرغب بالحصول عليه سواء القرض العادي أو قرض السيارات وذلك بإحتساب سعر الفائدة على المبلغ المطلوب وقيمة القسط الشهري.

٢-١-٢- البنك الآلي   (Automatic Bank)

٢-١-٢-١- التعريف والخدمات التي يقدمها البنك

تعريف الخدمة : يمكن تعريف البنك الآلي بأنه إنجاز المعاملات المصرفية من خلال موقع مجهز بأحدث الأجهزة في مواقع مختلفة خارج نطاق الفرع . وللإستفادة من خدمات البنك يتطلب الحصول على بطاقة فيزا إلكترون أو بطاقة الفيزا أوالماسترو كارد .

الخدمات التي يقدمها البنك

تمكين العملاء من إنجاز العمليات المصرفية خارج أوقات الدوام ومن خلال استخدام الآلات والحصول على الخدمات الآتية :

١- خدمات الصراف الآلي .

٢- خدمات البنك المنزلي .

٣- خدمات البنك الناطق .

٤- خدمات صرف العملات العربية والأجنبية الرئيسية .

٥- الإستعلام عن أسعار الفوائد والعملات العربية والأجنبية الرئيسية .

٦- الإستعلام عن خدمات البنك .

٢-١-٣- البنك الخلوي   (Mobile Bank)

٢-١-٣-١- التعريف والخدمات التي يقدمها البنك

تعريف الخدمة : يمكن تعريف البنك الخلوي بأنه تقديم مجموعة من الخدمات المصرفية الإلكترونية للعميل عبر هاتفه الخلوي المعتمد للخدمة Wap enabled .

الخدمات التي يقدمها البنك

١. الإستفسار عن رصيد الحساب .

٢. الإستعلام عن آخر (١٠) حركات على الحساب .

٣. التحويل من حساب إلى حساب داخلي .

٤. طلب كشف حساب .

٥. طلب دفتر شيكات .

٦. ملخص أرصدة الحساب .

٧. تغيير الرقم السري .

٨. وقف بطاقة الفيزا إلكترون .

٩. تسديد فواتير الفاست لينك .

١٠. أسعار العملات الرئيسية .

١١. أسعار الفوائد على الدينار والعملات الأجنبية .

١٢. تغيير الرقم السري .

٢-١-٣-٢- متطلبات وشروط الخدمة

١- هاتف خلـــــوي Wap enabled .

٢-إشتراك العميل بخط Data Line من خلال شركة الإتصالات الخلوية.

٣- بطاقة فيزا إلكترون و رقم سري للدخول على الخدمة .

٤- إنزال Profile الخاص بالبنك على الجهاز الخلوي ، إما من خلال البروشور الخاص بالخدمة أو مـن خـلال الإتصال مع شركة الإتصالات الخلوية .

٢-١-٤- البنك الناطق (Phone Bank)

٢-١-٤-١- التعريف والخدمات التي يقدمها البنك

تعريف الخدمة : يمكن تعريف البنك الناطق بأنه تقديم مجموعة من الخدمات المصرفية لعملاء البنك من خلال الإتصال الهاتفي على أرقام محددة ، بالتالي يمكن الحصول على مجموعة من الخدمات المصرفية .

الخدمات التي يقدمها البنك الناطق:

أولاً : الخدمات المقدمة للعملاء :

١- الإستفسار عن رصيد الحساب .

٢- الإستعلام عن آخر الحركات على الحساب.

٣- طلب كشف حساب .

٤- طلب دفتر شيكات.

٥- تغيير الرقم السري .

٦- إيقاف بطاقة الفيزا إلكترون أو بطاقة الماسترو.

٧- إجراء تحويلات داخلية بين الحسابات.

ثانياً : الخدمات المقدمة للجمهور :

توفير جميع المعلومات الخاصة بالخدمات للجمهور.

٢-١-٤-٢- متطلبات الحصول على الخدمة

١- الحصول على بطاقة فيزا إلكترون ورقمها السري أو بطاقة الماسترو.

٢-الحصول على الرقم السري الخاص بخدمة البنك الناطق.

٣- أما بالنسبة للجمهور فيتم الإتصال مع البنك على الرقم المحدد الخاص بكل بنك وعادة يتم توفير أرقام محددة وأرقام أخرى مجانية .

وفيما يخص هذه الخدمة يلاحظ أن العديد من البنوك :

١- تعطى خدمة البنك الناطق إلى عملاء البنك بدون مقابل.

٢- تمنح خدمة البنك الناطق لصاحب الحساب أو المفوض رسميا بالحساب .

٣- يتم الغاء الأرقام السرية بعد مرور ثلاثة أشهر على إصدار الرقم السري في حالة لم يقوم العميل بإستلامه ، وعند ذلك يتم عمل محضر جرد من قبل الفرع يوضح اسم العميل ، رقم الحساب وتاريخ إصدار الرقم السري ، ويوقع المحضر من مدير العمليات ومدير الفرع .

٤-يتم إصدار رقم سري خاص بالبنك الناطق للحسابات المشتركه (أفراد أو مؤسسات أو شركات) سواء كانت شروط التوقيع منفردين أو مجتمعين بشرط أن يقوم المفوض رسمياً بالتوقيع على الحساب بطلب الحصول على الخدمه ويتم أخذ إقرار من شركاء الحساب بموافقتهم على تسليم الرقم السري لأحدهم وتحملهم كامل المسؤوليه القانونيه والماليه على ذلك .

٥- في حال وجود وكاله أو تفويض يحق للموكل أو المفوض استلام الرقم السري إذا تضمنت الوكاله أو التفويض نص صريح بذلك .

٦- سقف التحويل بين حسابات العميل المختلفة المربوطة على بطاقة الفيزا الكترون أو على نظام ICE (وهو نظام يقوم بربط حسابات العملاء لدى الفروع المختلفه مع بعضها البعض) عشرة آلاف دينار في اليوم .

٢-١-٤-٣- اجراءات الحصول على الخدمة

يتم تعبئة الطلب الخاص بالخدمة لدى موظف خدمة العملاء الذي يقوم بالخطوات الآتية :

أولاً : مهام موظف خدمة العملاء

١- إستلام طلب خدمة البنك الناطق من العميل على النموذج المعتمد لدى البنك.

٢- تدقيق توقيع العميل على الطلب .

٣- تمرير طلب الخدمه على المسؤول لإتخاذ القرار اللازم .

٤- إدخال معلومات الطلب على الشاشة .

٥- إستخراج كشف بالمدخلات الخاصة بترحيل الطلب وتدقيقه من موظف آخر .

٦- تسليم العميل نسخه من طلب خدمة البنك الناطق وتوقيعه بما يفيد ذلك .

٧- الإيعاز بحفظ الطلب و المستخرج حسب الاصول .

ثانيا : مهام مدير العمليات (مساعد مدير الفرع)

١-إستلام الرقم السري الوارد من وحدة الفيزا بموجب إرسالية خاصه والتوقيع على النسخه الثانيه من الإرساليه بما يفيد الإستلام وإعادتها إلى وحدة الفيزا .

٢- القيام بتسجيل الأرقام السريه المستلمه على سجل خاص .

٣- القيام بحفظ الأرقام السريه في القاصه بإنتظار تسليمها للعميل عند مراجعته للفرع .

٤- عند مراجعة العميل القيام بتسليم الرقم السري له مقابل توقيعه على السجل والتأكد من شخصيته من واقع وثيقة إثبات الشخصية .

٥-القيام بتوجيه العميل إلى ضرورة المحافظه على رقمه السري وعدم التفريط فيه وفي حال فقدانه أن يبلغ الفرع بذلك وعلى الفور ليقوم الفرع بالغاء الرقم السري .

٢-١-٥- البنك الفوري أو تسمى مركز خدمة العملاء (Call Center)

٢-١-٥-١- التعريف والخدمات التي يقدمها البنك

تعريف الخدمة : هي القناة الإلكترونية التي يستطيع العميل إنجاز معاملاته من خلال إستخدام الهاتف بالتالي الحصول على العديد من الخدمات ، وللإستفادة من خدمات البنك

الفوري يجب أن يكون للعميل حساب لدى البنك وحاصل على بطاقة فيزا إلكترون ورقمها السري أو أن يكون العميل حاصل على الرقم السري الخاص بالبنك الناطق.

الخدمات التي يقدمها البنك :

١- التحويل الفوري من حساب إلى حساب .

٢- إدخال التحويلات الدورية .

٣- طلب كشف حساب يرسل على جهاز الفاكس .

٤- إصدار الحوالات الداخلية .

٥- إصدار وتسديد الحوالات بالعملة الأجنبية .

٦- إصدار وتسديد الحوالات السريعة Western Union .

٧- إصدار الشيكات المصرفية .

٨- إصدار الشيكات المصدقة .

٩- إصدار شهادة الملاءة .

١٠- طلب دفتر شيكات .

١١- الإستفسار عن أرصدة حساباتك الودائع والقروض .

١٢- إيقاف صرف شيك .

١٣- إلغاء إيقاف صرف شيك .

١٤- تجميد ووقف بطاقة الفيزا .

١٥- إيداع شيكات مودعة برسم التحصيل قبل استحقاقها في الحساب .

١٦- طلب الإشتراك في خدمة البنك الناطق .

١٧- الإستفسار عن أسعار الفوائد على الودائع بالعملة المحلية والأجنبية .

١٨- إصدار الكفالات .

١٩- إصدار شهادة الكنز .

٢٠- إصدار بطاقة الفيزا الكترون أو وقف أو تجميد البطاقة .

٢١- الإستفسار عن أسعار العملات الأجنبية .

٢٢- الإستعلام عن جميع خدمات البنك المصرفية وبرامج القروض التمويلية .

٢٣- الإستعلام عن خدمة بنك الإنترنت .

٢٤- خدمة قروض وسلف على الهاتف .

٢٥- خدمة مرسال .

٢٦- تسديد الفواتير بواسطة خدمة إيجابي .

٢-١-٦-خدمة مرسال أو خدمة الرسائل القصيرة (Small Massage Service)

٢-١-٦-١- التعريف والخدمات التي يقدمها البنك

تعريف الخدمة : هى خدمة تتيح للعميل إستقبال رسائل قصيرة SMS باللغة الإنجليزية للعديد من الخدمات المصرفية والحركات التي تمت على حساباته إضافة إلى معلومات ترويجية عن البنك بحيث يستقبلها بشكل منتظم على هاتفه الخلوي (جميع الأنواع GSM) في أي مكان وفي أي وقت.

الخدمات التي يقدمها البنك

١- سهولة وتعدد وسائل وقنوات الإشتراك بالخدمة .

٢- كافة العملاء يمكنهم الإشتراك بالخدمة سواء أفراد أو شركات .

٣- إختيار العميل للخدمة المصرفية التي يود أن يستقبل رسائل عنها على هاتفه الخلوي.

٢-١-٦-٢ - متطلبات وشروط الخدمة

وجود بطاقة فيزا إلكترون لمن يود الإشتراك عن طريق الإنترنت .

يمكن الإشتراك بالخدمة عن طريق :

١- فروع البنك حيث يقوم العميل بتعبئة طلب الاشتراك لدى موظف خدمة العملاء بالفرع.

٢- الإتصال مع البنك الفوري.

٣- من خلال موقع البنك على الإنترنت.

٢-١-٦-٣-تعبئة ، شحن ، ودفع فواتير الهواتف الخلوية من خلال إرسال الـSMS

تعريف خدمة: هي عبارة عن خدمة إعادة تعبئة الهواتف الخلوية (شحن البطاقات المدفوعة مسبقا) و دفع الفواتير من خلال إرسال SMS من قبل العملاء المشتركين بالخدمة على رقم خاص بالخدمة ، حيث يتم خصم قيمة البطاقة من حساب بطاقة فيزا (وفائية أو ائتمانية أو إلكترون أو مدفوعة مسبقا).

مزايا الخدمة :

١- إعادة الشحن من أي مكان وفي أي وقت .

٢- توفر خدمات إلكترونية متطورة وحديثة, تسهل على العميل أموره المالية .

٣- تحقيق إيرادات إضافية للبنك.

متطلبات وشروط الخدمة :

١- أن يكون من عملاء البنك حاملي الهواتف الخلوية.

٢- أن يكون من من عملاء البنك حاملي بطاقات الفيزا بكافـــــة أنواعها مـن (وفائيـة أو ائتمانيـة أو إلكترون أو مدفوعة مسبقا) .

٢-١-٧- جهاز تبديل العملات (Money Exchange Machine)

٢-١-٧-١- التعريف والخدمات التي يقدمها البنك

تعريف الخدمة : وهو جهاز لبيع وشراء العملات الأجنبية ويوجد داخل الفروع الآلية.

الخدمات التي يقدمها البنك

أولاً : بيع العملات وعلى سبيل المثال

- دينار أردني.
- دولار أمريكي .
- جنيه إسترليني .
- ريال سعودي .

وذلك يكون ضمن السقوف المحددة لكل عملية .

ثانيا : شراء العملات الآتية

دولار أمريكي ، جنيه إسترليني ، فرنك سويسري ، يورو ، ريال قطري ، ريال سعودي ، درهم آمراتي ، كرونا سويدي ، كرونا دنماركي ، دينار كويتي ، دولار كندي، دولار أسترالي.

٢-١-٧-٢- متطلبات وشروط الخدمة

١- التعامل ضمن السقوف المحدد كحد أدنى ولمدير الفرع الحق في توزيع السقف على صناديق النقد المباعة حسبما يراه مناسبا.

٢- التعامل ضمن فئات العملات المذكورة في السياسة العامة للبنك.

٢-١-٨- خدمة الدفع الإلكتروني (Electronic Payment Service)

٢-١-٨-١- التعريف وميزات الخدمة

تعريف الخدمة : هي عبارة عن خدمة تمكن الأفراد والشركات والمؤسسات والهيئات العامة والخاصة الخ ... أو أي كيان قانوني (من عملاء) بتسديد مستحقاتهم إلكترونيا للجهات المشتركة في خدمات الدفع الإلكتروني وذلك عن طريق الدخول :

١- إلى موقع البنك على الإنترنت وإختيار أيقونة الدفع للجهة التي يرغب العميل بالدفع لها حيث يتم الدخول إلى موقع تلك الجهة على الإنترنت لمعرفة قيمة المستحقات المطلوبة منهم ، وإختيار البنك من قائمة البنوك الموجودة على الموقع ، حيث سيتمكن العملاء من الدخول على حساباتهم لدى البنك وتحويل قيمة مستحقاتهم مباشرة On line من حسابهم لدى البنك الذي يتعامل معه .

٢- أو يستطيع العميل أيضا الدخول للخدمة مباشرة إلى موقع الجهة التي يرغب بالتسديد لها إلكترونيا ، وعلى سبيل المثال الجهات الممكن التسديد لها إلكترونيا حاليا في الأردن هي :

أ- مؤسسة الضمان الإجتماعي www.ssc.gov.jo

ب – شركة الإتصالات الأردنية http://www.jordan%٢٠telecom.jo /

ج- شركة Next لشراء بطاقات (فرح) .www.next.jo

د- ضريبة الدخل www.incometax.jo

ميزات خدمة الدفع الإلكتروني

١- التعامل مع شركات عديدة مثل : مؤسسة الضمان الإجتماعي ، شركة الإتصالات الأردنية ، شركة Next لشراء بطاقات (فرح) ، ضريبة الدخل .

٢- خدمة إلكترونية فورية على مدار ٢٤ ساعة وطيلة أيام الأسبوع.

٣- أمان وحماية لعمليات التحويل من خلال توفر وسائل حماية وتشفير المعلومات وذلك فـور إستخدام الرقم السري الخاص بالخدمة والرقم السري الثاني Digital Token Pin٢ .

٤- سرعة ودقة في عملية التحويل .

٢-١-٨-٢- متطلبات وشروط الخدمة

١- أن يكون لدى الجهة التي تود إستخدام الخدمة وتسديد مستحقاتها عن طريق البنك حسـاب أو أكثر لدى البنك.

٢- الحصول على الرقم السري على بطاقة Visa Electron ورقمها السـري لعمـلاء الأفـراد أو الـرقم السري الخاص بالخدمة لعملاء غير الأفراد .

٣- جهاز التوثيق (Token) الذي يصدر رقم سري متغير (Pin٢) والذي سيستخدم من قبـل العمـيل لتوثيق عملية تحويل قيمة مستحقاته , ويتم الحصول عليه من خلال مراجعة العميل لأحد فـروع البنـك وتعبئة طلب الحصول على الرقم السري الثاني pin٢ والتوقيع على الشروط والأحكام المرفقة به .

٤- أن لا يتجاوز التحويل السقف اليومي وسقف الحركة كما يلي:

أ-سقف الدفع لمؤسسة الضمان الإجتماعي ٥٠٠٠٠ دينار .

ب-سقف الدفع مع شركة الإتصالات الأردنية (٥٠٠٠) دينار.

٥- الحصول على الرقم السري الخاص بالجهة التي يرغب العميل بالدفع لها وذلك بمراجعة العميل لتلك الجهة للحصول على الرقم.

٢-١-٩- خدمة تسديد الفواتير الكترونيا " ايجابي "

(Bills Payment Electronic Service "Positive")

٢-١-٩-١- التعريف وميزات الخدمة

تعريف الخدمة : هي عبارة عن خدمة تسديد فواتير شركات خدمات وذلك بالتعاون مع الشركة المركزية لخدمات الدفع الإلكتروني، حيث يستطيع عملاء البنك تسديد فواتيرهم مباشرة Online مـن خـلال البنـك وتحديث قيم هذه الفواتير مباشرة ولحظياً لدى شركات الخدمات ، ويطلب للإستفادة مـن هـذه الخدمـة وجود بطاقة فيزا الكترون أو بطاقة الماسترو كارد.

ميزات الخدمة

١- إستحداث ملف .

٢- الإستعلام عن الفواتير (حذف أو إلغاءأو اشتراك).

٣- التفويض بالدفع مباشرة (Online) لدى شركة الخدمات.

٢-١-١٠- الصراف الآلي   (Automatic Teller Machine)

٢-١-١٠-١ التعريف والخدمات التي يقدمها الصراف الآلي

تعريف الخدمة : وهي تلك الآلات التي يمكن نشرها بالأماكن المختلفة سـواء بالجـدار أو بشـكل مسـتقل وتكون متصلة بشبكة حاسب المصرف ويقوم العميل بإستخدام بطاقة بلاستيكية أو بطاقة ذكيـة للحصول على الخدمات المختلفة، وللإستفادة من خدمات الصراف الآلي يتطلب الحصول على بطاقة الفيـزا الكترون أو الماسترو كارد.

أهم الخدمات التي يقدمها الصراف الآلي

١- السحب النقدي.

٣-   إيداع النقد.

٣- ايداع الشيكات .

٤- دفع الفواتير.

٥- الحصول على البطاقات المدفوعه مسبقا مثل البطاقة التي تسمح بالدخول على الإنترنت.

٦- الإستفسار عن الأرصدة والتحويل من الحسابات .

٧- طلب كشف حساب.

٨- تغيير الرقم السري.

٩-طلب دفتر شيكات .

١٠- الإستفسار عن أسعار العملات .

٢-١-١٠-٢- إجراءات تشغيل جهاز الصراف الآلي لدى الفرع

١- عند تركيب جهاز الصراف الآلي بالفرع من قبل إدارة الأنظمة يتم تشكيل لجنة مختصة بفتح جهاز الصراف الآلي مكونه من مدير الفرع أو من ينوب عنه وموظف آخر يحدده مدير الفرع أو من ينوب عنه ويتم تسليم المفاتيح والأرقام السرية للمفوضين حسب الأصول ويتم تدوير التسليم والإستلام كلما تم تغيير الموظفين بالفرع .

٢- يتم تسليم مدير الفرع أو من ينوب عنه الرقم السري الخاص بلوحة مفاتيح الجهاز / KDM / KEY BOARD SIMPLY MODE

٣- يتم تسليم مدير الفرع أو من ينوب عنه الرقم السري الخاص بالقاصة الخاصة بجهاز الصراف الآلي .

٤- يتم تسليم مدير الفرع أو من ينوب عنه مفتاح صندوق الإيداع النقدي .

٥- يتم تسليم الموظف المفوض المفتاح الرئيسي للباب العلوي والسفلي لجهاز الصراف الآلي .

٦- يتم تسليم الموظف المفوض مفتاح صندوق البطاقات المحجوزة .

٧- يتم تسليم الموظف المفوض مفتاح صناديق النقد وصندوق النقد المرتجع .

٨- يتم تسليم الموظف المفوض مفتاح لوحة صناديق النقد مجتمعة ويستخدم فقط عند عمل الصيانة .

٩- تكون مسؤولية عضوي اللجنة عن مخزون النقد الموجودة بجهاز الصراف الآلي ومستلزمات الجهاز من قرطاسية ومتابعة أداء الجهاز والإشراف عليه عند عمل الصيانة اللازمة للجهاز من قبل مهندس شركة الصيانة بالإضافة إلى تنظيف قارئ البطاقات أسبوعيا وكلما دعت الحاجة لذلك .

٢-١-١٠-٣- تغذية أجهزة الصراف الآلي لدى الفروع بالنقد

عند تغذية الصراف الآلي يجب أخذ الملاحظات الآتية بعين الإعتبار :

١- يتم تغذية صناديق النقد الخاصة بأجهزة الصراف الآلي عند تدني مبلغ النقد من أحد فئات النقد .

٢- يتم إستخدام أوراق نقديه بمواصفات معينه لتغذية الصراف بحيث تكون جديده وسليمه من حيث عدم وجود تمزيق أو تطعيج أو اتساخ .

٣- يتم تحديد المبلغ المطلوب لتغذية الصراف الآلي به من كل فئه نقديه قبل فتح الجهاز بناء على المبلغ المتوفر فعليا بالجهاز وعند وصول المخزون للحد الأدنى .

٥- التأكد من سلامة النقد و تفقده لضمان عدم و جود ورق نقدي ممزق أو ملصوق أو مهترىء أو ورق جديد غير مفتح (رزم من النقد الجديد) ، و يجب أن تتم عملية فرز

النقد و التأكد من عدم وجود أي أوراق ملتصقة ببعضها البعض و يجب أن تكون حالة أوراق النقد متماثلة و عدم القيام بعملية خلط النقد القديم مع الجديد.

٥- ترتيب النقد في الصندوق بشكل متماثل و متتابع بدون فراغات و بدون بروز أي من الأوراق أو انثناء في أي ورقة ،ويجب أن تكون أوراق النقد على نفس زاوية ميلان لوحة الضغط و يجب أن تصل كل الأوراق إلى قاعدة الصندوق وأن لا تترك أوراق النقد تتراكم فوق بعضها البعض وعلى أن لا يتم تغذية الصندوق بشكل كامل و ترك فراغ بسيط بمقدار ١٢ سم من بداية الصندوق و حتى لوحة الضغط على النقد.

٦- تجهيز النقد حسب كل فئة نقدية وطباعة مستخرج مستند صرف نقد من طابعة الـ IBM على حساب نقد في الصراف الآلي من قبل مدير الفرع والموظف المفوض .

٧- إيقاف عمل جهاز الصراف الآلي وفتح القاصة الخاصة بالجهاز من قبل مدير الفرع والموظف المفوض .

٨- سحب صناديق النقد ووضع النقد المطلوب وإعادة الصناديق للجهاز وتثبيتها حسب الأصول .

٩- تعديل الأرصدة على الجهاز حسب الفئات التي تم تغذيتها .

١٠-إغلاق الجهاز وتشغيله .

٢-٢- المبحث الثاني : البطاقات الإلكترونية (Electronic Cards)

٢-٢-١- بطاقات الفيزا

٢-٢-١-١- تعريف بطاقات الفيزا : هي بطاقة تخول حاملها إجراء عمليات الشراء والسحب النقدي ضمن سقف البطاقة المحدد لكل عميل ، ويوجد نوعين من بطاقات الفيزا :

١- بطاقات الفيزا الوفائية أو تسمى أيضاCHARGE CARD : وهي بطاقات الفيزا التي يتم خصم قيمة المطالبات المستحقة على العميل في نهاية كل دورة (مطالبة

شهرية) ويتم إشعار العميل بعد أن يتم خصم قيمة المطالبة من حسابه وتزويده بكشف حساب يظهر تفاصيل المبالغ المقيدة عليه ، ويتقاضى البنك عادة عمولة سحب نقدي مقداره ٤%.

٢- بطاقات الفيزا الإئتمانية أوتسمى أيضا Credit Card: وهي بطاقات فيزا تصدر ضمن سقوف محددة ويتم دفع قيمة المبالغ المسحوبة على أقساط شهرية قد تكون مثلا٥% من المبلغ المسحوب ، ويتقاضى البنك فائدة على المبلغ المستغل عادة يبلغ ١.٨% ، بالإضافة لعمولة السحب النقدي التي تبلغ عادة ٤% ، وهذا النوع من البطاقات تتميز بوجود فترة سماح بدون فوائد تكون في العادة ٢٥ يوما من تاريخ إنتهاء الدورة المالية في حال تم سداد جميع المبالغ المستغلة خلالها، ويتم إضافة عمولات تأخير وعمولة تجاوز سقف في حالة التأخير في الدفع أو تجاوز سقف البطاقة ، ويعتبر هذا النوع من البطاقات من أكثر أنواع البطاقات ربحية للبنك، وتمنح حاملها ميزات ميسرة لسداد المبالغ المسحوبة على اقساط شهرية بحيث يتم رفع سقف البطاقة بالمبالغ المسددة مما يتيح للعميل استغلال المبالغ المسددة مرة أخرى .

٢-٢-١- ٢ -أنواع البطاقات والسقوف

١- البطاقة الذهبية Gold Card بسقف ٣٥٠٠ دينار كحد أدنى .

٢ -البطاقة الفضية أو عاديةCLASSIC CARD بسقف ٥٠١ دينار كحد أدنى .

٣- البطاقة المحلية DOMESTIC CARD بسقف ١٠٠ دينار كحد أدنى كما يمكن إصدار بطاقات فيزا تابعة بمختلف أنواعها وبحيث تكون البطاقة التابعة الأولى معفاة من الرسوم، ويتم قيد عمولة تبلغ ٤% وهي عمولة السحب النقدي .

٢-٢-١-٣- مزايا ومتطلبات الخدمة

مزايا الخدمة

١-تقليل مخاطر حمل النقد.

٢-الإستفادة من الخصم الذي تمنحه الشركات والفنادق والتجار.

٣- سحب النقد عند الحاجة من أجهزة الصراف الآلي والتي تحمل شعار الفيزا أو Plus في أي مكان في العالم وشعار الـ JONET في الأردن.

٤- إجراء حركات شرائية .

متطلبات وشروط الخدمة

١- أن يكون لمقدم الطلب حساب جاري.

٢- أن لا يقل العمر عن ١٨ سنة .

٣- أن لا يقل الدخل الشهري عن ١٥٠ دينار للبطاقة المحلية.

٤- أن لا يقل الدخل الشهري عن ٤٠٠ دينار للبطاقة الدولية.

٥- أن لا يقل الدخل الشهري عن ١٠٠٠ دينار للبطاقة الذهبية.

٦-أن يتم التوقيع على الطلب الخاص ببطاقات الفيزا.

٧- أن لا يكون العميل مدرج على قائمه المتخلفين عن الدفع في البنك .

٢-٢-١-٤-الضمانات التي يمكن إصدار البطاقة مقابلها

١-بضمان الراتب المحول للبنك.

٢-بضمانات مالية أو عينية (حجز على أرصدة حسابات ، رهن عقاري ، رهن أسهم ، رهن سندات).

٣- ضمانات عقارية .

٤- الملاءة المالية.

٢-٢-١-٥- الأحكام العامة للفيزا

١-   يتم مراعاة قيمة الإلتزامات الشهرية المترتبة على العميل عند دراسة قيمة السقف المطلوب للعميل
.

٢-   لا يجوز إصدار بطاقات الفيزا بكافة أنواعها بضمان حجـز عـلى حسـابات القـروض أو التسـهيلات أو
الحساب الجاري .

٣-   في حالة إلغاء بطاقة فيزا وكانت البطاقة صادرة مقابل ضمانات مالية أو عينيه فلا يـتم رفـع إشـارة
الحجز عن الضمان إلا بعد مرور ٦٠ يوم من تاريخ إلغاء البطاقة أو انتهاء صلاحيتها (يقصد بالإلغاء
أن تكون البطاقة بحوزة البنك) .

٤-   تحفظ كافة الوثائق الخاصـة ببطاقـات الفيـزا في ملـف الحسـاب الجـاري الخـاص بالعميـل حامـل
البطاقة.

٥-   يجوز قيد قيمة الحركات التي تتم خارج الأردن عـلى حسـابات العمـلاء بالـدولار الأمـريكي في حالـة
رغبة العميل بذلك .

٦-   في حالة فقدان أو سرقة بطاقة الفيزا (الذهبية / الدولية) ورغبة العميل بالتعميم عليها يترتب على
العميل رسوم حسب مجلد الأسعار للبنك.

٧-   لا يجوز إصدار بطاقة فيزا على حسابات القصر.

٨-   يمكن إصدار بطاقات فيزا للشركاء على الحسابات المشتركة شريطة موافقة جميع الشركاء على إصدار
البطاقة شريطة أن تكون شروط التوقيع على الحساب منفردين .

٩- في حال كون المفوضين بالتوقيع عن الشركة أكثر من شخص مجتمعين و / أو منفردين فلا يجوز إصدار بطاقات فيزا في هذه الحالة على هذا الحساب ويمكن إصدار بطاقات فيزا على حسابات شركات في الحالات المبينة أدناه:-

١- إذا كانت شهادة المفوضين بالتوقيع عن الشركة تتضمن تفويض شخص ما بالتوقيع عنها في الأمور المالية ودون أن يكون هناك تحديد لصلاحية هذا المفوض فانه لا مانع من إصدار بطاقة فيزا (للشخص المفوض) بناءا على طلبه .

٢- إذا رغبت الشركة بإصدار عدد من البطاقات لموظفيها وكان المفوض بالأمور المالية هو شخص واحد منفردا دون تحديد للسقف وحسب شهادة المفوضين بالتوقيع وتضمنت هذه الشهادة عبارة (أو من يفوضه خطيا) فانه لا مانع من إصدار هذه البطاقات شريطة أن يقوم المفوض بالتوقيع عن هذه الشركة بالطلب خطيا من البنك بإصدار هذه البطاقات مع تحديد سقوفها وتسليمها والأرقام السرية الخاصة بالبطاقات لهم .

١٠ -المؤسسات الفردية (المملوكة من شخص واحد) إذا كان شخصا طبيعيا فينطبق عليه ما ينطبق على الفرد أما إذا كانت المؤسسة مملوكة لشركة فينطبق عليه ما ينطبق على الشركات .

١١-في حالة كون العميل أردني الجنسية والضمان المقدم لبطاقة الفيزا حجز نقدي بالعملة الأجنبية فيجب أن لا يقل المبلغ المحجوز عن (١٢٠%) من قيمة السقف المطلوب.

١٢-لا يجوز إصدار بطاقات فيزا وقيد قيمة المطالبة على حساب شركة أو مؤسسة دون أن يكون هناك نص صريح بعقد التأسيس يقضي بجواز كفالة الشركة للغير .

١٣-في حالة كون العميل غير أردني الجنسية أو أردني الجنسية ومقيم خارج الأردن والضمان المقدم لبطاقة الفيزا حجز نقدي بالعملة الأجنبية فيجب أن لا يقل المبلغ المحجوز عن (٢٤٠%) من قيمة السقف.

١٤-في حالة كون العميل غير أردني الجنسية أو أردني الجنسية ومقيم خارج الأردن والضمان المقدم لبطاقة الفيزا حجز نقدي بالدينار الأردني فيجب أن لا يقل المبلغ المحجوز عن (٢٠٠%) من قيمة السقف .

١٥-في حالة قيد مطالبات الفيزا على حساب شركة فيجب تنفيذ الشروط الخاصة بهذه الحسابات وبشكل واضح يسمح بقيد هذه المبالغ وبموافقة جميع الشركاء .

١٦-عند قيام العميل بتعديل عنوان مراسلاته يتوجب على الفرع إبلاغ مركز البطاقات فورا بذلك لتعديل عنوان العميل على نظام الفيزا لديهم .

١٧-يكون الحد الأعلى للسحب النقدي بواسطة بطاقات الفيزا من خلال أجهزة الصراف الآلي يوميا (٧٥٠) دينار وبحيث لا تزيد قيمة حركة السحب الواحده عن ٥٠٠ دينار .

١٨-تاريخ إنتهاء البطاقة التابعة يجب أن يكون نفس تاريخ إنتهاء البطاقة الأساسية وتلغى البطاقة التابعة عند إلغاء البطاقة الأساسية .

١٩-لا يجوز أن يكون سقف البطاقة التابعة أكبر من سقف البطاقة الأساسية ويعتبر سقف البطاقة التابعة جزء من سقف البطاقة الأساسية .

٢٠-ضرورة مراعاة الرقابة الثنائية بالفرع من حيث عدم إستلام البطاقات والأرقام السرية من قبل نفس الشخص والإحتفاظ بهما بنفس المكان .

٢١-ضرورة قيام الفرع بالإستعلام عن الأموال المنقولة وغير المنقولة العائدة لعملاء الفيزا والذين مضى على كشف حساباتهم بسبب الفيزا (٣) شهور فأكثر وذلك لغايات إتخاذ الإجراءات القانونية .

٢٢-يتم الإحتفاظ بالبطاقة والأرقام السرية لمدة ثلاثة اشهر من تاريخ إستلامها من قبل الفرع ومن ثم ترسل إلى مركز البطاقات في بريد منفصل ليتم إلغائها وبعد أن يتم متابعة العملاء هاتفيا وخطيا لحثهم على إستلامها .

٢٣- يتوجب على الفرع متابعة جميع الحسابات المكشوفة نتيجة سحوبات الفيزا وذلك اعتبارا من ثاني يوم عمل يلي دمج الفواتير الشهرية مباشرة وإتخاذ الإجراءات اللازمة لضمان تحصيل حقوق البنك وسداد رصيد الحساب المكشوف ، وإذا لم يتم تسديد رصيد الحساب المكشوف بسبب الفيزا بعد أسبوعين من يوم دمج الفواتير يتوجب على الفرع رفع مذكرة خطية إلى مركز البطاقات متضمنة توصيات محددة لإبقاء أو إلغاء سقف البطاقة .

٢٤- يراعى إذا تمت الموافقة على منح العميل بطاقة فيزا بضمان الراتب أن يغطي الراتب كافة إلتزاماته وأن تكون شروط الإصدار ومضاعفات الدخل متوفره .

٢٥- يجب أن تتضمن الوكالة المعطاة من صاحب الحساب للوكيل نصا صريحا على توكيله بإصدار بطاقة فيزا باسم الوكيل وإستلامها والرقم السري وموافقته على قيد المطالبات على حسابه ومهما بلغت .

٢٦- يشترط وجود حساب جاري بالدينار للعميل لغايات إصدار بطاقة الفيزا وبغض النظر عن نوع البطاقة .

٢٧- يجوز تسليم بطاقات الفيزا والأرقام السرية الخاصه بها بموجب تفويض خطي للعملاء وحسب النموذج المعتمد وفي حال إستلام كتاب من العميل بذلك فيجب أن تكون صيغة هذا الكتاب بنفس صيغة النموذج المعتمد بالبنك.

٢-٢-١-٦- إجراءات الحصول على بطاقات الفيزا

أولا : مهام موظف خدمة العملاء

يقوم العميل بتعبئة طلب الحصول على بطاقة الفيزا لدى موظف خدمة العملاء الذي يقوم بالمهام الآتية :

١- إستلام طلب الحصول على بطاقة الفيزا من العميل .

٢- التأكد من أن الطلب معبأ بطريقة صحيحه وكاملة.

٣- تدقيق تواقيع العميل الواردة على الطلب وذلك حسب النظام المتبع بالبنك.

٤- إرفاق صوره مع الطلب عن جواز سفر العميل لطباعة الإسم على البطاقة كما يظهر بجواز السفر وذلك للبطاقة الذهبية والدولية .

٥- تحليل الوضع المالي للعميل على نموذج التحليل المعتمد في البنك ويتم ذكر قيمة الإلتزامات الشهرية المترتبة على العميل لصالح البنك وقيمة الدخل الشهري للعميل.

٦- القيام بالإستعلام على الشاشه الداخليه للبنك لمعرفة إذا كان العميل على قائمة الموقوف التعامل معهم ، بالإضافه إلى الإستعلام من قبل إدارة الفروع والبيع عن قائمه الشيكات المرتجعه لكافه طلبات الفيزا وقبل إتخاذ قرار عليها .

٧- تعبئة نموذج تحليل طلب بطاقة فيزا.

٨- القيام بتمرير الطلب مع كامل مرفقاته لمدير الفرع .

٩- ضرورة إعلام العميل بالرسوم المقررة مقدما .

ثانيا: مهام مدير الفرع

١- القيام بالتنسيب على الطلب ورفعه لمركز البطاقات مع مراعاة الأخذ بعين الإعتبار الإلتزامات الشهرية المترتبة على العميل عند تحديد سقف البطاقة وكذلك تناسب السقف مع دخل العميل وقيمة الضمانات المقدمة لإصدار البطاقة .

٢- الإيعاز بالقيام بإجراءات الحجز على الضمان الموضوع مقابل البطاقة وتثبيت ما يفيد ذلك على طلب التحليل إذا كان إصدار البطاقة من صلاحيات مدير الفرع، أو إرسال المعاملة للجهات الإدارية الأعلى للتنسيب على المعاملة.

٢- الإيعاز بإرسال المعاملة كاملة لمركز البطاقات ، بعدها يتم إرسال المعاملة لموظف خدمة العملاء مرة أخرى الذي يقوم بدوره بحفظ النسخة الثانية من التحليل في ملف المتابعة لمتابعة إستلام البطاقة المصدرة .

ثالثا : مهام مدخل البيانات في مركز البطاقات

١- إستلام طلبات بطاقات الفيزا الوارده للمركز وختمها بختم آلة البريد الوارد لتحديد التاريخ والوقت .

٢- تسليم الطلبات إلى مدير المنتج المعني .

رابعا: مهام مدير المنتج

١- إستلام الطلبات الوارده من الفروع مختوم بختم الوارد .

٢- التأكد من استيفاء الطلب للمعلومات المطلوبة وإستكماله لكافة الوثائق المؤيده له.

٣- دراسة الطلب والتنسيب عليه بالموافقة أو الرفض .

٤- تحويل الطلب الى مدير مركز البطاقات.

خامسا :مهام مدير مركز البطاقات

١- التأكد من إستيفاء الطلب لكافة الشروط المطلوبة .

٢- التأكد من قيام مدير المنتج بكافة الإجراءات المطلوبة .

٣ إتخاذ القرار المناسب بالموافقة أو الرفض فيما إذا كان القرار ضمن صلاحيات مدير المركز وبخلاف ذلك يتم التنسيب بالموافقة أو الرفض ورفع الطلب للمستوى الإداري الأعلى.

٤- إرسال الطلب إلى ضباط العمليات لإدخاله في حال الموافقة أو إعادة الطلب الى الفرع في حال عدم الموافقة .

٥- في حالة الموافقة يتم إرسال الطلب الى ضابط العمليات .

سادسا مهام ضابط العمليات

١- إستلام طلبات الفيزا الواردة للوحدة.

٣- التأكد من أن الطلب يوجد عليه موافقة على الإصدار .

٣- القيام بالإستعلام فيما إذا كان مقدم الطلب حاصلا على بطاقة سابقا ويتم إعادة الطلب إلى الفرع لطلب البطاقة القديمة في حالة أن البطاقة سارية أو غير منتهية الصلاحية ما لم يكن يوجد موافقة إستثنائية بغير ذلك .

٤- فتح شاشة الكمبيوتر الخاصة بنظام إصدار بطاقات الفيزا وتثبيت رقم بطاقة الفيزا على الطلب حسب نوع البطاقة .

٥- ترحيل كافة البيانات الموجودة على الشاشة من واقع طلب الإصدار وتحويل الطلب إلى ضابط آخر في الوحدة ليقوم بتدقيقها من واقع النظام والحفظ ما لم يكن هناك تعديلات على المدخلات ، بعد ذلك يتم إرساله إلى رئيس وحدة العمليات .

سابعا: مهام رئيس وحدة العمليات

١- تدقيق الكشف المستخرج بالتعديلات المرحلة على الجهاز التي تمت جراء عملية تدقيق المدخلات.

٢- إرسال المعلومات المرحلة إلى شركة فيزا الأردن الكترونيا وحسب النظام المعمول به لدى البنك ، وبعد ذلك يتم إرسال الكشف إلى ضابط العمليات مرة اخرى الذي يقوم بدوره بالخطوات الآتية :

١- تسليم موظف آخر البطاقات الفارغة التي سيتم طباعتها لدى الوحدة على الجهاز الخاص بذلك مقابل التوقيع على الإرسالية بما يفيد الإستلام وترحيل الإرسالية على السجل الخاص بذلك.

٢- إستلام البطاقات الفارغة من أجل طباعتها.

٣- طباعة البطاقات من واقع الملفات الوارده من شركة فيزا الأردن والمرسلة من خلال إدارة الأنظمة .

٤- طباعة الإرساليات الخاصة بأرقام البطاقات من خلال جهاز خاص بذلك الموجود في مركز البطاقات والمربوط مع نظام الفيزا .

٥- إرسال البطاقات المطبوعة مع الكشوفات المستخرجة الخاصة ببيانات البطاقة إلى الفروع طالبة الإصدار بعد تغليفها حسب الأصول في نفس يوم طباعتها مرفقا معها الإرساليات الخاصة بها .

٦- إرسال الأرقام السرية للبطاقات المطبوعة إلى الفروع المعنية في اليوم التالي لإصدار البطاقات من خلال موظف آخر .

٧- متابعة ورود الإرساليات بما يفيد إستلامهم للبطاقات والأرقام السرية .

٢-٢-١-٧- تجديد بطاقات الفيزا

يتم تجديد بطاقات الفيزا كما يلي:

١- في بداية كل شهرتقوم وحدة الفيزا بطباعة كشف ببطاقات الفيزا التي ستنتهي خلال الشهر القادم .

٢- إرسال الكشوفات للفروع المعنية من أجل مخاطبة عملائهم بخصوص تجديد بطاقات الفيزا وإعلام وحدة الفيزا بالبطاقات التي لا يرغب الفرع بتجديدها قبل بداية الشهر الذي ستنتهي به البطاقات .

٣- إستلام الكشوفات المعادة من الفروع وتعليماتهم بالتجديد من عدمه .

٤- متابعة الفرع بعد ثلاثة أسابيع من إرسال الكشف بالبطاقات التي سيتم تجديدها لمعرفة رأيهم .

٥- في حالة عدم رغبة العميل بالتجديد يتم الدخول على نظام الفيزا والقيام بإلغاء تجديد البطاقة .

٦- في الموعد المحدد للتجديد يتم القيام بالتأكيد على تجديد البطاقة المراد تجديدها .

٦- إستخراج كشف ، بالبطاقات المجددة , بعد ذلك يتم إرسال الكشوفات إلى ضابط العمليات الذي يقوم بدوره بطباعة البطاقات حسب الكشف المرسل ثم يتم إرسال

البطاقات ضمن كشف إلى الفروع لتسليمها للعملاء حسب التعليمات مع متابعة إستلام ردود الفروع بما يفيد إستلامهم للبطاقات.

٢-٢-١-٨- إجراءات تعديل بطاقات الفيزا أو رفع سقفها أو وقفها

١- يقوم مركز البطاقات بإستلام الطلبات المرسلة من الفروع بخصوص تعديل حالة البطاقة.

٢- يقوم مدير المنتج بدراسة كل معامله دراسة متكامله والتنسيب عليها لمدير المركز .

٣- يقوم مدير مركز البطاقات بإتخاذ القرار المناسب إذا كانت الموافقة ضمن صلاحياته أو تحويلها للمستوى الإداري الأعلى إذا لم تكن ضمن صلاحياته.

٤- يقوم رئيس وحدة العمليات بإستلام المذكرات الواردة إلى الوحده الخاصة بالتعديل المطلوب على بطاقات الفيزا ، والتأكد من الحصول على الموافقة على التعديل إذا كانت محوله من مدير مركز البطاقات أو من الجهة صاحبة صلاحية الموافقة .

٥- تحول المذكرة إلى ضابط العمليات لتنفيذها .

٦- يقوم ضابط العمليات بإجراء التعديلات المطلوبة على شاشة تعديل بطاقات الفيزا وبعد ذلك يتم إرسال مذكرة للفروع لإبلاغهم بإجراء اللازم.

٢-٢-١-٩- إجراءات تجميد بطاقات الفيزا

أولا : أسباب تجميد البطاقة

تعريف الخدمة : تجميد البطاقة يعني إلغاء السقف المحدد لها والتعميم على البطاقة بعدم السحب , ويمكن تجميد بطاقة الفيزا بطلب من الفرع للأسباب الآتية :-

١- عدم التزام العميل بتسديد رصيد الحساب المكشوف بموعد أقصاه أسبوعين من تاريخ تمرير الفواتير .

٢- في حال رفض أي شيك بسبب عدم وجود أو كفاية الرصيد ترفع مذكرة لإدارة الفروع والبيع متضمنة توصيات بتجميد أو إبقاء البطاقة سواء تم تسوية الشيك أم لا .

٣- إعطاء بيانات غير صحيحة من قبل العميل عند تقديم الطلب .

٤- عدم سداد الديون أو الأقساط المستحقة وفي هذه الحالة يرفع مذكرة لإدارة الفروع والبيع مع التوصيات بإبقاء أو تجميد البطاقة .

٥- إستعمال البطاقة أكثر من السقف المحدد لها ودون التنسيق مع مدير الفرع .

٦- أية أمور تقتضي القيام بعملية تجميد البطاقة سببها العميل نفسه ويتم إستيفاء العمولات المقررة ضمن الأسعار المحددة بالتعليمات .

٧- يمكن تجميد البطاقة بناءا على طلب خطي من العميل كما يمكن قبول الإتصال الهاتفي من العميل لوقف البطاقة شريطة تعزيز طلبه خطيا بأسرع وقت وذلك في حالة فقدان البطاقة أو سرقتها أو تزويرها أو لأي سبب يبديه العميل ، كذلك يمكن دراسة إلغاء عملية تجميد البطاقة التي تمت بناءا على طلب العميل وذلك إستنادا لطلب خطي من العميل نفسه على أن لا يتم إستعمالها قبل وصول رد مركز البطاقات بما يفيد إجراء اللازم .

٨- يمكن دراسة إلغاء عملية التجميد الناتجة عن الأسباب الواردة أعلاه بناءا على طلب خطي من الفرع شريطة قيام الفرع بتزويد مركز البطاقات بتحليل لحسابات العميل مع بيان دخله الشهري وقيمة الإلتزامات القائمة عليه مع إرفاق صورة عن الموافقة على الإصدار .

ثانيا : الخطوات المتبعة لتجميد البطاقة

١- إذا أراد الفرع تجميد بطاقة فيزا فيتم تعبئة النموذج المخصص لـذلك ويرسل بالفـاكس إلى مركز البطاقات مباشرة .

٢- أما إذا طلب العميل تجميد بطاقته فيطلب من العميل تعبئة النموذج المخصص لذلك ومن ثم إجراء ما يلي :-

أ- توريد طلب العميل حسب الأصول.

ب- تدقيق توقيع العميل على الطلب حسب الأصول.

ج- إرسال الطلب إلى مركز البطاقات بواسطة الفاكس بالسرعة القصوى .

د- إتصال الفرع مع مركز البطاقات للتأكد من قيامهم بإجراء اللازم .

٣- إستلام المذكرة من مركز البطاقات عبر الفاكس بما يفيد قيامهم بإجراء اللازم .

٤- قيد الرسوم المقررة الخاصة بالتعميم على البطاقات.

٥- حفظ الوثائق المستلمة في ملف العميل، مع ضرورة بيان ساعة إستلام الفرع لكتاب العميل الذي يفيد فيه فقدان أو سرقة بطاقته وبشكل واضح .

٢-٢-١-١٠- خطوات الإعتراض على عمليات الفيزا

١- يقوم رئيس وحدة العمليات في مركز البطاقات بإستلام إعتراض العميل المرسل مـن الفـرع وتحويله إلى ضابط العمليات .

٢- يقوم ضابط العمليات بدراسة موضوع الإعتراض وفي حال عدم قانونية الإعتراض أو كـان لمجـرد معرفـة العميل للحركة يتم إعلامه بذلك .

٣- في حالة أن الإعتراض قانوني يتم إرسال كتاب لشركه فيزا الأردن للمطالبة بالحركـة مـع إسـتخدام الرمز المناسب .

٤- القيام بتعبئة النماذج الخاصة والمعتمدة من قبل الفيزا العالمية وإرسلها إلى البنك الذي صرف الدفعة (بنك التاجر) .

٥- متابعة المعاملة حسب الفترة القانونية.

٢-٣-١-١١- التسحيب النقدي على بطاقات الفيزا

تعريف الخدمة : وهي خدمة تقدم للعملاء من خلال ماكينات السحب النقدي التي يسمح للعملاء بالسحب داخل الفرع .

أولا: الأمور التي يجب مراعاتها عند التسحيب النقدي

١- عدم تسحيب أي عميل مبلغ يزيد عن مبلغ (٥٠٠٠) دينار وفي حال طلب العميل سحب مبلغ أكبر فعلي الموظف المعني كتابة مذكرة مباشرة إلى مركز البطاقات بواسطة الفاكس لغايات أخذ تفويض من شركة فيزا الأردن من قبل مركز البطاقات بحيث تعاد المذكرة للفرع مثبت عليها رقم التفويض أو أي إجراء آخر.

٢- إذا طلب العميل إستلام المبلغ بالعملة الأجنبية فلا بد من القيام بإجراء عملية بيع عملة أجنبية بعد إتمام الخطوات الخاصة بالتسحيب النقدي .

٣- يمنع الشطب أو التعديل على مستندات السحب النقدي بأي حال من الأحوال بحيث يتم إتلاف المستند إذا تم التعديل أو الشطب علية أمام العميل ويتم تمرير مستند سحب نقدي آخر على آلة السحب النقدي وتتبع الإجراءات اللاحقة .

ثانيا : الإجراءات المتبعة عند التسحيب النقدي

(أ) التسحيب النقدي على بطاقات الفيزا بواسطة ماكنات السحب النقدي اليدوية :

أولا : مهام موظف خدمة العملاء

١- إستلام بطاقة الفيزا ووثيقة إثبات الشخصية من العميل .

٢-التأكد من الأمور الاتية :-

أ-مطابقة اسم صاحب البطاقة مع الإسم الوارد في وثيقة إثبات الشخصية.

ب-التأكد من أن البطاقة سارية المفعول وغير منتهية .

ج-وجود الرقم الخاص ببطاقة الفيزا مطبوعا بالأحرف النافرة.

د-وجود أول أربع أرقام للبطاقة مطبوعا بشكل غير نافر.

ه-وجود توقيع العميل على خلف البطاقة .

٣- تمرير مستند السحب النقدي الخاص بعملية الفيزا على آلة السحب النقدي في المكان المخصص لذلك.

٤- التأكد من أن المعلومات التالية طبعت على مستند السحب النقدي بشكل واضح :-

أ - رقم بطاقة الفيزا .

ب - تاريخ الإنتهاء .

ج - اسم العميل .

د - رقم آلة السحب النقدي الخاص بالفرع .

وبخلاف ذلك يتم إعادة تمرير مستند آخر على آلة السحب النقدي بحيث يتلف المستند السابق أمام العميل .

٥-تثبيت البيانات الآتية على مستند السحب (باللغة الإنجليزية) :-

-مبلغ العملية بالدينار الأردني .

-تاريخ العملية .

٦- الإتصال بشركة فيزا الأردن لخدمات البطاقات للحصول على رقم تفويض لعملية السحب .

٧- تدوين رقم التفويض على مستند السحب النقدي في المكان المخصص لذلك باللغة الإنجليزية .

٨- تنظيم مستند صرف على حساب سحوبات الفيزا النقدية .

٩- توقيع العميل على مستند السحب النقدي ومستند الصرف .

١٠- التأكد من صحة توقيع العميل من خلال مقارنته بالتوقيع الموجود خلف البطاقة.

١١- التوقيع على مستند السحب النقدي ومستند الصرف بما يفيد إجازة الصرف إذا كان المبلغ ضمن الصلاحيات وإلا استوفي توقيع المفوضين ثم تحول المعاملة الى الصراف .

ثانيا : المهام التي يقوم بها الصراف (التلر)

١-   ترحيل القيد الخاص بالعملية .

٢-   تسليم العميل البطاقة ووثيقة إثبات الشخصية ونسخة السحب النقدي الخاصة بالعميل .

٣-   تسليم العميل مبلغ العملية .

٤-   إفراز نسخ مستند السحب النقدي وإرفاق النسخة الخضراء أو نسخة البنك مع مستند الصرف .

٥-   تحويل نسخ السحب النقدي عدد (٢) والخاصة بشركة فيزا الأردن إلى موظف خدمة العملاء الذي يقوم بتنظيم نموذج إرسالية للسحوبات النقدية التي تمت على بطاقات الفيزا وإرساله إلى مركز البطاقات في نهاية اليوم مرفق به سندات السحوبات النقدية.

ب) التسحيب النقدي على بطاقات الفيزا بواسطة أجهزة الـ P.O.S

أولا : مهام موظف خدمة العملاء

١- إستلام بطاقة الفيزا من العميل مع وثيقة إثبات الشخصية .

٢- التأكد من الأمور الآتية :-

أ-مطابقة اسم صاحب البطاقة مع الإسم الوارد في وثيقة إثبات الشخصية.

ب -عدم إنتهاء مدة البطاقة على وجه البطاقة.

ج -وجود الرقم الخاص ببطاقة الفيزا مطبوعا بالأحرف النافرة.

د -وجود أول أربع أرقام للبطاقة مطبوعا بشكل غير نافر.

ه -وجود توقيع العميل على ظهر البطاقة.

٣- تمرير بطاقة الفيزا على جهاز P.O.S.

٤- إدخال المبلغ المطلوب سحبه على بطاقة الفيزا من خلال الأرقام الموجودة على جهاز P.O.S .

٥- الضغط على مفتاح (ENTER) .

٦- الإنتظار لحين ورود تفويض على العملية المدخلة بحيث يتم إستخراج رول بالعملية المفوضة اليا من خلال الجهاز .

٧- التأكد من أن البيانات الآتية مطبوعة على رول السحب النقدي :-

أ-وجود كلمة CASH ADVANCE.

ب-وجود تاريخ صلاحية البطاقة.

ج-وجود رقم المرجع REF NO موجود على يسار الرول وبعد التاريخ والوقت .

د-وجود رقم تسلسل الحركة (TRACE NO.).

٥-وجود رقم تفويض على الرول (APP.CODE) او (AUTH NO).

و-وجود رقم D٠٢ في أسفل الرول على اليسار.

إذا لم يتم تفويض الحركة اليا وظهرت إحدى العبارات الآتية:-

أ- CALL CENTER, REFFERAL A

ب- REFFERAL B على جهاز P.O.S فيتم الإتصال مع شركة فيـزا الأردن للحصول عـلى تفويض من خلالهم .

٨- تنظيم مستند صرف على حساب سحوبات الفيزا النقدية ، أو سحوبات الفيزا النقديـة المحليـة وذلك حسب الجهة المصدرة للبطاقة .

٩- توقيع العميل على رول عملية السحب ومستند الصرف .

١٠- التأكد من صحة توقيع العميل من خلال، مقارنته بالتوقيع الموجود على ظهر البطاقة .

١١- الإحتفاظ بصورة عن حركة السحب النقدي .

١٢- التوقيع على مستند الصرف بما يفيد إجازة الصرف إذا كان المبلغ من ضمن الصـلاحية أو إستيفاء توقيع المفوضين ثم تحويل المعاملة إلى الصراف .

ثانيا المهام التي يقوم بها الصراف

١- ترحيل القيد الخاص بالعملية .

٢- تسليم العميل البطاقة ووثيقة إثبات الشخصية ونسخة رول السحب النقدي الخاص بالعميـل .

٣- تسليم العميل مبلغ العملية .

٤-إرفاق نسخة رول السحب النقدي أو نسخة البنك مع مستند الصرف، بعـد ذلـك يـتم إرسـال المعاملـة لموظف خدمة العملاء للقيام بالخطوات الآتية :

١- تنظيم نموذج إرسالية للسحوبات النقدية التي تمت على بطاقات الفيزا وإرساله إلى مركز البطاقات في نهاية اليوم مرفق بصور حركات السحوبات النقدية .

٢- إستخراج التقرير الآلي الخاص بالتدقيق على حركات السحب النقدي التي تمت على جهاز الـ P.O.S كما يلي :-

أ -اضغط مفتاح CASHIER .

ب -اضغط مفتاح رقم (٣) .

ج -اضغط على مفتاح ENTER .

٣- تدقيق الحركات الواردة ضمن التقرير مع صور حركات السحب النقدي ثم إحتفظ بنسخة من التقرير في ملف خاص بهذه التقارير وحول النسخة الأخرى إلى H.TELLAR (رئيس الصرافين) للحفظ في الحافظة .

٤- القيام بإجراء عملية الترحيل يوميا إلى شركة فيزا الأردن على جهاز P.O.S كالتالي:-

أ -اضغط مفتاح SETTLEMENT .

ب -اضغط أربع أصفار (٠٠٠٠) .

ج -اضغط مفتاح ENTER .

د -اضغط على مفتاح الرقم (صفر) اربع مرات (٠٠٠٠) . .

وهنا لابد من أخذ الملاحظات الآتية بعين الإعتبار :

١- **في حالة عدم تفويض الحركة قد تظهر إحدى الأجوبة على شاشة جهاز الـ P.O.S:-**

NOT AUTHORIZED : (مرفوضة) عدم كفاية الرصيد

TXN.DECLINED : (مرفوضة) عدم كفاية الرصيد

DO NOT HOUNER: مرفوضة على المبلغ المطلوب

NO REPLY : يجب الرجوع إلى الشركة هاتفيا

PLEASE TRY AGAIN: يجب إعادة المحاولة على الجهاز وذلك بسبب مشكلة في الإتصال مع الشركة

REFERRAL : يجب الإتصال بالشركة للضرورة القصوى

EXPIRED CARD : البطاقة منتهية

LINE BUSY , WAIT : خط الإتصال مشغول أوإعادة محاولة الإتصال

CARD ERROR : يجب الإتصال مع الشركة لأخذ موافقة هاتفيا

-٢ لإلغاء أي عملية تمت على الجهاز أي بعد حصولها على رقم التفويض فيتم بإتباع ما يلي:-

أ -اضغط مفتاح VOID .

ب -أدخل رقم الفاتورة .TRACE NO ثم اضغط ENTER

ج -بعد التأكد من المبلغ التابع للفاتورة اضغط ENTER

د -مرر بطاقة العميل على الجهاز

١٢-١-٢-٢- تحصيل سحوبات الفيزا النقدية

بعد أن تقوم الفروع بعملية السحب النقدي للعملاء من خلال الآلآت داخل الفرع يقوم الفرع بإرسال سندات السحب للتحصيل كما يلي:

أولا : السحوبات على ماكنات السحب النقدي اليدوية

وهي من مهام ضابط محاسبة البطاقات الإلكترونية الذي يقوم بالخطوات الآتية:

١- إستلام سندات سحوبات الفيزا النقدية مرفقه بالإرساليات المعدة بهذا الخصوص والمرسلة عن طريق الفروع والتأكد من أن المعلومات الاتية موجودة على هذه السندات هي:

أ- رقم بطاقة الفيزا .

ب- توقيع العميل .

ج- توقيع الموظف أو المسؤول .

د- المبلغ المسحوب .

٥- رقم التفويض .

٢-في حال عدم وجود أي من هذه المعلومات على سند السحب يتم إعادة السند إلى الفرع لإستكماله .

٣-التأكد من أن الفروع رحلت هذه السحوبات على الحسابات الصحيحة وذلك بمطابقة مبلغ كل سند مع المبلغ المرحل على الحساب فعليا .

٤-في حال وجود أي خطأ في الترحيل يقوم الموظف بالإتصال بالفرع المعني والطلب منه تصويب الخطأ أو القيام بإعداد مذكرة خطيه إلى مدير مركز البطاقات لعكس المبلغ داخليا .

٥-تصوير السندات والإرساليات صوره واحده والإحتفاظ بها.

٦-القيام بتعبئة السحوبات على النموذج المعتمد لذلك والمعد من قبل شركة فيزا الأردن وإرسالها مع النموذج إلى شركة فيزا الأردن من أجل إجراءات التحصيل والتأكد من توقيع الشركة بالإستلام .

٧-تدقيق ومطابقة سحوبات الفيزا النقدية التي وردت ضمن الكشوفات التي ترسلها دائرة الأنظمة بشكل إجمالي وإفرادي مع صور هذه السحوبات التي أخذت مسبقا واذا لم تكن الحركة مرحلة ومضى على تفويضها (١٠) أيام فأكثر ، القيام بدراسة الحالة بشكل مفصل ومعرفة الاسباب والعمل على معالجتها .

٨-القيام بإعداد القيود المحاسبية وتوقيعها وتحويلها إلى إدارة العمليات المركزية أو وحدة النفقات ضابط تنفيذ القيود .

٩- تزويد وحدة التسويات أو إدارة العمليات المركزية بالسحوبات التي تم تدقيقها بشكل إجمالي وإفرادي من أجل مطابقتها لديهم من واقع كشوفات الحسابات .

ثانيا : السحوبات على أجهزة الـ P.O.S

وهي من مهام ضابط محاسبة البطاقات الإلكترونية الذي يقوم بالخطوات الآتية:

١- إستلام صور إيصالات سحوبات الفيزا المرسلة عن طريق الفروع والتأكد من أن المعلومات الآتية موجوده على هذه السحوبات .

أ- رقم بطاقة الفيزا .

ب- تاريخ الإنتهاء .

ج- رقم المرجع REF.NO .

د- رقم التسلسل TRACE NO. .

ه- رقم التفويض APR.CODE .

و- المبلغ المسحوب .

ع- عبارة DO٢ في أسفل الرول .

غ- تاريخ العملية .

٢- في حالة عدم وجود أي من هذه المعلومات على صورة إيصال السحب النقدي فيتم دراسة هذه الحالة وإبلاغ مدير المركز بها خطيا .

٣- التأكد من أن الفروع رحلت هذه السحوبات على الحسابات الصحيحة وذلك بمطابقة مبلغ كل سند مع المبلغ المرحل على الحساب فعليا .

٤- في حال وجود أي خطأ في الترحيل يتم الإتصال بالفرع المعني والطلب منه تصويب الخطأ أو القيام بإعداد مذكرة خطيه إلى مدير مركز البطاقات لعكس المبلغ داخليا .

٥- الإحتفاظ بايصالات السحوبات النقدية.

٦- إتباع الخطوات من (٦-٩) الموجود ضمن بند (أولا) .

٢-٢-٢- بطاقات الماستركارد الإئتمانية

٢-٢-٢-١- تعريف الخدمة : وهي بطاقات إئتمان تصدر لعملاء البنك ضمن شروط معينة وبسقف محدد تخول حاملها القيام بعمليات شراء السلع والخدمات لدى التجار الذين يمتلكون أجهزة POS إضافة إلى عمليات السحب النقدي من خلال الكاونتر وأجهزة الصراف الآلي داخل الأردن وخارجه كما وتمنح حاملها ميزات ميسرة لسداد المبالغ المسحوبة على أقساط شهرية بحيث يتم رفع سقف البطاقة بالمبالغ المسددة مما يتيح للعميل إستغلال المبالغ المسددة مرة اخرى .

٢-٢-٢-٢-أنواع البطاقات والسقوف

أولا: محلية (الكترون) Electron وتمتاز هذه البطاقات بما يلي:

١- السقف من ١٠٠-٥٠٠ .

٢- قيمة القسط الشهري ٥% من الرصيد المستغل أو ١٥ دينار أيهما أكثر.

٣- عمولة تأخير سداد القسط ٥ دنانير ، وتستوفى في حالة زيادة القسط المستحق عن ١٠دنانير .

٤- سعر فائدة التدوير على المبالغ المستغلة تبلغ ١.٨ % شهريا.

٥- فترة السماح بدون فوائد ٢٥ يوما من تاريخ إنتهاء الدورة المالية في حال تم سداد جميع المبالغ المستغلة خلالها.

٦- عمولة السحب النقدي من خلال أجهزة الصراف الآلي ATM وتبلغ ٤% وبحد أدنى ٢دينار.

ثانيا: الفضية Standard وتمتاز بما يلي :

١- السقف من ٥٠١-٣٥٠٠ دينار.

٢- قيمة القسط الشهري ٥% من الرصيد المستغل أو ٦٠ دينار أيهما أكثر.

٣- عمولة تأخير سداد القسط ١٠دنانير وتستحق في حالة زيادة القسط المستحق عن ١٠ دنانير.

٤- فترة السماح بدون فوائد ٢٥ يوما من تاريخ إنهاء الدورة المالية في حالة تم سداد جميع الرصيد المستغل خلالها.

٥- عمولة السحب النقدي من خلال أجهزة الصراف الالي ATM وتبلغ ٤% وبحد أدنى ٢ دينار .

٦- تضاف عمولات تحويل على الحركات الخارجية التي تتم خارج الأردن وتبلغ ٣.٥%.

ثالثا: الذهبية golden وتمتاز بما يلي :

١-السقف من ٣٥٠٠-١٠٠٠٠ دينار .

٢- قيمة القسط الشهري ٥% من الرصيد المستغل أو ٧٥ دينار أيهما أكثر .

٣- عمولة تأخير سداد القسط ١٠ دنانير وتستحق في حالة زيادة القسط المستحق عن ١٠ دنانير .

٤- سعر فائدة التدوير على المبالغ المستغلة يبلغ ١.٨ % شهريا .

٥- فترة السماح بدون فوائد تبلغ ٢٥ يوما من تاريخ إنتهاء الدورة المالية في حال تم سداد جميع المبالغ المستغلة خلالها .

٦- عمولة السحب النقدي من خلال أجهزة الصراف الآلي وتبلغ ٤% وبحد أدنى ٢ دينار .

٧-نفقات عمولات تحويل على الحركات الخارجية التي تتم خارج الأردن تبلغ ٣.٥ % .

٢-٢-٢-٣- مزايا الخدمة

١- قدرة شرائية فورية في أكثر من ١٧ مليون مؤسسة في العالم.

٢- تسهيلات إئتمانية بدون فوائد على المشتريات والسحب النقدي لمدة ٢٥ يوم من تاريخ إغلاق الدورة المالية إذا تم تسديد المبالغ المطلوبة بحلول هذه المدة.

٣- مرونة أكبر في التسديد حيث الحد الأدنى للدفعة الشهرية هي ٥% من القيمة المستحقة و بحد أدناه ٤٠ دينار للبطاقة الفضية و ٧٥ دينار للبطاقة الذهبية مع تدوير المبلغ المتبقي برسوم تمويل منافسة .

٤- يمكنك استخدام بطاقة ماستر كارد الإئتمانية في ٥٠٠٠٠٠ ماكنة صراف آلي موجودة في جميع أنحاء العالم لسحب النقد من حساب بطاقتك الإئتمانية.

٥- يمكنك الحصول على نقد فوري من خلال كاونتر آلاف البنوك الأعضاء حول العالم .

٦- خدمات قانونية وطبية في الحالات الطارئة حول العالم.

٧- تأمين مجاني لحوادث السفر يصل لغاية مليون دولار أمريكي.

٨- طرق التسديد عديدة سهلة وميسرة من خلال جميع فروع البنك .

٩- يمكن إصدار بطاقات تابعة للبطاقة الأساسية.

٢-٢-٢-٤- متطلبات وشروط الخدمة

١- أن يكون أردني الجنسية (مقيم أو غير مقيم) ، لكن يوجد صلاحيات في إعطاء البطاقات لغير الأردنيين ضمن شروط محددة حسب تعليمات كل بنك .

٢- وثيقة إثبات شخصية سارية المفعول (جواز سفر أو هوية أحوال مدنية) .

٣ شهادة رواتب مبينا فيها مكان العمل ،والراتب ، والوظيفة التي تتضمن الرقم الوطني ورقم الضمان الإجتماعي لأصحاب الرواتب غير المحولة للبنك .

٤- صوره من السجل التجاري ورخصة مهن سارية المفعول وكشف حساب لآخر ثلاث شهور لأصحاب المهن الحرة .

٥- أن لا يكون اسم العميل مدرجا على قائمة عدم الدفع.

٦- أن لا يكون الحساب مشتركا (الحسابات المشتركة التي تدار بتوقيعين).

٧- عدم وجود شيكات مرفوضة على العميل لآخر ثلاث شهور .

٨ فتح حساب أقساط ماستركارد .

وهناك شروط للحصول على البطاقة المحلية بالإضافة إلى ما ذكر أعلاه :

١-أن لا يقل صافي الراتب الشهري المحول للبنك عن (١٠٠) دينار للمدين .

٢- أن لا يقل صافي الدخل الشهري للعميل عن ١٠٠دينار لأصحاب المهن الحرة المسجلة وأن تكون مدة ممارسة المهنة عن سنتين من واقع شهادة مزاولة المهنة بحيث يتم إستيفاء شيك مؤجل السداد بقيمة ١١٠% من قيمة السقف الممنوح .

٣- تصدر البطاقة بالكفالة الشخصية لمن يتمتع بالملاءة المالية سواء للمدين أو الكفيل .

٤- تصدر البطاقة لأصحاب الرواتب غير المحولة للبنك والذين لا تقل رواتبهم عن (١٠٠) دينار شريطة إحضار كفيل صافي راتبه المحول للبنك يغطي قيمة القسط الشهري .

٥- تصدر البطاقة بسقف حده الأعلى (٥) أضعاف صافي الدخل الشهري بحد أعلى (٥٠٠) دينار .

٦-يتم مراعاة تطبيق الشروط والأحكام العامة لمنح بطاقات الماستر كارد الإئتمانية.

٧- نسبة التسديد الشهري ٥% بحد أدنى ١٥ دينار أردني .

٨- رسوم إصدار البطاقة (١٥) دينار للبطاقة الأساسية (١٠) دنانير للبطاقة التابعة .

هنالك شروط متعددة لإصدار بطاقات الماستر الذهبية والفضية قد تختلف عن شروط إصدار البطاقة المحلية المذكورة أعلاه فقد تصدر تلك البطاقات من باب الملاءة الإئتمانية للعميل أو قد تصدر بتأمين نقدي مقابل منح تلك البطاقات أو قد تصدر تلك البطاقات للعملاء الحاصلين على قروض أو تسهيلات بمبالغ عالية ، وعادة يتم إعفاء العملاء من عمولة الإصدار لأول عام.

٢-٢-٢-٥- إجراءات إصدار بطاقة الماستركارد الإئتمانية

أولاً: المهام التي يقوم بها موظف خدمة العملاء

١-إستلام الطلب الخاص بالحصول على بطاقة الماستر والمعتمد من قبل الجهة المصدره موقعا من العميل .

٢- التأكد من أن طلب بطاقة الماستر كارد قد تم تعبئته كاملا وبكافة خاناته .

٣- تعبئة نموذج تحليل طلب إصدار بطاقة ائتمان .

٤- الإستعلام عن طالب البطاقة والكفيل (إن وجد) والتأكد من أن العميل والكفيل غير مدرجة أسمائهم ضمن قائمة المتخلفين عن الدفع لدى البنك المركزي أو ضمن القائمة الداخلية للبنك.

٥- إرفاق الطلب مع صورة عن جواز سفر العميل (في حال قدم الطلب بموجب هوية أحوال مدنية يتم تعبئة الإسم باللغة الإنجليزية من قبل العميل وعلى مسؤوليته الشخصية) .

٦- التأكد من وجود كافة الوثائق المطلوبة المؤيدة لإصدار البطاقة وأن جميع وثائق إثبات الشخصية سارية المفعول والإستعلام عن كافة التزامات العميل لعكسها في توصية الفرع .

٧- في حال عدم إستيفاء العميل لشروط الإصدار الخاصة ببطاقات الإئتمان يتم رفض المعاملة من قبل الفرع مباشرة .

٨- تمرير الطلب والمرفقات إلى مدير الفرع وذلك لغايات التنسيب على الطلب .

وهنا لابد من إعلام العميل بالرسوم المقررة مقدما وقبل قيام العميل بتعبئة طلب الحصول على البطاقة .

ثانيا المهام التي يقوم بها مدير الفرع

١-تدقيق الطلب والتأكد من إستكمال كافة البيانات والوثائق المطلوبة المؤيدة لإصدار البطاقة.

٢ التنسيب على الطلب وتحديد السقف المطلوب ونوع البطاقة وإعادة الطلب إلى موظف خدمة العملاء الذي يقوم بالخطوات الآتية :

١- فتح حساب أمانات وهو حساب يتم دفع أقساط بطاقات ماستر كارد الإئتمانيه فيه على نفس رقم العميل الموحد وتثبيت رقم الحساب على الطلب .

٢- تصوير الطلب وحفظة في ملف المتابعة لدى الفرع وذلك لمتابعة مركز البطاقات الإلكترونية بعد مضي (٧ أيام عمل) من تاريخ إرسال الطلب وحفظ الطلب الوارد من مركز البطاقات في ملف حساب العميل الذي أصدرت عليه البطاقة .

٣- رفع كافة المعاملات المنسب عليها من قبل مدير الفرع بموجب إرسالية طلبات بطاقات الإئتمان إلى مركز البطاقات لدراستها وإتخاذ القرار المناسب بشأنها.

٤- في حال عدم الموافقه على إصدار البطاقة يتم اجراء ما يلي :

أ- إستلام طلب الإصدار من مركز البطاقات .

ب- الإحتفاظ بالطلب في ملف حساب العميل الذي أصدرت عليه البطاقة.

ج- الإعتذار للعميل شفويا مع اثبات ذلك على الطلب .

ثالثاً : إجراءات إصدار بطاقات الماستر كارد الإئتمانية لدى مركز البطاقات

أولا: مهام مدير المنتج

١- يقوم بإستلام طلبات إصدار بطاقات ماستركارد الإئتمانية المرسلة من الفروع ويقوم بدراستها ائتمانيا .

٢- التنسيب لمدير مركز البطاقات الذي يقوم بإتخاذ القرار المناسب في حال كانت ضمن صلاحياته أو رفعها للمستوى الأعلى .

ثانيا : مهام ضابط العمليات

١- يقوم بإستلام طلبات إصدار بطاقات الماستر كارد (APPLICATION FORM) الموافق عليها.

٢- التأكد من أن الطلب مستوفي لشروط الإصدار من حيث إستكمال كافة البيانات والمرفقات والموافقات اللازمة .

٣- ترحيل المعلومات الآتية على سجل طلبات الماستر كارد المستلمة من الفروع على جهاز الـــ pc (جهاز الكمبيوتر الشخصي)الممسوك لدى المركز وهي :

- الرقم المتسلسل للطلب .

- رقم حساب العميل الخاص بأقساط الماستركارد .

- رقم الفرع طالب البطاقة .

- اسم العميل كما سيظهر على البطاقة .

- نوع البطاقة .

- تاريخ الإستلام .

- السقف المطلوب .

٤- تدقيـــــق البيانات المدخله مع الطلبات م ن قبل ضابط عمليات آخر وبعد ذلك يتم إستخراج الكشف وأخذ الموافقات اللازمة حسب الصلاحيات الموجوده في كل بنك .

٥ تخزين الكشف للرجوع إليه عند الحاجة .

٦- طباعة الكشف وتحويله إلى رئيس الوحدة ، الذي يقوم بتدقيق المعلومات المدخلة من واقع طلبات الإصدار والتأكد من صحة الإدخال ومطابقتها مع طلب العميل،و التوقيع بما يفيد التدقيق وتحويل الكشف إلى ضابط العمليات مرة أخرى .

٧- إرسال الكشف بعد التدقيق والتعديل (إن وجد) إلى شركة خدمات بطاقات الإئتمان CSC بواسطة البريد الإلكتروني .

٨- إرسال الكشف المطبوع بعد ختمه بخاتم البنك و توقيعه من المفوضين بالتوقيع إلى شركة CSC بواسطة الفاكس .

٩- إستلام ملف بالبطاقات الجديدة من شركة csc وتحويله إلى الموظف المختص بطباعة البطاقات على طابعة DC٩٠٠٠ لطباعة البطاقات .

١٠- إستلام البطاقات وإرسالها إلى الفروع المعنية بموجب إرساليات.

١١- تثبيت أرقام البطاقات(Card No.) على طلب الإصدار الأصلي في المكان المخصص لذلك.

١٢- متابعة ورود الإرساليات بما يفيد إستلام الفروع للبطاقات والأرقام السرية الخاصة بها .

١٣- إستلام كشوف حسابات العملاء الشهرية (Statement) الواردة من إدارة الأنظمة وارسالها إلى الفروع المعنية .

١٤- إستلام المطالبة الشهرية بالحركات المالية التي تمت على بطاقات الماستر كارد الصادرة لعملائنا بواسطة D.H.L (البريد السريع).

٢-٢-٢-٦-   إجراءات إستلام بطاقات الماستر كارد والأرقام السرية

أولا: إجراءات إستلام بطاقات الماستر كارد من قبل موظف خدمة العملاء

١- إستلام البطاقات المصدرة ومرفقاتها الواردة من مركز البطاقات الإلكترونية.

٢- توقيع النسخة الثانية من إرسالية الإستلام والتسليم بعد مطابقة ما ورد بها من أسماء مع البطاقات المرفقة وإرسال النسخة الثانية لمركز البطاقات الإلكترونية اشعارا بالإستلام حيث لن يقوم مركز البطاقات الإلكترونية بتفعيل أي بطاقة ماستر كارد (أي تحويلها الى Active) الا بعد إستلام إرسالية البطاقات الخاصة بها موقعا حسب الأصول .

٣- إستيفاء توقيع العميل على السجل الخاص بتسليمه بطاقات الإئتمان , مع ضرورة مطابقة توقيعه وكذلك تدوين بيانات إثبات الشخصية على السجل نفسه والطلب من العميل مراجعة مدير الفرع لإستلام الرقم السري الخاص به .

٤- إدخال ملاحظه على حساب العميل بما يفيد بأنه حاصل على بطاقة ماستر كارد بقيمة السقف الممنوح له .

٥ - يتم الإحتفاظ بالبطاقات الصادره في صندوق معدني مغلق وتبقى لدى الموظف المعني خلال ساعات الدوام وفي نهاية اليوم يتم وضع الصندوق المعدني في القاصة وبحيث يقوم المفوضين بالقاصة بتسليم الموظف المعني الصندوق في صباح يوم العمل التالي.

٦- في حال إجازة الموظف المعني الذي يكون بحوزته محتويات الصندوق المعدني يتم اجراء عملية إستلام وتسليم بينه وبين الموظف البديل وذلك بإستخدام نموذج خاص بكل بنك .

ثانيا: إجراءات إستلام الأرقام السرية من قبل مدير الفرع

١- إستلام الأرقام السرية الخاصة بالبطاقات المصدرة الواردة من مركز البطاقات الإلكترونية .

٢- التوقيع بما يفيد الإستلام وإعادة النسخة الثانية من نموذج الإستلام إلى مركز البطاقات الإلكترونية .

٣- إستيفاء توقيع العميل بإستلام الرقم السري على السجل الخاص بتسليم البطاقات والأرقام السرية لبطاقات الإئتمان وذلك بعد التأكد من إثبات شخصية العميل .

٢-٢-٣-٧- منح خدمة نقاط البيع لبطاقات الماستر كارد

أولا : تعريف الخدمة: وهي قبول بطاقات الماستر كارد بكافة أنواعها لدى التجار المتعاقدين مع البنك والذين تتوفر لديهم أجهزة (P.O.S) خاصه بشركة فيزا الأردن ، بحيث تمكن حملة بطاقات الماستر كارد من عملاء البنك والبنوك الأخرى القيام بعمليات شراء السلع والخدمات وتسديد قيمة مشترياتهم والخدمات المقدمة لهم بطريقة ميسرة .

وهنالك أربعة حالات للتجار المتوقع تسويق خدمة نقاط البيع لهم:

اولاً: تاجر لديه جهاز P.O.S خاص بشركة الفيزا وعليه خدمة الفيزا فقط وفي هذه الحالة يمكن توقيع إتفاقية مع التاجر مباشرة لتشغيل خدمة قبول بطاقات الماستر كارد.

ثانياً: تاجر لديه جهاز P.O.S خاص بشركة الفيزا وعليه خدمة الفيزا وخدمة الماستر كارد خاص بشركةICC " الشركة العالمية للبطاقات " وفي هذه الحالة يجب أن يقوم العميل

بإلغاء الخدمة مع شركة ICC ومن ثم توقيع عقود تشغيل الخدمة مع البنك الذي يتعامل معه.

ثالثاً: تاجر لديه جهاز P.O.S خاص بشركة الفيزا وجهاز آخر مستقل عليه خدمة الماستر كارد خاص بالبنك الأهلي الأردني وفي هذه الحالة لايوجد مايحول دون توقيع عقود مع التاجر بحيث يتم تفعيل خدمة قبول بطاقات الماستر كارد على نفس جهاز الفيزا وبحيث يتم إقناع التاجر بتمرير بطاقات الماستر كارد على جهاز الفيزا بعد تشغيل خدمة قبول بطاقات الماستر كارد من خلال منح العميل نسبة خصم تقل عن نسبة الخصم الممنوحة له من قبل البنك الأهلي الأردني.

رابعاً: تاجر ليس لديه جهاز فيزا حيث يقوم الفرع بإرسال مذكرة إلى مركز البطاقات تتضمن (اسم التاجر وعنوانه ورقم هاتفه وطبيعة عمله) بهدف قيام المركز بمخاطبة شركة فيزا الأردن لتوقيع عقود مع التاجر لإنزال خدمة الفيزا وبالتالي قيام الفرع بتوقيع عقود لتشغيل خدمة قبول بطاقات الماستر كارد.

ثانيا :إجراءات الحصول على الخدمة

أولا: مهام مدير المنتج

١- إستلام العقود ومرفقاتها من الفروع على أن تتضمن المرفقات الوثائق الآتية :-

أ- صورة عن السجل التجاري للمحل.

ب- صورة عن رخصة المهن للمحل .

ج- صوره عن هوية إثبات الشخصية لصاحب المتجر .

٢- منح التاجر رقماً متسلسلا من قائمة أرقام MC المزودة لمدير المنتج والمحجوزه مسبقاً وبحيث يتم تثبيت هذا الرقم على العقد والقائمة.

٣- تدقيق بيانات العقد المرحل من (قبل وحدة العمليات) وإرساله إلى شركة فيزا الأردن عمان بواسطة E-mail .

٤- إستلام تاكيد تشغيل الخدمه من خلال شركة فيزا الأردن, وإعادة إرسال نفس النموذج إلى شركة CSC بواسطة E-mail.

٥- إستلام تأكيد تشغيل الخدمة من شركة CSC من خلال طلب كشف بأسماء التجار المفعلين على الخدمة .

٦- يتم إستيفاء توقيع مركز البطاقات إضافة لمفوض آخر من فئة (ب) في خانة الفريق الأول كما يتم الحصول على موافقة صاحب الصلاحية على نسبة الخصم الممنوحة للتاجر "بموجب الصلاحيات الواردة في مجلد الصلاحيات" للبنك.

٧- إرسال نسخه من العقد إلى التاجر عن طريق الفرع بالإضافه إلى شعار الماستركارد.

٨- الإحتفاظ بكافة المستندات (العقود والأوراق الثبوتية)التي تخص التجار في جلاسور خاص بالخدمة داخل القاصة حسب التسلسل لأرقام التجار MC Number الواردة ضمن السجل بحيث يمكن العودة اليها عند الحاجه .

٩- إستلام نسخه من ملف الحركات اليومية من شركة فيزا الأردن حيث يستلم الموظف المعني في وحدة محاسبة البطاقات الإلكترونية نسخة منه لمتابعة قيد الحركات للتجار.

١٠- حل أي مشكلة تبرز مع التجار, فيزا الأردن ، شركة CSC , بالتنسيق مع الجهات المعنية.

١١- إستلام كشف شهري بأسماء التجار متضمناً حجم العمليات لكل تاجر من شركة CSC ليتم رفع تقرير شهري بنتائج الخدمة.

١٢- إستلام طلبات الفروع لتشغيل أجهزة فيزا لبعض التجار الذين ليس لديهم أجهزة فيزا وذلك من خلال إرسال E-MAIL لشركة فيزا الأردن / قسم التسويق .

ثانيا: مهام ضابط العمليات لدى مركز البطاقات

١- إستلام العقود الخاصه بالتجار الجدد بعد أن يتم اعطاء التاجر رقم من قبل مدير المنتج وبحيث يتم ترحيل العقد على النموذج المعتمد لهذه الغايه .

٢- إرسال نسخه من الطلب المرحل عبر البريد الإلكتروني إلى مدير المنتج ليتم إرساله إلى شركه فيزا الأردن للتفعيل .

٣- توقيع مستخرج المعلومات الخاص بالتاجر وإرفاقه بالعقد وإرساله إلى مدير المنتج .

ثالثاً : تعديل خدمة نقاط البيع

في حالة رغبة أحد التجار بتعديل خدمة نقاط البيع يقوم مدبر المنتج في مركز البطاقات بالخطوات الآتية :

١- إستلام طلب التعديل الوارد عن طريق الفرع أو التاجر .

٢- دراسة طلب التعديل و التنسيب إلى الإداره العليا .

٣- إرسال المعلومات الخاصة بالتعديلات المطلوبة إلى شركة CSC أو شركه فيزا الأردن من خلال البريد الالكتروني (E-MAIL) (حسب طبيعة الطلب) .

٤- إستلام (E-mail) بالتعديلات التي تمت من خلال شركة csc ومطابقته مع ما هو مطلوب فعليا.

٥- حفظ طلب التعديل في ملف التاجر لدى المركز وذلك بعد تمريره على مدير المركز .

رابعا : إلغاء خدمة نقاط البيع

في حالة إلغاء خدمة نقاط البيع يقوم مدير المنتج بالخطوات الآتية :

١- إستلام كتاب من التاجر عن طريق الفرع برغبته بالغاء التعاقد بعد أن يتم تدقيق التوقيع من قبل الفروع .

٢- الإتصال مع العميل لتحديد أسباب طلب الغاء الخدمة والعمل على حل المشكلة (إن أمكن) وذلك بالتعاون مع الجهات المعنية (CSC Visa Jordan).

٣- إرسال رقم التاجر المطلوب إلغاء خدمته إلى شركة فيزا الأردن عبر E-mail .

٤- إستلام تأكيد من فيزا الأردن بتنفيذ عملية الإلغاء , مع التزام البنك والتاجر بشروط العقد في مثل هذه الحالات.

٥- يتم الإحتفاظ بكافة مستندات الإلغاء بملف التاجر لدى المركز.

خامسا : إصدار شيكات للتجار

في حالة رغبة أحد التجار بإصدار شيكات يقوم مدير المنتج في مركز البطاقات بالخطوات الآتية :

١- إستلام كتاب من التاجر الوارد من الفرع الذي يتعامل معه يتضمن رغبته بإصدار شيكات لعدم رغبته بفتح حساب لدى البنك.

٢- التنسيب إلى مدير مركز البطاقات (علماً بأن هذه الخدمة لا يتم توفيرها إلا لفئة محددة من التجار أصحاب الفنادق وكبار المحلات ....).

٣- بعد إستلام الرد من مدير المركز يتم إعلام الفرع بالموافقة أو عدم الموافقة.

٤- في حال الموافقه على توفير خدمه الشيكات للتاجر يقوم الفرع بتزويد مدير المنتج بالإسم الكامل للتاجر حسب السجل التجاري المطلوب إصدار الشيك بإسمه إضافه إلى عنوان التاجر الكامل متضمن صندوق البريد .

٢-٢-٢-٨- التفويض على سحوبات بطاقات الماستركارد

يقوم ضابط العمليات بالخطوات الآتية :

١- إستقبال مكالمة الفرع والتي تطلب إجراء تفويض على حركة سحب نقدي ماستركارد.

٢- الدخول على الـ INTERNET على موقع شركة CSC وإدخال الرقم السري الخاص بالموقع.

٣- الدخول على نظام الماستر كارد من خلال شاشة الـ P.C.

٤- إدخال بيانات عملية السحب النقدي المطلوبة الخاصة ببطاقة الماستر كارد من حيث رقم البطاقة ، و تاريخ الانتهاء،و المبلغ المراد سحبه بحيث يتم معادله المبلغ بالدولار الامريكي على سعر البيع ، بالإضافة إلى رقم إدخال الـ CVV٢ .

٥- طباعة مستخرج التفويض وحفظه مع السجل الخاص بالتفويض .

٦- تزويد الفرع برقم التفويض أو أي إجراء آخر .

٧- تسجيل المعلومات الوارده في بند (٤) أعلاه إضافه لرقم التفويض في سجل تفويضات ماستركارد.

٢-٢-٣- بطاقات التسوق عبر الإنترنت

أولا: تعريف الخدمة : وهي البطاقة التي تمكن حاملها من إجراء عمليات شراء من خلال شبكة الإنترنت من المواقع التي تقبل بطاقات ماستركارد.

ثانيا: أنواع البطاقات والسقوف

١- بطاقة لعملاء البنك .

٢- بطاقة لغير عملاء البنك .

٣- بطاقة محدودة المدة لمدة ٣ شهور (الحد الأدنى للسقف عند الإصدار يبلغ ٢٥ دولار أمريكي).

ثالثا: مزايا الخدمة

١- التسهيل على العملاء لشراء احتياجاتهم من خلال الإنترنت مع المحافظة على السرية.

٢- تعبأ لعدة مرات خلال مدة الصلاحية.

٣- تعبئة البطاقة من خلال البنك الفوري.

رابعا: متطلبات وشروط الخدمة

١-التوقيع على الطلب الخاص بالخدمة .

٢- دفع رسوم الإصدار .

٣- دفع قيمة سقف البطاقة المطلوب .

٤- وجود E-mail للعميل لنتمكن من إرسال الرقم السري.

٢-٢-٤- بطاقات فيزا إلكترون

٢-٢-٤-١- التعريف ومتطلبات شروط الخدمة

تعريف الخدمة : هي بطاقة تخول حاملها بالقيام بحركات سحب نقدي و الشراء سواء من داخل الأردن أو خارجه وتكون إمكانية تمرير الحركة مرتبطة بتوفر رصيد كافي بالحساب الأساسي الصادرة عليه البطاقة، ويتطلب للحصول على البطاقة وجود حساب للعميل لدى البنك .

٢-٢-٤-٢- مزايا الخدمة

١- إمكانية الشراء ضمن الرصيد الحر المتوفر بالحساب الأساسي الصادرة عليه البطاقة بالتالي لا حاجة لحمل النقود أثناء التسوق .

٢- السحب والإيداع النقدي وتسديد الفواتير وطلب دفتر شيكات وطلب كشف حساب و التحويل إلى حساب آخر مشترك بالبطاقة .

٣- سحب النقد بسقف ١٠٠٠ دينار يوميا إذا سمح الرصيد .

٤- سقف المشتريات ٢٠٠٠ دينار يوميا إذا كان الرصيد يسمح، وفي بعض البنوك يتم رفع السـقوف لعمـلاء الـVIP بحيث تكون أعلى من السقوف أعلاه .

٢-٢-٤-٣- الأحكام العامة الخاصة ببطاقات الفيزا الكترون

١-   في حال إستخدام هذه البطاقات داخل الأردن (مشتريات أو سحوبات) فلا يتم اقتطاع أية عمولة على هذه الحركات .

٢-   تصدر بطاقات الفيزا إلكترون على الحساب الجاري أو التوفير أو الرواتب كحساب أساسي .

٣-   يمكن ربط حسـابات التـوفير والرواتـب والجاري كحسـابات ثانويـة حيـث يمكن السـحب مـن هذه الحسـابات بواسطة الفيزا إلكترون من خلال أجهزة الصراف الآلي داخـل الأردن (وللبنوك المشاركة في JONET) ولا يمكن السحب منها من خارج الأردن سوى على الرصيد المتوفر بالحسـاب الأسـاسي فقط ، أما بالنسبة للمشتريات فتقتصر على الرصيد المتوفر في الحساب الأساسي سواء كانت الحركة داخل أو خارج الأردن .

٤-   يجوز إصدار بطاقة فيزا إلكترون على الحسابات المشتركة شريطة موافقة جميع الشركاء على إصدار البطاقة لواحد منهم وشريطة أن تكون شروط التوقيع علـى هـذا الحسـاب منفردين بحيـث يتم إصدار البطاقـة بعد تقديم طلب الحصول على البطاقة وتوقيع النموذج المعتمد لهذه الغاية أيضا من قبل الشركاء مجتمعين .

٥-   يجوز إصدار بطاقة فيزا إلكترون على حسابات المؤسسات الفردية (ملكية فردية) باسـم صـاحب المؤسسـة .

٥-   في حال رغبة وكيل بإصدار بطاقة فيزا إلكترون له فانه يتوجب أن تتضـمن الوكالة نصا صريحا على توكيله بإصدار بطاقة فيزا إلكترون باسم الوكيل وإستلامها مع الرقم السري وموافقتـه علـى قيد قيمة المطالبات على حسابه ومهما بلغت .

٧- بالنسبة لحساب الشركات فانه إذا كانت شهادة المفوضين بالتوقيع عن الشركة تتضمن تفويض شخص ما بالتوقيع منفردا عنها في الأمور المالية ودون أن يكون هناك تحديد لصلاحية هذا المفوض فانه لا مانع من إصدار بطاقة فيزا إلكترون (للشخص المفوض) بناءا على طلبه الخطي.

٨- تكون مدة صلاحية البطاقة ٥ سنوات ويتم تجديدها بصورة آلية.

٩- يتم تحويل بطاقات العملاء من WARM إلى NORMAL من قبل الفرع مصدر البطاقه بموجب كتاب خطي يرسل بالفاكس من قبل الفرع الذي لديه البطاقه وبحيث يتم تأكد الفرع الذي لديه البطاقه من شخصيه العميل .

١٠-حركات المشتريات الخارجية و / أو السحوبات النقدية من خلال البنوك الأجنبية أو البنوك الأردنية الغير مشاركة في شبكة JONET ، فيتم حجزها لحين ورود الحركة فعليا وترحيلها على حساب العميل مضافا اليها العمولات ، أما الحركات التي تتم داخل الأردن(مشتريات أو سحوبات يومية على أجهزة البنوك المشاركة في JONET) فتقيد مباشرة على حساب العميل ، بينما حركات المشتريات الداخلية التي تتم من خلال المطاعم ومكاتب السياحة والسفر والفنادق فيتم حجزها لحين ورود المطالبات سن شركة فيزا الأردن بحيث تقيد على حسابات العملاء .

١١-يحدد مبلغ الحد الأعلى لعمليات السحب من أجهزة الصراف الآلي بمبلغ ١٠٠٠ دينار يوميا للبطاقة الواحدة ويتم ذلك على دفعتين وبحد أقصى (٥٠٠) دينار للسحب الواحد وكذلك (٢٠٠٠) دينار يوميا للمشتريات ، أما بالنسبة للعملاء الذين تصدر لهم بطاقات فيزا الكترون من نوع Elite فيكون الحد الأعلى للسحب النقدي لهم ٢٠٠٠ دينار يوميا إذا توفر رصيد بالحساب .

١٢-يجوز إصدار بطاقات فيزا الكترون على حسابات القصر (بولاية أو لمنفعة) بحيث تصدر البطاقة باسم الأب إذا كان الحساب باسم القاصر بولاية والده وباسم الشخص البالغ إذا كان الحساب باسم البالغ لمنفعة القاصر .

١٣- يتم الغاء البطاقة عند بلوغ القاصر سن الرشد وعند حضور العميل لإستكمال حسابه يتم الإستعلام إذا كان مصدر له بطاقة فيزا الكترون على حسابه فيتم إيقافها من قبل الفرع ومن ثم إصدار بطاقه جديده له .

١٤-يمكن إصدار تسعه بطاقات فيزا الكترون تابعه للحساب الواحد إضافه إلى البطاقه الأساسيه ويمكن تحديد سقف للسحب النقدي والمشتريات لكل يوم وضمن السقف المسموح به للبطاقه الأساسيه وحسب نوعها .

١٥- لا يجوز إصدار بطاقة تابعه إذا كانت البطاقة الأساسية مصدره على حساب قاصر (بولاية أو لمنفعه) .

١٦- لا يجوز إصدار بطاقة فيزا الكترون تابعه إذا كانت البطاقة الاساسية صادره على حساب مشترك الا بموافقة جميع الشركاء على الإصدار .

١٧- لا يسمح باصدار بطاقة تابعه إذا كانت البطاقة الاساسية لحساب طالب .

١٨- يجوز إصدار بطاقة فيزا الكترون على حسابات الشركات شريطة ما يلي :

١- أن يكون سقف السحب النقدي والمشتريات (P.O.S) يساوي صفر.

٢- ان لا يتم اجراء تحويلات أو حركات مالية على البطاقة .

٣- تشمل هذه الخدمة الشركات التي ترغب بإستخدام القنوات الإلكترونية الآتية :

أ- الصراف الآلي .

ب- خدمات بنك الإنترنت .

ج- خدمات البنك الناطق .

د- خدمات البنك الخلوي .

٤- يتم تسليم بطاقة الفيزا إلكترون و الرقم السري الخاص بها إلى الشخص المفوض عن الشركة بإستلام البطاقة و الرقم السري الخاص بها .

٥- يمكن إصدار عشرة بطاقات للشركة الواحدة ، بحيث تشمل البطاقات الأساسية و البطاقات التابعة .

٦- إستخدامات البطاقة من قبل الشركات:

١- يقتصر إستخدام هذه البطاقة من خلال قناة إسكان أون لاين على خدمات الإستعلامات فقط والتي تشمل:

- الإستعلام عن الحسابات .

- الإستعلام عن الحركات .

٢- يقتصر إستخدام هذه البطاقة من الصراف الآلي ATM على الخدمات الآتية :

أ. تغيير الرقم السري .

ب. الاستفسار عن الرصيد .

ت. كشف حساب مختصر بآخر ١٠ حركات .

ث. طلب كشف حساب مفصل .

ج. طلب دفتر شيكات .

ح. بريد البنك.

٤- يقتصر إستخدام هذه البطاقة من خلال البنك الخلوي Mobile Bank والبنك الناطق Phone Bank على الخدمات الآتية :

أ. ملخص أرصدة الحسابات .

ب. الإستفسار عن الرصيد .

ت. الإستفسار عن حركة معينة من خلال البنك الناطق.

ث. الإستفسار عن آخر عشر حركات .

ج. طلب كشف حساب مفصل .

ح. طلب دفتر شيكات .

٤- سيتم إبقاء العميل مستخدم هذه البطاقة على خدمة البنك الناطق ولن يتم تحويل العميل إلى خدمة البنك الفوري.

٢-٢-٤-٤- إجراءات الحصول على الخدمة

أولا : إذا تم الطلب في داخل الفرع

يقوم موظف خدمة العملاء بالمهام الآتية

١- تسليم العميل النموذج الخاص بطلب الفيزا إلكترون والطلب منه تعبئته بطريقه صحيحه وإذا استدعى الأمر مساعدة العميل بتعبئته وإذا كان الحساب مشترك يتم توقيع الشركاء على نفس النموذج في المكان المخصص لهم وإذا كان الحساب لشركة فيجب أن يتم تزويدها بنموذج طلب تفويض إستلام بطاقة فيزا إلكترون / شركات.

٢- استلام الطلب بعد تعبئته من العميل بالإضافة إلى نموذج طلب تفويض إستلام بطاقة فيزا إلكترون / شركات إذا كان العميل شركة .

٣- تدقيق توقيع العميل على طلب الإصدار ، بالإضافة إلى نموذج طلب تفويض إستلام بطاقة فيزا إلكترون / شركات إذا كان العميل شركة وتسليم العميل نسخة من طلب الإصدار واستوفياء توقيعه بما يفيد ذلك على نسخة البنك والطلب من العميل مراجعة موظف خدمة العملاء لإستلام البطاقة بعد أربعة أيام عمل من استلام الطلب .

٤- إرسال طلب الإصدار إلى المسؤول للموافقة على الإصدار .

٥- إستلام طلب الإصدار بعد الموافقة وإدخال بياناته على شاشة طلب إنشاء بطاقة فيزا إلكترون بنفس اليوم مع مراعاة إدخال اسم العميل باللغة الإنجليزية وعدم ترحيل أية اشاره أو علامة ترقيم واقتصار الإدخال على الأحرف الإنجليزية من A إلى Z وبما لا يزيد عن ١٨ خانه فقط (حرفا و فراغا) وعدم ترك فراغ بين كلمة (أبو) واسم العائله، وفي حال الأسماء الطويلة يمكن كتابة الحرف الأول من اسم الأب أو اسم الجد أو كلاهما .

٦- في حال كانت البطاقة مصدرة لحساب شركة فيجب القيام بتصفير قيمة السحب النقدي وحركات الشراء حيث يجب أن لا تستخدم بطاقات الفيزا الكترون الصادرة للشركات الا لأغراض الإستعلام عبر القنوات الإلكترونية المحددة لذلك .

٧- إستخراج كشف بالبيانات المدخلة على الجهاز .

٨- جمع صور العملاء الراغبين بوضع صورهم على بطاقات الفيزا إلكترون وذلك في المغلف الخاص بذلك وارسل المغلف في نهاية اليوم إلى مركز البطاقات الإلكترونية .

٩- تحويل مستخرجات عملية الإدخال التي تمت من واقع طلب الإصدار لموظف آخر للتدقيق والتأشير عليها بما يفيد قيامه بتدقيقها .

١٠-الإحتفاظ بطلبات الإصدار والمستخرجات التي تم تدقيقها لديكم لحين ورود البطاقات من مركز البطاقات الإلكترونية.

١١-إستلام البطاقات الواردة بارساليه خاصة من مركز البطاقات الإلكترونية .

١٢-مطابقة الإرساليات الواردة مع مرفقاتها من البطاقات والتوقيع على الإرساليات الوارده وحفظها لدى الفرع مع ضرورة التوقيع على إرسالية الأرقام السرية بما يفيد إستلامها وإرسالها إلى مركز البطاقات الإلكترونية بعد أن يوقع الموظف المختص عليها بما يفيد إستلام البطاقات أيضا وفي حال وجود فرق اعلام مركز البطاقات الإلكترونية فورا بواسطة الهاتف بذلك وخطيا لاحقا .

١٣-استخراج طلبات الإصدار الخاصة بالبطاقات الواردة وحفظها في الجلاسور الخاص بطلبات فتح الحسابات فيما يتعلق بحسابات التوفير والرواتب بحيث تحفظ حسب رقم العميل الموحد وبشكل متسلسل أو في ملف حساب العميل الجاري إذا كانت صادرة على حساب جاري .

١٤-تسجيل بيانات البطاقات الواردة في سجل تسليم البطاقات والأرقام السرية.

١٥- حفظ البطاقات المستلمة في صندوق معدني مغلق بحيث تحفظ لدى موظف خدمة العملاء أثناء ساعات الدوم ويعاد إلى القاصة في نهاية الدوام وبحيث يقوم المفوضين بالقاصة بتسليم الموظف المعني الصندوق في الصباح يوم العمل التالي .

١٦-في حالة إجازة الموظف المعني الذي تكون بحوزته محتويات الصندوق يتم إجراء عملية إستلام وتسليم بينه وبين الموظف البديل وذلك بإستخدام.

١٧-إذا لم يراجعك العميل خلال مدة أسبوعين من تاريخ إستلام البطاقة من قبل الفرع بلغه هاتفياً لمراجعتك لإستلام بطاقته وإذا لم يراجع بعد شهر من إستلام البطاقة من قبل الفرع يتم وضع ملاحظة إدارية على حسابه (تسليم بطاقة فيزا الكترون) وبعد تسليمه البطاقة يتم إلغاء الملاحظة الإدارية .

١٨-على الفرع مراعاة قواعد الرقابة الثنائية وعدم اجتماع البطاقة مع رقمها السري لدى موظف واحد في أي وقت .

١٩-تستلم الأرقام السرية للبطاقات المصدرة الواردة بموجب إرساليات خاصة من قبل مدير العمليات وفي حال عدم وجوده يتولى الصراف الرئيسي إستلام وتدقيق هذه الإرساليات مع المغلفات المستلمة والتوقيع على النسخة من الإرساليه وإعادتها إلى مركز البطاقات الإلكترونية مع حفظ مغلفات الأرقام السرية بالقاصة (على عهدة مدير العمليات أو الصراف الرئيسي) بعيدا عن البطاقات التي تخصها .

٢٠-عند تجديد البطاقات القائمة يتم اتباع نفس إجراءات إستلام البطاقة المذكورة سابقا.

ثانيا : في حال تم الطلب من خلال البنك الفوري

يقوم موظف خدمة العملاء بالخطوات الآتية

١- إستلام المستخرجات الواردة بالبريد من قبل البنك الفوري والتي تبين طلب العميل .

٢- عند حضور العميل للفرع لإستلام البطاقة و الرقم السري القيام بتعبئة طلب إصدار بطاقة فيزا الكترون وتوقيع العميل عليه ثم تنفيذ باقي اجراءات التشغيل المتعلقة بتسليم البطاقة و الرقم السري .

٣- الإيعاز بحفظ الطلب و المستخرجات في الجلاسور الخاص ببطاقة الفيزا الكترون .

٢-٣-٤-٥- طباعة بطاقات الفيزا الكترون (إصدارلأول مرة أو المجمدة)

هناك صلاحية مع موظف مشرف ADMINISTRATOR يقوم سن خلالها بمنح صلاحيات عـلى الماكنـة كـما يلي :-

أ) SUPER USER : وهو الذي بإمكانه التعديل على البطاقات إضافة إلى إصدارها .

ب) NORMAL USER: وهو الذي بإمكانه فقط إصدار البطاقات ولا يمكنه التعديل نهائيا .

لإصدار البطاقات يقوم ضابط العمليات في مركز البطاقات الإلكترونية بالخطوات الآتية :

١- تحويل معلومات البطاقات الواردة من إدارة الأنظمة (إصدار لأول مره و/أو تجديد) إلى آلة الطباعة DC٩٠٠٠ .

٢- إستلام كشف من إدارة الانظمة يبين عدد البطاقات الصادره عن كل يوم عمل ولكافة الفروع .

٣- إستلام البطاقات من الموظف المسؤول عن مخزون البطاقات .

٤- إعطاء الأوامر اللازمة لآلة DC٩٠٠٠ والتأكد من وضع صور العملاء الـراغبين بوضـع صـورهم عـلى البطاقات وطباعة البطاقات .

٥- مطابقة عدد البطاقات المطبوعة مع إرسالية البطاقات الوارده من إدارة الأنظمة لكل فرع من قبل موظف آخر .

٦- تغليف البطاقات مع الإرساليات ضمن مغلفات سري ومكتوم وارسالها إلى الفروع .

٧- القيام بعمل BACKUP اليومي على جهاز الـ (SERVER) .

٨- إستلام نسخة ارساليات الأرقام السـرية موقعـة مـن قبـل الفـرع بمـا يفيـد إسـتلام الأرقام السـرية والبطاقات المصدرة ومطابقتها مع الكشف الوارد من إدارة الأنظمة الذي يبين أسماء الفـروع التـي تم إصدار بطاقات لها .

٩- متابعة الفروع التي لم ترسل نسخة ارساليات الأرقام السرية .

١٠- حفظ الإرسالية في الملف المعني لدى المركز .

٢-٢-٤-٦- فحص بطاقات الفيزا الكترون والفيزا والماستركارد

لفحص البطاقات يقوم ضابط العمليات لمركز البطاقات الإلكترونية بالخطوات الآتية :

١- إستلام البطاقات المراد فحصها والمرسلة من قبل الفروع .

٢- الدخول إلى نظام فحص البطاقات .

٣- إدخال البطاقات المراد فحصها لتحديد تلفها أو صلاحيتها .

٤- إعـادة البطاقـات التـي تـم فحصـها إلى الفـروع المعنيـة بعـد وضـع المطالعـات اللازمة .

الغاء أو تعديل حالة بطاقة الفيزا الكترون

١- يتم إلغاء أو تعديل حالة البطاقة بناء على طلب العميل بسبب فقدان أو سرقة البطاقة أو بقرار من البنك بسبب إغلاق حساب العميل أو لأي سبب آخر.

٢- يتم إلغاء أو إتلاف البطاقة بعد مرور ثلاثة أشهر على إصدارها مع الأرقام السرية الخاصة بها ولم يتسلمها العميل حيث يتم عمل محضر جرد من قبل الفرع يوضح اسم العميل ، رقم البطاقة ، رقم الحساب ، وتاريخ الإصدار وأسباب عدم استلام البطاقة ويحفظ محضر ـ الإتلاف ، لإلغاء أو تعديل حالة البطاقة يقوم موظف خدمة العملاء بالخطوات الآتية :

١- استلام كتاب خطي من العميل يطلب فيه تعديل حالة البطاقة أو إلغائها ويمكن قبول الإتصال الهاتفي من العميل لإلغاء أو تعديل حالة البطاقة شريطة تعزيز ذلك خطيا .

٢- تدقيق توقيع العميل على طلب الإلغاء أو التعديل .

٣- إغلاق البطاقة على الجهاز وضعها على بند HOT أو CLOSE واستخراج كشف بالتعديلات المدخلة.

٤- تحويل الطلب إلى مدير الفرع مثبت عليه عبارة تم إجراء اللازم وعلى مدير الفرع التحقق من ذلك على النظام والتوقيع بما يفيد ذلك وبحيث تحفظ المعاملة والمستخرجات الخاصة بها في ملف العميل .

٥- تتلف البطاقة والرقم السري بالإشتراك مع مدير الفرع في حال إستعادة البطاقة والرقم السري من العميل وذلك بموجب محضر إتلاف ويحفظ محضر الإتلاف في الملف الخاص.

٢-٢-٤-٧- بطاقات الصراف الآلي أو الفيزا أو الفيزا الكترون المحجوزة على أجهزة البنك وتخص بنوك أخرى.

أولا: مهام مدخل البيانات في مركز البطاقات الإلكترونية

١- فتح المغلف الوارد من الفروع والذي يحتوي على بطاقات محجوزة من خلال أجهزة البنك .

٢- مطابقة عدد البطاقات الواردة فعليا مع العدد المبين في إرسالية البريد وكذلك أرقام هذه البطاقات .

٣- إثبات رقم البطاقة الواردة على إرسالية البريد في حال عدم وجودها .

٤- تسليم البطاقات حسب نوعها للموظف المعني مقابل استيفاء توقيعه بما يفيد الإستلام.

ثانيا : مهام ضابط العمليات في مركز البطاقات الإلكترونية

١- استلام بطاقات البنوك الأردنية المحجوزة بواسطة أجهزة الصراف الآلي من الفروع على النموذج الخاص المعتمد.

٢- القيام بإعداد كتاب رسمي للبنك مصدر البطاقة موقع من المفوضين .

٣- ارسال البطاقة المحجوزة للبنك المصدر لتوقيعه على النسخة الثانية من الكتاب إشعارا بالإستلام و بحيث تكون مختومة بالخاتم الرسمي للبنك المستلم .

٤- متابعة استلام النسخة الثانية من الكتاب والموقعة من البنك المستلم واحفظها لدى الوحدة .

ثالثا : مهمة رئيس الوحدة في مركز البطاقات الإلكترونية

التأكد من ارسال كافة البطاقات المحجوزة إلى البنوك المحلية وذلك من خلال مطابقة عدد البطاقات المثبته على إرساليات الفروع مع ما تم إرساله فعليا .

٢-٢-٤-٨- بطاقات الفيزا و الفيزا الكترون الخاص بالبنك والمحجوزه داخل وخارج الأردن

أولا: مهام ضابط العمليات في مركز البطاقات الإلكترونية فيما يخص :

١ : بطاقات الفيزا الكترون

١- استلام البطاقة المحجوزه بموجب كتاب وحفظ نسخة من الكتاب لدى الوحدة بعد مطابقة البطاقات المستلمة مع الكتاب الوارد وتحت إشراف رئيس الوحدة .

٢- إرسال البطاقة للفرع المعني .

٣- إستلام رد الفرع باستلام البطاقة .

٤- حفظ رد الفرع بما يفيد الإستلام لدى المركز .

٢ : بطاقات الفيزا

١-إستلام البطاقة المحجوزه بموجب كتاب خطي وحفظ نسخة من الكتاب لدى المركز بعد مطابقة البطاقات المستلمه مع الكتاب الوارد وتحت إشراف رئيس الوحدة .

٢-إرسال البطاقة للفرع المعني إذا كانت البطاقة سارية وصالحه .

٣- إرسال مذكرة للفرع إذا كانت البطاقة سارية ولكنها تالفه تخبرهم فيها بحالة البطاقة وتطلب منهم رأيهم في إصدار بدل تالف أو الغائها .

٤- متابعة رد الفرع على البند (٣) أعلاه ، وتنفيذ ما يرد بهذا الرد .

٥ إذا كانت البطاقة [illegible] أو [illegible] عليها فيتم الغاءها مباشرة .

٦- في حالة تم سحب البطاقة (الفيزا أو الفيزا الكترون) من حاملها بناءا على طلب البنك, مصدر البطاقة قد يترتب على البنك مطالبة بدفع مكافآه ماليه للتاجر أو الشخص الذي حجز البطاقة حسب تعليمات الفيزا العالميه .

٢-٢-٥- بطاقات الفيزا إلكترون المدفوعه مسبقا

٢-٢-٥-١- التعريف ومتطلبات الحصول على البطاقة

تعريف الخدمة : بطاقة مدفوعة مسبقا (VISA Electron Prepaid card) من خلال هذه البطاقة يستطيع عميل البنك أو غير العميل شرائها بسقوف محددة فليس بالضرورة أن يمتلك طالب إصدار البطاقة أي حسابات لدينا .

متطلبات وشروط الخدمة

١- التوقيع على الطلب الخاص بالخدمة.

٢- دفع رسوم الإصدار.

٣- دفع قيمة سقف البطاقة المطلوب.

٢-٢-٥-٢- أنواع البطاقات والسقوف ومزايا الخدمة

أنواع البطاقات والسقوف

١-   بطاقة السفر : Travel Card

تشحن هذه البطاقة بسقف حده الأدنى ٥٠دينار وحده الأعلى ٥٠٠ أو ما يعادله بالدولار.

٢-   بطاقة الهدايا : Gifts Card

تشحن هذه البطاقة بسقف حده الأدنى ٣٠ دينار وحده الأعلى ٥٠٠ دينار أو مايعادله بالدولار.

٣-   بطاقة ترانسفير لتحويل الأموال : Transfer Card

تشحن هذه البطاقة بسقف حده الأدنى ٥٠ دينار وحده الأعلى ٥٠٠ دينار أو مايعادلها بالدولار.

جميع البطاقات أعلاه صالحة لمدة سنة من التاريخ المثبت على وجه البطاقة .

مزايا الخدمة

تمتاز هذه البطاقات بالميزات الآتية :

١- إمكانية إصدار بطاقة تابعة للبطاقة الأساسية بحيث تربط البطاقتان على نفس الرصيد.

٢-إمكانية شحن الرصيد المتبقي في رصيد البطاقة المفقودة إلى بطاقة جديدة .

٣- إمكانية إصدار البطاقة لعملاء البنك أو غير العملاء .

٤- إمكانية إصدار البطاقة من قبل طالب إصدار البطاقة و إستعمالها من قبل حامل البطاقة أو المستفيد.

٥-إمكانية إصدارها بالإضافة إلى الدينار بالدولار الأمريكي .

٦-إمكانية شحن البطاقة بالرصيد الذي يريده العميل و دون تحديد فئات المبلغ المضاف لرصيد البطاقة.

٨- تمكن العميل من إدارة مصاريفه بشكل أفضل Budget Management.

٨- إمكانية الإستفسار عن الرصيد من خلال الصراف الالي .

٢-٢-٥-٣- إجراءات إصدار بطاقات الفيزا الكترون المدفوعه مسبقا

١- يقوم الموظف المختص بتجهيز عدد من بطاقات فيزا إلكترون المدفوعة مسبقا (بدون اسم أو عبارة) ومحدودة المدة حيث يتم طباعة أرقام لهذه البطاقات حسب الملف الوارد من شركة فيزا الأردن ، كما يتم إستلام الأرقام السرية من شركة فيزا الأردن.

٢- يتم إرسال كل من البطاقات والأرقام السرية بواسطة الإرساليات الخاصة لكل منها لكل فرع على حدى وذلك من خلال إرسال البطاقات في اليوم الأول والأرقام السرية

الخاصة لهذه البطاقات في اليوم الذي يليه ويتم متابعة الفروع بإستلام هذه الإرساليات

البطاقة تصدر بثلاثة أنواع حسب الرسوم المستوفاة (المبينة في دليل الأسعار المنتجات) :

a.   بطاقة الهدايا .

b.   بطاقة السفر .

c.   بطاقة ترانسفير لتحويل الأموال .

أولا : إصدار بطاقة فيزا إلكترون المدفوعة مسبقا بدون اسم أو عبارة

مهام ضابط العمليات في مركز البطاقات الإلكترونية

١-القيام بإستلام طلبات إصدار بطاقات فيزا إلكترون المدفوعة مسبقا و الواردة على الفاكس.

٢- القيام بمطابقة المبالغ المودعة في حساب أمانات فيزا إلكترون مدفوعة مسبقا ، في حال عدم المطابقة يراجع الفرع الذي وجد فيه الإختلاف لتصحيح الوضع .

٣-القيام بالدخول على الشاشات الخاصة بالإصدار وترحيل البيانات الواردة اليك من طلبات الإصدار بناء على رقم البطاقة الوارد على الطلب .

ويمكن تلخيص إصدار بطاقات الفيزا الكترون المدفوعة مسبقا بدون اسم أو عبارة حسب الجدول رقم (٣) :

وصف التدفق	مخطط التدفق
<u>استلام طلبات الإصدار الواردة بالفاكس</u> مطابقة المبالغ المودعة في حسابات أمانات الفيزا المدفوعة مسبقا يتم الدخول على الشاشات الخاصة بالإصدار وترحيل البيانات الواردة من طلبات الإصدار بناءً على رقم البطاقة الوارد على الطلب	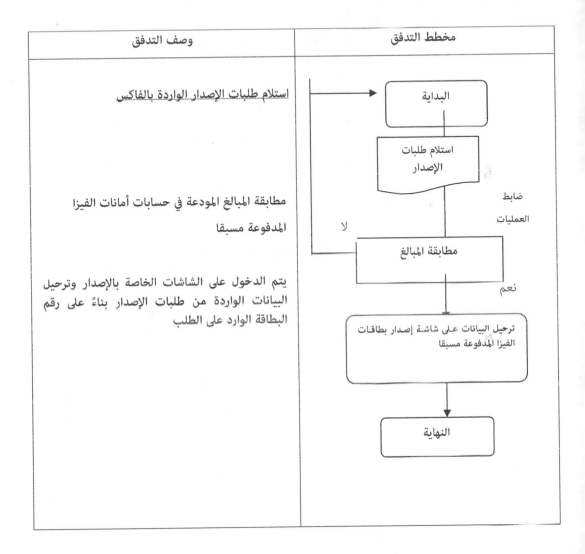

ثانيا :إصدار بطاقة فيزا إلكترون المدفوعة مسبقا باسم أو عبارة

مهام ضابط العمليات في مركز البطاقات الإلكترونية

١-   القيام بإستلام طلبات إصدار بطاقات فيزا إلكترون المدفوعة مسبقا و الواردة على الفاكس .

٢-   القيام بمطابقة المبالغ المودعة في حساب أمانات فيزا إلكترون مدفوعة مسبقا ، في حـال عـدم المطابقة يراجع الفرع الذي وجد فيه الإختلاف لتصحيح الوضع .

٣-   القيام بالدخول على الشاشات الخاصة بالإصدار و ترحيل البيانات الواردة اليك من طلبات الإصدار.

٤-   القيام بإستلام ملف FTP و طباعة البطاقات على ماكنة DC٩٠٠٠.

٥- إرسال البطاقات بواسطة الإرساليات الخاصة بها لكل فرع على حدى .

٦-إرسال الأرقام السرية بواسطة الإرساليات الخاصة بها لكل فرع على حدى.

٧-   متابعة الفروع بإستلام الإرساليات السابقة .

ويمكن تلخيص إصدار بطاقات الفيزا الكترون المدفوعة مسبقا باسم أو عبارة حسب الجدول رقم (٤) :

وصف التدفق	مخطط التدفق
استلام طلبات الإصدار الواردة بالفاكس	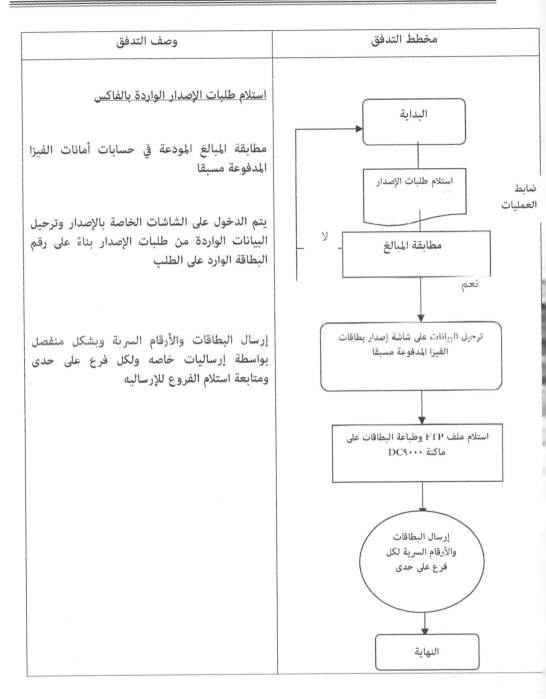
مطابقة المبالغ المودعة في حسابات أمانات الفيزا المدفوعة مسبقا	
يتم الدخول على الشاشات الخاصة بالإصدار وترحيل البيانات الواردة من طلبات الإصدار بناءً على رقم البطاقة الوارد على الطلب	
إرسال البطاقات والأرقام السرية وبشكل منفصل بواسطة إرساليات خاصه ولكل فرع على حدى ومتابعة استلام الفروع للإرساليه	

-٢-٥-٤- اعادة تعبئة بطاقة الفيزا الكترون المدفوعة مسبقا

مهام ضابط العمليات في مركز البطاقات الإلكترونية

١- القيـام بإسـتلام نمـوذج إعـادة التعبئـة الخـاص ببطاقـات فيـزا الكـترون المدفوعـة مسـبقا الـوارد
   بالفاكس .

٢- القيام بمطابقة المبالغ المودعة في حساب أمانات فيـزا إلكـترون مدفوعـة مسـبقا ، في حـال عـدم
   المطابقة يراجع الفرع الذي وجد فيه الإختلاف لتصحيح الوضع .

٣- القيام بالدخول على الشاشة الخاصة بإعادة التعبئة حسب رقم البطاقة وقم بترحيل قيمة مبلـغ
   إعادة الشحن الوارد في الطلب .

**ويمكـن تلخـيص إعـادة تعبئـة بطاقـات الفيـزا الكـترون المدفوعـة مسبقا حسـب الجـدول
رقم (٥):**

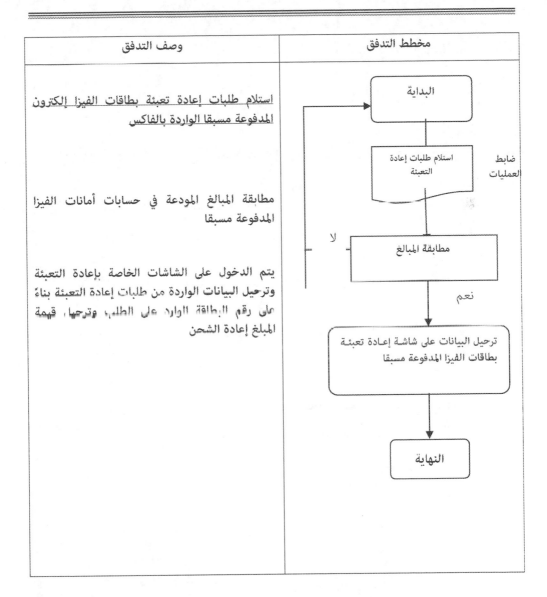

<table>
<tr><th>مخطط التدفق</th><th>وصف التدفق</th></tr>
<tr><td>

البداية
استلام طلبات إعادة التعبئة
ضابط العمليات
لا
مطابقة المبالغ
نعم
ترحيل البيانات على شاشة إعادة تعبئة بطاقات الفيزا المدفوعة مسبقا
النهاية

</td><td>

<u>استلام طلبات إعادة تعبئة بطاقات الفيزا إلكترون المدفوعة مسبقا الواردة بالفاكس</u>

مطابقة المبالغ المودعة في حسابات أمانات الفيزا المدفوعة مسبقا

يتم الدخول على الشاشات الخاصة بإعادة التعبئة وترحيل البيانات الواردة من طلبات إعادة التعبئة بناءً على رقم البطاقة الوارد على الطلب وترحيل قيمة المبلغ إعادة الشحن

</td></tr>
</table>

٢-٢-٥-٥- إصدار بدل فاقد أو تالف لبطاقة الفيزا الكترون المدفوعة   مسبقا

مهام ضابط العمليات في مركز البطاقات الإلكترونية

١-   إستلام طلب إصدار بطاقات فيزا الكترون المدفوعة مسبقا الوارد بالفاكس.

٢-   التحقق من خلال النظام أن هوية الشخص طالب بدل الفاقد هو نفسه في حال:

أ- بطاقة الهدايا : أن يكون نفس اسم المستفيد فقط الذي تم تعريفه على النظام سابقا .

ب- بطاقة السفر : أن يكون نفس اسم طالب الإصدار أو المستفيد الذي تم تعريفه سابقا على النظام أو ترانسفير .

٣-في حال عدم المطابقة ترد المعاملة إلى الفرع .

٤-القيام بتنفيذ نفس تعليمات إصدار بطاقة فيزا الكترون مدفوعة مسبقا الواردة أعلاه .

ويمكن تلخيص إصدار بطاقات الفيزا الكترون المدفوعة مسبقا بدل تالف أو فاقد حسب الجدول رقم (٦) :

وصف التدفق	مخطط التدفق
<u>استلام طلبات الإصدار الواردة بالفاكس</u> يتم التحقق من خلال النظام أن هوية الشخص طالب بدل الفاقد هو نفسه في حال : بطاقة الهدايا : أن يكون نفس اسم المستفيد فقط الذي تم تعريفه سابقا على النظام **بطاقة السفر أو ترانسفير : يكون نفس اسم طالب الإصدار والمستفيد الذي تم تعريفه سابقا على النظام**	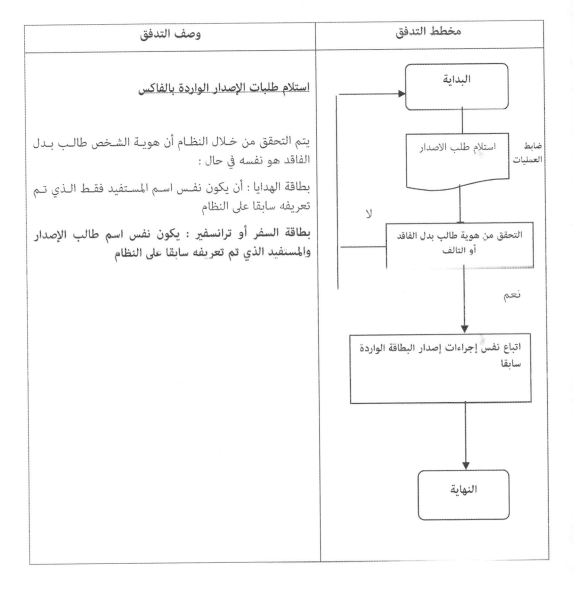

٢-٢-٥-٦- إصدار رقم سري جديد لبطاقة الفيزا الكترون المدفوعة مسبقا

مهام ضابط العمليات في مركز البطاقات الإلكترونية

١-القيام بإستلام طلب العميل الخطي بإصدار رقم سري جديد .

٢- القيام بالتحقق على النظام و حسب رقم البطاقة الوارد بالطلب أن طالب الرقم السري الجديد في حال :

أ- بطاقة الهدايا : هو نفسه المستفيد من البطاقة الوارد اسمه على النظام .

ب- بطاقة السفر و ترانسفير : هو نفسه طالب الإصدار أو المستفيد الوارد اسمه على النظام .

٣- في حال عدم المطابقة ترد المعاملة إلى الفرع مع ذكر أن سبب عدم التنفيذ هو عدم المطابقة .

٤-القيام بالدخول على الشاشات الخاصة بإصدار رقم سري جديد للبطاقة .

٥-القيام بإستلام الأرقام السرية الواردة من شركة فيزا الأردن و إرسالها إلى الفرع المعني .

٦-متابعة الفروع بإستلام الأرقام السرية .

ويمكن تلخيص إصدار رقم سري جديد لبطاقات الفيزا الكترون المدفوعة مسبقا حسب الجدول رقم (٧) :

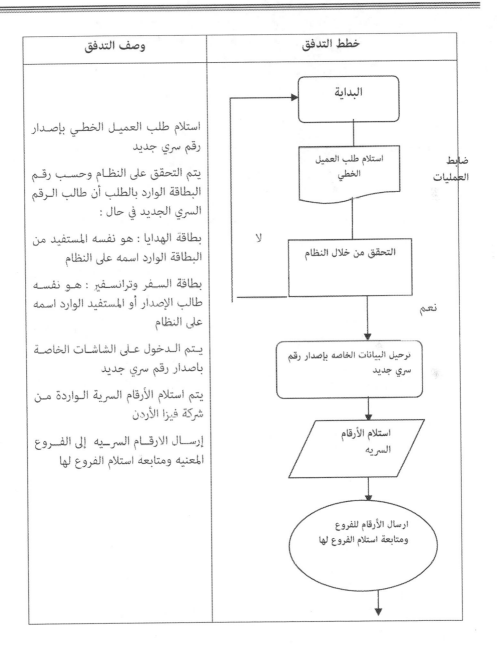

وصف التدفق	خطط التدفق
استلام طلب العميل الخطي بإصدار رقم سري جديد	
يتم التحقق على النظام وحسب رقم البطاقة الوارد بالطلب أن طالب الرقم السري الجديد في حال :	
بطاقة الهدايا : هو نفسه المستفيد من البطاقة الوارد اسمه على النظام	
بطاقة السفر وترانسفير : هو نفسه طالب الإصدار أو المستفيد الوارد اسمه على النظام	
يتم الدخول على الشاشات الخاصة بإصدار رقم سري جديد	
يتم استلام الأرقام السرية الواردة من شركة فيزا الأردن	
إرسال الارقام السريه إلى الفروع المعنيه ومتابعه استلام الفروع لها	

البداية

استلام طلب العميل الخطي

التحقق من خلال النظام

لا

نعم

ضابط العمليات

ترحيل البيانات الخاصه بإصدار رقم سري جديد

استلام الأرقام السريه

ارسال الأرقام للفروع ومتابعة استلام الفروع لها

٢-٢-٦- بطاقات الماستر كارد البلاتينيوم

٢-٢-٦-١- التعريف وشروط الحصول على البطاقة

تعريف الخدمة : بطاقة الماستركارد بلاتينوم هي بطاقة وفاء (Charge Card) تصدر لفئات متميزة جـدا من عملاء البنك المعروفين والمميزين بموافقة خاصة من صاحب الصلاحية.

شروط الحصول على البطاقة

١- أردني الجنسية .

٢- للعملاء المتميزين أصحاب الودائع المربوطة بحد أدنى ٥٠٠٠٠ دينار .

٣-بالنسبة لعملاء الإئتمان المميزين فيتم دراسة كل حاله على حدة.

٤- حساب جاري .

٥- عدم إدراج العميل على قائمة البنك الداخلية للمتخلفين عن الدفع .

٢-٢-٦-٢- أنواع البطاقات والسقوف ومزايا الخدمة

أنواع البطاقات والسقوف

تصدر بطاقات الماستر كارد البلاتينيوم بـ ٣ سقوفات :

١٠٠٠٠ دولار أمريكي .

٢٥٠٠٠ دولار أمريكي .

٣٥٠٠٠ دولار أمريكي .

مزايا الخدمة

١- تأمين لحوادث السفر يصل إلى مليون دولار .

٢- تقديم خدمات إجراءات السفر والحجوزات لدى المطاعم والمسارح والفنادق الكبرى وشركات الطيران العالمية .

٣- تأمين للإستشفاء يصل إلى ٥٠٠٠٠ دولار أمريكي .

٤- سحب نقدي يومي بحد أقصى ٥٠٠٠ دينار وترتيب إجراءات استئجار كمبيوتر نقال وهاتف نقال خلال السفر .

٥- يمكن إصدار بطاقات تابعه.

٢-٢-٦-٣- إصدار بطاقات الماستركارد البلاتينوم

أولا: مهام مدير المنتج في مركز البطاقات الإلكترونية

يقوم بإستلام طلبات إصدار بطاقات ماستركارد بلاتينيوم ودراستها ورفع التوصيات الملائمة إلى الرئيس التنفيذي من خلال التسلسل الإداري .

ثانيا: مهام ضابط عمليات في مركز البطاقات الإلكترونية ، ويقوم بالخطوات الآتية .

١- استلام الطلبات الموافق على إصدار بطاقات ماستركارد بلاتينيوم لها .

٢- الدخول إلى نظام إدخال الطلبات الجديدة على شاشة جهاز الـ P.C

٣- إدخال البيانات المطلوبة لإصدار البطاقة وهي :

أ) اسم العميل طالب البطاقة باللغة العربية واللغة الإنجليزية (Cardholder name)

ب) رقم حساب العميل الجاري (Cardholder bank account)

ج) الفـــــرع مصدر البطاقة (Branch)

د) السقف المطلوب للبطاقـــة (Limit to be granted)

هـ) نوع البطاقة المطلوبة (Type of card requested) بلاتينوم .

٤- تخزين الكشف للرجوع إليه عند الحاجة .

٥- طباعة الكشف وتحويله إلى رئيس الوحدة .

ثالثا : مهام رئيس وحدة عمليات البطاقات الإلكترونية

١- تدقيق الكشف من واقع طلبات الإصدار والتأكد من صحة المعلومات المثبتة بالكشف.

٢- التوقيع بما يفيد ذلك وإعادة الكشف إلى ضابط العمليات لإرسال الطلبات إلى شركة CSC (شركة خدمات بطاقات الإئتمان).

رابعا : مهام ضابط العمليات

١- إرسال الكشف بعد التدقيق والتعديل (إن وجد) إلى شركة خدمات بطاقات الإئتمان CSC بواسطة البريد الإلكتروني على عنوان الموظفين المعنيين بالإصدار بشركة CSC .

٢- إرسال الكشف المطبوع بعد ختمه بخاتم البنك وتوقيعه من المفوضين بالتوقيع إلى شركة CSC بواسطة الفاكس .

٣- حفظ صوره عن طلبات إصدار البطاقات لدى الوحدة في ملف مخصص لهذه الغاية وإرسال الأصل للفروع .

٤- إستلام ملف بالبطاقات الجديدة من شركة CSC وتحويله للموظف المختص بطباعة البطاقات وارسالها إلى الفروع المعنية أو لفريق البيع المباشر .

٥- متابعة ورود الإرساليات بما يفيد استلام الفروع للبطاقات الخاصة بها .

٦- إرسال الأرقام السرية إلى الفروع بموجب إرساليات خاصة بالماستركارد في ثاني يوم عمل بعد إرسال البطاقات وترسل الأرقام السرية من ضابط عمليات آخر غير الذي أرسل البطاقات.

٧- متابعه ردود الفروع بما يفيد إستلام الأرقام السرية.

٢-٢-٦-٤- تجديد بطاقات الماستركارد البلاتينيوم

لتجديد بطاقات الماستركارد البلاتينيوم يقوم ضابط العمليات في مركز البطاقات الإلكترونية بالخطوات الآتية :

١- إستلام كشف بالبطاقات التي تستحق التجديد بعد شهرين من شركة CSC ولكل فرع على حده .

٢- إرسال الكشوفات للفروع المعنية من أجل مخاطبة عملائهم بخصوص تجديد بطاقات الماستركارد البلاتينيوم .

٣- إستلام الكشوفات المعادة من الفروع وتعليماتهم بالتجديد من عدمه .

٤- متابعة الفرع بعد (ثلاثة اسابيع) من إرسال الكشف بالبطاقات التي سيتم تجديدها لمعرفة رايهم .

٥- إعداد كشف بكافة البطاقات التي لا يرغب العملاء بتجديدها وإرسال الكشف إلى شركة CSC بالفاكس بعد توقيعه من رئيس الوحدة .

٦- إستلام ملف بالبطاقات المجددة وحوله للموظف المسؤول عن طباعة البطاقات.

٧- إرسال البطاقات المجددة للفروع حسب الأصول .

٨- متابعة إستلام ردود الفروع بما يفيد استلامهم البطاقات .

٢-٢-٦-٥- تعديل أو إلغاء أو تجميد أو وقف بطاقات الماستركارد البلاتينيوم

أما الحالات التي يتم فيها ذلك فهي :

١- يتم إلغاء أو تجميد أو تعديل أو وقف البطاقة بناء على طلب العميل بسبب فقدان أو سرقة البطاقة أو بقرار من البنك بسبب إغلاق حساب العميل أو لأي سبب آخر.

٢- يجوز إيقاف البطاقة بناء على طلب العميل أو الفرع وعلى أن يتم تعزيز ذلك خطيا من قبل العميل .

أولا:مهام مدير المنتج في مركز البطاقات الإلكترونية

يقوم بإستلام المذكرات والمعاملات الخاصة ببطاقات ماستركارد بلاتينيوم ودراستها ورفع التوصيات بها إذا كانت بحاجة إلى قرار جديد أو إ رسالها إلى وحدة العمليات إذا لم تكن بحاجة إلى قرار ائتماني جديد .

ثانيا: مهام رئيس وحدة العمليات في مركز البطاقات الإلكترونية

١-استلام المذكرات الواردة من الفروع الخاصة بالتعديل المطلوب على بطاقات الماستركارد .

٢- تحويل المذكرة إلى ضابط العمليات المعني .

ثالثا: مهام ضابط العمليات في مركز البطاقات الإلكترونية

١-استلام المذكرة من رئيس الوحدة .

٢-ارسال المعلومات الخاصة بالتعديلات المطلوبة إلى شركة CSC من خلال الفاكس موقعه من قبل المفوضين.

٣- استلام (كشف) بالتعديلات التي تمت من خلال شركة csc وتمريره إلى رئيس الوحدة لمطابقته مع ما هو مطلوب فعليا استنادا إلى المذكرات الأصلية الواردة من الفروع .

٤- إعداد المذكرة إلى الفرع المعني بعد التاشير عليها بما يفيد بإجراء التعديل المطلوب .

٢-٢-٦-٦- الإعتراض على عمليات الماستركارد البلاتينيوم

ويقوم ضابط العمليات بالخطوات الآتية :

١- إستـلام طلـب الإعتـراض الوارد من الفروع على النموذج المخصص لذلك .

٢- إرسال طلب الإعتراض إلى شركة خدمات بطاقات الإئتمان .

٣- متابعة شركة خدمات بطاقات الإئتمان لتنفيذ المطلوب .

٤ إبلاغ الفروع بالنتائج .

٢-٢-٧ - البطاقات المدفوعة مسبقا من خلال الصراف الآلي

٢-٢-٧-١- التعريف وشروط الحصول على البطاقه

تعريف الخدمة : وهي عبارة عن تزويد العملاء ببطاقات إنترنت مدفوعة مسبقاً من خلال أجهزة الصراف الآلي بإستخدام بطاقة الفيزا إلكترون حيث يستلم العميل إيصالا يحتوي على المعلومات اللازمة لتمكنه من الإشتراك في الإنترنت (حسب نوع البطاقة).

أ- بطاقة كول نت وهي لتشغيل الإنترنت .

ب- بطاقة فرح وهي لتشغيل الإنترنت .

ج- بطاقة معاك وهي لتشغيل الإنترنت والإتصال .

شروط الحصول على البطاقه

١- بطاقة فيزا إلكترون.

٢- توفر قيمة البطاقة ضمن أحد حسابات العميل المربوطة على بطاقة الفيزا إلكترون.

٢-٢-٧-٢- مزايا الخدمة

١ـ تمكين العملاء من تشغيل خدمة الإنترنت في مواقعهم.

٢ـ التسهيل على العملاء الحصول على البطاقة من خلال أجهزة الصراف الآلي للبنك.

٣ـ يتم استيفاء سعر البطاقة آلياً من حساب العميل.

٤ـ إمكانية الحصول على هذه البطاقات خلال (٢٤) ساعة في اليوم وأيام العطل .

٢-٢-٧-٣- واجبات مدير المنتج في مركز البطاقات الإلكترونية

١- متابعة أداء الخدمة وعدد العملاء المشتركين من خلال التقارير الواردة من إدارة الأنظمة ، وهي على النحو الآتي :

١- التقرير اليومي .

٢- التقرير الشهري .

حيث يتم رفع تقرير إلى **مدير مركز البطاقات** في نهاية الشهر من مدير المنتج حول منجزات الخدمة.

٢- طلب التغذية بالبطاقات من الشركة حسب الحاجة والفئات المطلوبة .

٣- الرد على كافة استفسارات العملاء وموظفي الفروع الخاصة بالخدمة.

٢-٢-٧-٤- إجراءات الإعتراض على البطاقة

وهي من مهام مدير المنتج الذي يقوم بالخطوات الآتية :

١- استلام نموذج الإعتراض الوارده من الفروع ، حيث يتم تمريره إلى مدير مركز البطاقات للحصول على موافقته لمخاطبة الشركة للتعرف على أوضاع البطاقة.

٢. مخاطبة الشركة من خلال البريد الإلكتروني (حسب نوع البطاقة) للتأكد من حالة البطاقة (حيث تدقق الشركة على وضع البطاقة هل تم تفعيلها / استخدامها أم لا).

٣. استلام رد الشركة عبر البريد الإلكتروني E-mail حول وضعية البطاقة مفعلة / مستخدمة أم تم إلغائها.

٤. إبلاغ الفرع على نموذج الإعتراض بنتيجة التدقيق على البطاقة بالموافقة على الإلغاء أو الرفض .

٥- في حال كون البطاقة غير فعالة / مستخدمة يتم مطالبة الفرع بعمل قيود العكس لقيمة البطاقة لحساب العميل.

- أما في حال كون البطاقة فعالة / مستخدمة فيعلم الفرع على نموذج الإعتراض بذلك بهدف إعلام العميل .

٦- استلام تأكيد من الفرع بما يفيد عكس قيمة البطاقة لحساب العميل في حال إلغاء البطاقة.

٢-٣- المبحث الثالث : إدارة الصيرفة الإلكترونية

(Electronic Banking Management)

يتم إدارة الصيرفه الإلكترونية في البنوك من خلال مركز القنوات الإلكترونية ، ومركـز البطاقـات الإلكترونيـة وإدارة الأنظمة، وتحتل هذه المراكز موقعاً مميزاً في الهيكل التنظيمـي للبنـك التجـاري ، ويوجـد لكـل مركز من هذه المراكز مهام عديده .

٢-٣-١- مركز البطاقات الإلكترونية (Electronic Cards Center)

هناك عدة مهام لمركز البطاقات الإلكترونية :

٢-٣-١-١- دراسة الإقتراحات الواردة من مركز السياسات والإجراءات في مجال البطاقات الإلكترونية

أولا: مهام مدير المنتج

١- استلام نموذج دراسة اقتراح من مركز السياسات والإجراءات.

٢- دراسة اقتراح من ناحية إمكانية تطبيقه والجدوى منه .

٣- تدوين الرد في المكان المخصص لذلك وتحويل الإقتراح لمدير مركز البطاقات .

ثانيا : مهمة مدير مركز البطاقات

الإطلاع على الدراسة ووضع المطالعات عليها إن وجدت ورفعها لمدير الفروع والبيع .

ثالثا: مهمة مدير إدارة الفروع والبيع

التوقيع على الردود وإعادتها لمركز السياسات والإجراءات في حال موافقته على تمرير الإقتراح.

٢-٣-١-٢- إعداد عروض التعامل مع الموسسات والشركات في مجال البطاقات الإلكترونية

أولا : مهمة مدير المنتج

إعداد عروض التعامل التي سترسل للشركات والمؤسسات والخاصة بالبطاقات الإلكترونية .

ثانيا : مهام مدير مركز البطاقات

١- الإطلاع على العرض والتأشير بما يفيد ذلك .

٢- ارسال نسخة العرض إلى مدير إدارة الفروع والبيع للتوقيع .

٣- التعميم على الفروع والإدارات بمضمون العرض .

٤- متابعة عكس العرض على الصفحة الداخلية للبنك .

٢-٣-١-٣- إعداد مشاريع تعديل أدلة العمل وسياسات الأسعار والصلاحيات في مجال البطاقات الإلكترونية

اولا: مهمة مدير المنتج

دراسة موضوع التعديل وإعداد مذكرة به ورفعه للمستويات الإدارية الأعلى مشفوعة بالتوصيات المناسبة .

ثانيا: مهمة مدير مركز البطاقات

التوقيع على الدراسة ورفعها إلى مدير الفروع والبيع.

ثالثا: مهمة مدير إدارة الفروع والبيع

إتخاذ القرار على الدراسة أو رفعها للمستوى الأعلى

رابعا: مهام مدير المنتج

١- إستلام القرار.

٢- بعد الحصول على الموافقه المبدئية على التعديلات يتم رفع مشروع التعـديل حسـب الأصول علـى النموذج الخاص أو صفحات الدليل موضع التعديل معدله إلى مركز السياسـات والإجـراءات وإذا كان هناك إضافات يتم طباعتها وتزويد مركز السياسات والإجراءات بديسك بها .

٣- إستلام مشروع قرار الرئيس التنفيذي من مركز السياسات والإجراءات وتدقيقه ثـم التوقيـع علـى الحاشية اليمنى له وتمريره حسب الأصول للجهات المعنية .

٤- متابعة عكس ما ورد بالمشروع على صفحة البنك الداخلية وأدلة اجراءات العمل .

وفيما يلي أمثله على الصلاحيات في مجال البطاقات الإلكترونية وأسعار بعض الخدمات الإلكترونية

١- موظفي الحكومة والشركات المساهمة العامة لا يتم منحها أي نوع من أنواع البطاقات ما لم يتم تحويل رواتبهم للبنك وبخلاف ذلك تدرس طلباتهم من باب الكفالة الشخصية (الملاءة المالية).

٢- يفوض مدراء مراكز الائتمان التابعة لمدير قطاع الأعمال والمؤسسات بممارسة صلاحية مدير مركز البطاقات في مجال البطاقات لعملاء الائتمان .

٣- البطاقات التي تسري عليها الصلاحيات الواردة أعلاه هي :

١- فيزا ائتمانية.

٢- فيزا وفائية .

٣-ماستركارد ائتمانية .

٤-أي نوع بطاقات يستحدث جديد ما لم تصدر به صلاحيات محددة أخرى .

٤- شروط ممارسة مدراء الفروع لصلاحياتهم في مجال منح بطاقات الائتمان:

١- توفر الحد الأدنى للدخل حسب التعليمات.

٢- ورود الراتب لمدة ٣ شهور متتالية كحد أدنى في حالة المنح بضمان الراتب.

٣- أن يكون الراتب وارد من المؤسسات الحكومية والعامة والشركات المساهمة العامة وبخلاف ذلك يطالب بكفيل معتمد.

٤- الحد الأدنى لمدة التعامل لا يقل عن (٣) شهور .

٥- عدم وجود شيكات مرفوضة .

٦- أن لا يكون العميل مدرج على قائمة البنك الداخلية للمتخلفين عن الدفع .

٥- أسعار خدمات البطاقات

يستوفى البنك رسوم على البطاقات الإلكترونية وفيما يلي نورد بعض الأمثلة على ذلك:

أولا: رسوم بطاقات الفيزا

أ- يستوفي البنك رسوم إصدار تجديد سنوية من العملاء الموافق على منحهم بطاقات الفيزا على النحو الآتي :

١- رسم سنوي للبطاقة المحلية بواقع ١٠ دنانير.

٢- رسم سنوي للبطاقة العادية بواقع ٥٠ دينـار.

٣- رسم سنوي للبطاقة الذهبية بواقع ١٠٠ دينار .

٤ -رسوم إصـدار بطاقـات الطـوارئ (EMERGENCY CARDS) بمـا يعـادل (٢٢٥) دولار للبطاقـه الواحده (البطاقات الذهبية معفاه).

ب – العمولات والرسوم الخاصة بإصدار و/او تجديد البطاقات التابعه (الإضافية) :

١- يتم إصدار البطاقات التابعة الأولى مجانا دون اقتطاع أي رسوم أو عمولات .

٢- يتم استيفاء العمولات الآتية عن كل بطاقة تابعه تلي البطاقة الأولى :

- بواقع (٦٠) دينار للبطاقة الذهبية .
- بواقع (٣٠) دينار للبطاقة الفضية .
- بواقع (٥) دنانير مقطوعة للبطاقة المحلية .

ج- يستوفي البنك من عملائه رسم بدل فاقد أو تالف على كافة أنواع البطاقات بواقع ٢٥ %من قيمة الرسوم السنوية وبحد أدنى خمسة دنانير للبطاقة المحلية هذا وتصدر بطاقة (بدل الفاقد /التالف) لبقية الفترة التي تغطيها البطاقة الأصلية.

ثانيا: أ-يتم استيفاء عمولة على بطاقات الفيزا الكترون كما في الجدول رقم (٨) :

البيان	العمولة للبطاقة بصوره	العمولة للبطاقة بدون صوره
١- إصدار البطاقة لأول مره	(٢) دينار	صفر
إصدار بطاقة (بدل تالف ، فاقد)	(٣) دنانير	(٢) دينار
تجديد البطاقة	(٣) دنانير	(٢) دينار
إصدار رقم سري (بدل فاقد)	(١) دينار	(١) دينار

ب-يتم استيفاء عمولة على بطاقات الفيزا الكترون التابعة كما في الجدول رقم (٩) :

البيان	العمولة للبطاقة بصورة	العمولة للبطاقة بدون صورة
إصدار البطاقة لأول مره	(٣) دنانير	(١) دينار
إصدار بطاقة (بدل تالف ، فاقد)	(٣) دنانير	(٢) دينار
تجديد البطاقة	(٣) دنانير	(٢) دينار
إصدار رقم سري (بدل فاقد)	(١) دينار	(١) دينار

ثالثا: أسعار بعض الخدمات الأخرى كما في الجدول رقم (١٠) :

الخـــدمه	العمولة	الملاحظات
التعميم على بطاقات الفيزا و/أو رفع اشاره التعميم بناء على طلب العميل / البنك	دينار	تستوفي من العميل
الإعتراض على حركات تمت بواسطه بطاقه الفيزا / فيزا الكترون	١ دينار ٣ دينار	للحركة المحلية للحركة الأجنبية
طلب رقم سري بدل فاقد لبطاقة الفيزا	(١) دينار	
عموله التفويض البريدي وبغض النظر عن تمرير الحركة أو رفضها .	(٢) دينار	تستوفي من العميل
طلب كشف حساب لبطاقه فيزا	١٠٠ فلس	عن كل شهر
التعميم على بطاقة فيزا بالسحب بناءا على طلب العميل (إذا كانت البطاقة ذهبية/ دولية)	٤٠ دولار / أسبوعين	إذا تم التعميم على اقليم واحد

إذا تم التعميم على جميع الأقاليم مع مراعاة أن يتم استيفاء عمولة التعميم المبينه أعلاه مضافا اليها ٠.٥% فرق عمله.	٢٤٠ دولار / أسبوعين	
تقيد من خلال مركز البطاقات الإلكترونية حال ورودها .	٢ دينار	طلب صورة عن حركة فيزا خارجية
تقيد من خلال مركز البطاقات الإلكترونية حال ورودها .	نصف دينار	طلب صورة عن حركة فيزا محلية
تستوفى من العميل من خلال الفرع	٥ دنانير لكل حركه ٧ دنانير لكل حركه	طلب مشاهدة شريط الفيديو الخاص بحركة السحب من خلال أجهزة الصراف الآلي (ATM) - لعملاء البنك - لغير عملاء البنك

رابعا: رسوم بطاقات Visa Credit

أ- يستوفي البنك رسوم إصدار سنوية من العملاء الموافق على منحهم بطاقات الفيزا الائتمانيه على النحو الآتي : -

١- رسم سنوي للبطاقة المحلية بواقع ١٥ دينار.

٢- رسم سنوي للبطاقة العادية بواقع ٣٠ دينار.

٣- رسم سنوي للبطاقة الذهبية بواقع ٦٠ دينار .

٤ -رسوم إصدار بطاقات الطوارىء (EMERGENCY CARDS) بما يعادل (٢٢٥) دولار للبطاقه الواحده .

ب- يستوفي البنك من عملائه رسوم اشتراكات على البطاقات التابعة(الإضافية) كما يلي:

١- بواقع (٣٠) دينار للبطاقات الذهبية.

٢- بواقع (١٥) دينار للبطاقات العاديه .

٣- بواقع (١٠) دنانير للبطاقه المحليه .

ج- يستوفي البنك من عملائه رسم بدل فاقد أو تالف على كافة أنواع البطاقات بواقع خمسه دنانير مقطوعه هذا وتصدر بطاقه (بدل الفاقد / التالف) لبقيه الفتره التي تغطيها البطاقه الأصلية .

د- تستوفي عمولة تأخير سداد أقساط الفيزا الائتمانية بواقع ٥% وبحد أدنى خمسة دنانير وحد أعلى عشره دنانير.

ه- تستوفي فائدة التدوير على المبالغ المستغلة وغير المسددة ضمن فترة السماح بواقع ١.٨ % شهريا .

و- رسوم التجديد مساوية لرسوم الإصدار لكافة البطاقات .

ز - لا يتم احتساب فرق عملة على الحركات التي تتم داخل الأردن .

خامسا: رسوم شحن البطاقات المدفوعة مسبقا من خلال إرسال SMS كما في الجدول رقم (١١) :

قيمة البطاقة(بالدينار)	إيراد البنك		إجمالي إيراد البنك
	من شركة فيزا الأردن	من شركة الفيزا العالمية	
٥	٠.٠٩٦ دينار	٠.٠٩ دينار	٠.١٩ دينار
٩	٠.١٧٣ دينار	٠.٣ دينار	٠.٤٧ دينار
١٢	٠.٢٣٠ دينار	٠.٦ دينار	٠.٨٣ دينار
٢٠	٠.٣٨٤ دينار	١.٣٢ دينار	١.٧٠ دينار
٣٦	٠.٦٩١ دينار	٢.٧٧ دينار	٣.٤٦ دينار

سادسا: أسعار بطاقات الفيزا إلكترون المدفوعة مسبقا كما في الجدول رقم (١٢):

البطاقة	سعر الإصدار	عمولة إعادة الشحن	عمولة إصدار بدل فاقد/ تالف	إصدار بطاقة تابعة	طلب رقم سري جديد
الهدية	٥ دنانير	٢.٥ دينار	٥ دنانير	لا يتم إصدار بطاقة تابعة	١ دينار
السفر	٥ دنانير	٢.٥ دينار	٥ دنانير	٥ دنانير	١ دينار
ترانسفير	٥ دنانير	٢.٥ دينار	٥ دنانير	٥ دنانير	١ دينار

٢-٣-١-٤- إصدار التعاميم في مجال البطاقات الإلكترونية

أولا :مهمة مدير المنتج

دراسة الموضوع من كل جوانبه والتوصية إلى مدير المركز .

ثانيا: مهمة مدير مركز البطاقات

إعطاء قرار على الدراسة أو التنسيب لمدير إدارة الفروع والبيع .

ثالثا :مهمة مدير إدارة الفروع والبيع

إعطاء قرار على المذكرة المتضمنة دراسة الحالة موضوع التعميم .

رابعا: مهام مدير المنتج

١- استلام الموافقة ثم إعداد التعميم اللازم للفروع كمسودة ترسل للطباعة .

٢- استلام التعميم مطبوعا وتدقيقه ثم التوقيع عليه وإرساله من خلال السكرتاريا الآلية إلى مدير إدارة الفروع والبيع بواسطة مدير مركز البطاقات ليتم تفويضه.

خامسا : مهمة مدير إدارة الفروع والبيع

تفويض التعميم وإرساله إلى مركز السياسات والإجراءات .

سادسا :مهمة مدير المنتج

وضع نسخة متابعة لحين انزال التعميم على شبكة البنك .

٢-٣-١-٥- الغاء وإستحداث وتعديل النماذج المتعلقة بنشاط البطاقات الإلكترونية

أولا: مهام مدير المنتج

١- دراسة النموذج قبل الإستحداث أو الإلغاء أو التعديل والحاجه له .

٢-إعداد نموذج طلب الإلغاء واستحداث النموذج الجديد وتعبئته حسب الأصول والتوقيع عليه وتحويله إلى مدير مركز البطاقات .

ثانيا :مهمة مدير مركز البطاقات

التوقيع على الطلب وإعادته إلى مدير المنتج .

ثالثا: مهام مدير المنتج

١- تمرير النموذج إلى الجهات المعنية للموافقة عليه .

٢- متابعة إستلام نسخة عن النموذج المعدل أو المستحدث بصيغته الجديدة النهائية لحفظه في ملف النماذج .

٢-٣-١-٦- تنفيذ التكليفات الواردة لمركز البطاقات

أولا: مهام مدير المنتج

١- إستلام التكليف .

٢- دراسة مضمون التكليف ورفع مذكرة بالموضوع لمدير المركز.

ثانيا: مهمة مدير مركز البطاقات

دراسة مضمون التكليف والتوقيع على المذكرة ورفعها إلى مدير إدارة الفروع والبيع.

ثالثا: مهمة مدير إدارة الفروع والبيع

الموافقه على المذكرة المعنية أو التوقيع على المذكرة وتمريرها إلى المستوى الإداري الأعلى .

رابعا: مهمة مدير المنتج

استلام القرارعلى التوصيات وإعداد الرد للجهة مصدرة التكليف أو إصدار التعميم اللازم للفروع وتكليف الجهات المعنية بما يلزم و / أو تعديل أدلة العمل .

٢-٣-١-٧- دراسة أسعار ورسوم البطاقات الإلكترونية في السوق المصرفي

يتم إعداد الدراسة بشكل نصف سنوي من كل عام أو كلما دعت الحاجة لذلك ،يتم الإستعانة أيضا ببرنامج التسعير على شبكة البنك الداخلية المعد لهذه الغاية ويمكن أن يتم الإعتماد على هذا البرنامج دون اجراء مسح للسوق إذا كان كافيا بعد أخذ موافقة السيد مدير إدارة الفروع والبيع.

أولا: مهمة مدير المنتج

إعداد مذكرة لعدد من الفروع في مناطق المملكة المختلفة يطلب فيها تزويده بأسعار الرسوم التي تتقاضاها فروع البنوك الأخرى في مناطق تواجد هذه الفروع على البطاقات الإلكترونية مع تحديد هذه الخدمات للفروع بشكل واضح وتمرير المذكرة لمدير المركز .

ثانيا: مهمة مدير مركز البطاقات

التوقيع على المذكرة الموجهة للفروع أو عرضها على مدير إدارة الفروع والبيع .

ثالثا: مهام مدير المنتج

١-إستلام ردود هذه الفروع بالبريد أو بالفاكس .

٢-تلخيص ردود الفروع وإعداد دراسة مقارنه بين أسعار البنوك الاخرى وأسعار البنك.

٣-رفـع توصيه محدده في ضوء توصيات الدراسة أما بتخفيض الأسعار أو رفعها أو إبقائها كما هي وترفع التوصية إلى مدير المركز .

رابعا: مهمة مدير مركز البطاقات

دراسة التوصية وتوقيعها ورفعها لمدير إدارة الفروع والبيع .

خامسا: مهمة مدير إدارة الفروع والبيع

التوقيع على الدراسة ورفعها للمستوى الإداري الأعلى .

سادسا: مهمة مدير المنتج

استلام القرار وتنفيذه ثم الحفظ أوالمتابعة إن لزم الأمر .

٢-٣-١-٨- إجراءات متابعة وإستلام الأرقام السرية للبطاقات الإلكترونية

وهي من مهام ضابط العمليات الذي يقوم بالخطوات الآتية :

١- إستلام كشف من إدارة الأنظمة بأسماء كافة الفروع الصادره لها أرقام سرية وبطاقات.

٢- إستلام نسخة إرسالية بطاقات الفيزا إلكترون والأرقام السرية الواردة من الفروع موقع عليها بالإستلام .

٣- مطابقة نسخة الإرساليات الواردة من الفروع مع التقرير اليومي الوارد من إدارة الأنظمة .

٤- متابعة الفروع التي لم تعد نسخة الإرسالية خطيا.

٥- حفظ نسخ الإرساليات والردود الواردة من الفروع وذلك بعد مطابقتها .

٢-٣-١-٩- تطوير و استحداث الخدمات المصرفية و المنتجات و قنوات التوزيع

يتم تنفيذ الإجراءات اللاحقة والتي تمثل مراحل منهجية التطوير من قبل ضابط التطوير بالتنسيق والتشاور والمتابعة من قبل المدير المباشر وبموافقة مدير تسويق الافراد .

أولاً : مرحلة تكوين الفكرة والدراسات (Initiation)

١- يتم في هذه المرحلة بناء الفكرة وتوصيف الخدمة المراد تطويرها بشكل كامل بحيث يشمل جميع المواصفات والإستعمالات والفوائد المتوقعة والآليات والمنهجيات المتبعة من خلال هذه الخدمة بالإضافة إلى أثرها على العملاء والقطاعات المستفيدة منها ودورها في الإسهام في تحقيق أهداف وسياسات البنك . إن المؤشرات التي يتم من

خلالها تقييم الحاجة للبدء باستحداث خدمة جديدة أو تطوير خدمة قائمة قد يشمل المدخلات الموضحة في الجدول رقم (١٣) التالي مع بيان الجهة المسؤولة عن توفير المدخلات وحدة تطوير المنتجات :

المدخل	الجهة المسؤولة
تجارب البنوك المحلية والعالمية	وحدة تطوير المنتجات ووحدة بحوث السوق
مواقع الإنترنت	وحدة تطوير المنتجات
المؤتمرات والمعارض وورش العمل والندوات	وحدة تطوير المنتجات ووحدة الإتصال
نتـائج مسـح رضى العمــلاء / Outsourcing وبالتنسيق مع	وحدة تطوير المنتجات وحدة الإتصال
المجلات والنشرات المتخصصة	وحـدة تطـوير المنتجـات ووحـدة الإتصـال ووحدة بحوث السوق
دراسـات احتياجـات العمـلاء Outsourcing وبالتنسيق مع	وحدة بحوث السوق ووحدة تطوير المنتجات
دراسات النمطية واتجاهات السوق	وحدة تصنيف العملاء
دراسات المتسوق الخفي	وحدة بحوث السوق
شكاوى العملاء واقتراحاتهم	مركز قنوات التوزيع البديلة
اقتراحات الموظفين	مركز السياسات والإجراءات

٢- تتم عملية مراجعة وتحليل ودراسة للمعلومات التي تم جمعها وذلك لبناء صورة متكاملة عن المواصفات المطلوبة من هذه الخدمة والتي ستحدد الإطار العام الذي ستقدم الخدمة من خلاله ومن ثم تعرض لأخذ الموافقة المبدئية عليها.

٣- أعداد دراسة تفصيلية عن المنتج / قناة التوزيع / الخدمة و دراسة الجدوى (Feasibility) بحيث تتضمن :-

١- Goals : لماذا تنفذ المؤسسة هذا المشروع .

٢- Objectives : الأهداف المحددة للمشروع .

٣- Features & Benefits : فوائد ومزايا الفكرة للعميل .

٤- Deliverables : تحديد نتائج محدده لكل مرحله من مراحل التنفيذ .

٥- Approach : تحديد كيفية تحقيق النتائج .

٦- Success indicator : تحديد معايير النجاح للمشروع .

٧- Success criteria : تحديد عوامل النجاح للمشروع .

٨- Assumption : تحديد تحت أي افتراضات يمكن أن ينجز المشروع.

٩- Wokrflows: آليات العمل

١٠- إرسال الدراسة التفصيلية الخاصة بالمشروع إلى مركز إدارة المخاطر لتحديد المخاطر وتحديد وسائل الضبط والرقابة اللازمة لرد هذه المخاطر .

١١- إرسال الدراسة التفصيلية أيضا للجهات الرئيسية التالية (وحسب طبيعة كل مشروع) :

- الدائرة القانونية .

- إدارة الأنظمة .

- الإدارة المالية (لدراسة الجدوى المالية) feasibility study .

- وحدة بحوث السوق لعمل الدراسة السوقية اللازمة .

١٢- Recommendation : التوصيات التي وصلت لها الدراسة والنتائج.

١٣- Approval : أخذ الموافقة على السير بالمشروع من الإدارة العليا ممثلة بالرئيس التنفيذي بعد تمريرها على مدير قطاع الأفراد وذلك للبدء في السير بمراحل تنفيذ فكرة المشروع وبالتنسيق مع الإدارات ومراكز العمل الاخرى.

ثانيا : مرحلة تخطيط التطوير (Planning)

١- وذلك بتحديد كافة الموارد اللازمة لعملية التطوير وتشمل:

أ) تحديد العلاقات مع الجهات الأخرى والإدارات المعنية:

يجب أن تشمل عملية التخطيط تحديد الجهات والادارات المسؤولة عن ادارة المشروع وذلك بتحويل التوصيف الـ RFP الأولي بعد أخذ الموافقة على التنفيذ ويتم تحديد الية اتصال واضحة ما بين وحدة تطوير المنتجات وكل من هذه الجهات وذلك للتأكد من توفير جميع مدخلات عمليات التطوير بشكل سهل وواضح (علما بأنه يمكن أن يكون مدير المشروع هو نفسه مدير الدراسة / ضابط التطوير) وقد تشمل هذه الجهات :-

١- العملاء المستفيدين من الخدمة .

٢- العلاقة مع إدارة الفروع والبيع والتوافق حسب خطتهم لوضع مستهدفات للمنتج / الخدمة الجديدة.

٣- العلاقة مع وحدة الإتصالات والتوافق بالحملات الإعلانية والترويجية وحسب المواعيد المشار اليها في خطة تنفيذ المشروع.

٣- العلاقة مع مركز السياسات والإجراءات والتوافق حسب السياسات والإجراءات وتعليمات البنك.

٥-العلاقة مع الموردين الخارجيين : وتوافق المواصفات والمتطلبات مع ما يتوفر لديهم .

ب-   تحديد الموارد المالية

من خلال دراسة الجدوى اللازمة ، والمتطلبات والتكاليف التي سيتحملها المشروع (مباشرة وغير مباشرة) .

ج-   تحديد الموارد البشرية

من خلال مدير المشروع وبالتنسيق مع ضابط التطوير (واختيار الاشخاص الملائمين لفريق المشروع).

ثالثاً : التصميم (Designing)

تتم مراجعة جميع المدخلات وذلك للتأكد من مناسبتها وشموليتها وتغطيتها لجميع متطلبات عملية التصميم بالإضافة إلى إلغاء أو تعديل أي مدخلات غير واضحة أو غير مكتملة وذلك بالتنسيق ما بين مدير المشروع والجهات التي وفرت هذه المدخلات بحيث توفر **مرحلة التصميم المدخلات الآتية** :

أ- المتطلبات القانونية والإطار القانوني الذي سيتم اعتماده (وتوقيع أي مذكرات تفاهم أو اتفاقيات مع شركات استراتيجية / جهات خارجية) مع التأكد من :

١)   طلب شهادات تسجيل تبين المفوضين بالتوقيع عن الشركات عند التعاقد.

٢)   استيفاء الطوابع القانونية عن الإتفاقيات الموقعة وحسب نص القانون.

ب - مراجعة ومطابقة المواصفات للمنتج أو قناة التوزيع مقارنة بالمنافسين :

١.   تحسين المواصفات .

٢.   دمج مزايا متعددة.

٣.   إختيار احتياجات المستخدمين Users Needs .

ج- وضع المواصفات واليات العمل / المزايا النهائية للمنتج / قناة التوزيع / الخدمة .

د- تشكيل الـ Request for Information : كمرحلة أولية (قائمة عامة رئيسية بالمتطلبات التي سيتم احالتها للمورد).

هـ تشكيل Request For Proposal : كمرحلة نهائية : وصف المشروع بكافة المزايا والمواصفات النهائية المفصلة التي ستحال للمورد .

و- تسليم RFP النهائي للجهات المسؤولة عن إدارة المشروع لإختيار المورد المناسب للتطبيق.

رابعاً : الفحص والإختبار(Test and Implemetation)

مشاركة ضابط التطوير فريق عمل المشروع بمرحلة التنفيذ (Implementation) للمواصفات المطلوبة من قبل المورد ليتم بناءً عليها التطبيق التجريبي للخدمة المقترحة حسب آلية العمل المقترحة في الـ Request For Proposal ومن خلال فريق عمل المشروع كاملا ويتم أيضا قياس المتغيرات التي يمكن من خلالها تحديد مستويات أداء الخدمة . تحدد الفترة الزمنية اللازمة لإختبار الخدمة وقياس مستوى أدائها من خلال برنامج زمني يتم عكسه على خطة التنفيذ Implementation plan (والتي ستزود لضابط التطوير في حينه) ويتم عكس ملاحظات الفحص من خلال المراسلات وورش العمل / أو الاجتماعات المكثفة التي تعقد لهذه الغاية والمتضمنة :

١- فحص المدخلات مع المخرجات Input - Output Verification .

٢- فحص العينة : موظفين أو عملاء Validation (Pilot Test)

٣- تعديل التصميم بناء على نتائج الفحص والإختبار .

٤- تطبيق التعديلات وفحصها.

خامساً: إطلاق المنتج (الخدمة أو قناة التوزيع)"Launching"‘

وتتضمن استكمال وتجهيز كافة متطلبات العملية التطويرية من خلال :

١- تجهيز الإجراءات والنماذج بالتنسيق مع (مركز السياسات والإجراءات / الجهة المستلمة للمشروع Product manager وأي جهة أخرى معنية).

٢- تدريب الفروع والمستخدمين (وبالتنسيق مع الإداره التي ستستلم المشروع).

٣- تجهيز البروشورات والحملة الإعلامية والإعلانية بالتنسيق مع وحدة الإتصالات.

٤- تحديد المستهدف للسنة الأولى (سنة إطلاق المشروع)بالتنسيق مع الجهة مالكة المنتج وإدارة الفروع والبيع .

٥- تسليم المنتج / قناة التوزيع للجهة المعنية (من وثائق لازمة وتوصيف ومعلومـات تخص المشـروع بموجب النموذج الخاص بذلك في حال كان مدير المنتج تابع للوحدات ومراكز عمل أخرى.

٦- التأكد من إدخال التعاميم والإجراءات على الموقع الداخلي للبنك لمطالعتها مـن كافة الفـروع ، ومـن المعنيين بتقديم الخدمة.

٧- التنسيق مع وحدة الإتصالات ، لتحديث الموقع الخارجي والـداخلي (الخاص بالخدمات الجديـدة) ، ليتم إدخال كافة الخدمات التي يـتم إطلاقهـا علـى الموقع الخارجي والـداخلي للبنك، لإطلاع الجميع عليها .

سادساً : تقييـــم المنتج (Evaluation)

يتم تقييم المنتج بالتنسيق ما بين وحدة تطوير المنتجات(ضابط التطوير- مـدير المشروع) مـن وحدة تطوير المنتجات ومدير الدراسة من وحدة بحوث السوق وبالتعاون مع مدير المنتج من خلال دراسة :

١- مدى تقبل العملاء للمنتج أو الخدمة وقياس درجة الرضا عن طريق اجراء مسح ميداني أو دراسة سوقية تستهدف العملاء والموظفين كما يلي :

أ- للمنتجات أو الخدمات الجديدة بعد الإطلاق في السوق بستة أشهر على الأقل Customers Feedback

ب- للمنتجات أو الخدمات القائمة مرة واحدة سنوياً .

ج- يقوم ضابط التطوير بشكل منتظم باستلام تقييم شهري عن المنتج أو الخدمة التي تم اطلاقها في السوق من مدير المنتج لمتابعة أدائها ومدى الإقبال عليها وحفظ تقارير تقييم أداء الخدمة ضمن ملف المشروع الرئيسي .

سابعا: التعديلات على الخدمة

١- يتم من خلال التغذية الراجعة المستمرة على الخدمة الجديدة بالقيام بأية تعديلات أو تحسينات مقترحة على الخدمة لأغراض تحقيق الأهداف المرجوة منها وبناءاً على نتائج المتغيرات المذكوره في مخرجات عملية التطوير وبناءً على مرحلة التقييم أيضا يتم أخذ الإجراءات اللازمة لوضع الخدمة في الإطار العام اللازم للتوافق مع أنظمة وسياسات البنك .

٢- يجب أن يتم قياس أثر هذه التعديلات بشكل مباشر على مستوى أداء الخدمة والتحقق من فعاليته قبل اعتماده للتطبيق .

٣- يجب أن تشمل مراجعة هذه التعديلات جميع الجهات المعنية باستحداث هذه الخدمة أو توفير المدخلات والمعلومات اللازمة لها .

٤- يتم اعتبار أي تعديل، أو تغيير على مواصفات الخدمة المطورة بمثابة عملية تطوير جديدة وبالتالي يتطلب أن يتم عمل مراجعة، تحقق واختبار للتعديل (مرحلة الفحص والإختبار) ويتم تطبيق البنود الواردة في عملية الإستحداث للخدمة / قناة التوزيع الواردة في هذا الدليل .

٢-٣-٢ مركز القنوات الإلكترونيه (القنوات البديله)

(Electronic Channles Center)

وهو أحد المراكز التي تتبع مدير قطاع الأفراد والذي يتبع بدوره المدير العام، ويقوم بالمهام الآتية:

١- يقوم المركز بالإدارة والإشراف المباشر على القنوات الإلكترونية القائمة حالياً والمتمثلة بما يلي: ١- Atm Machines ٢- Call Center ٣- SMS Banking ٤-Internet Banking ٥- Automated Banking ٦-Phone Banking ٧- Kiosk Banking ٨- Home Banking ٩- Mobile Banking. فضلاً عن أي قنوات إلكترونية يتم استحداثها مستقبلاً.

٢- إعداد التقارير التي تبين وضع هذه القنوات من حيث استخدامها، والمشاكل التي تعترضها.

٣- العمل على تحديث عمل القنوات الإلكترونية وإبقائها جذابة وتلبي رغبات العملاء.

٤- إدارة ومراقبة وحل كافة المشاكل التي تعترض القنوات الإلكترونية.

٥- القيام بعقد الدورات التدريبية لموظفي خدمة العملاء لتوعيتهم وتأهيلهم وتدريبهم فيما يخص مزايا هذه القنوات.

٦- تطوير وتسويق كافة القنوات الإلكترونية بشكل تنافسي، ومراجعة شروط تقديم الخدمات عبر القنوات الإلكترونية.

٧- دراسة وتحليل أداء وفعالية استخدام أجهزة الصراف الآلي، واقتراح مواقع جديدة بهدف المحافظة على الحصة السوقية.

٨- دراسة المشاكل الخاصة بالصراف الآلي ومتابعتها لضمان كفاءة عمل أجهزة الصراف الآلي.

٩- إرسال رسائل دعائية عن خدمات البنك من خلال خدمة مرسال الإسكان، وموقع البنك على الإنترنت، وأجهزة الصراف الآلي.

١٠- تلقي استفسارات العملاء عبر كافة القنوات والرد عليها (دليل السياسات والإجراءات/ بنك الإسكان).

٢-٣-٣- دائرة الأنظمة (Information Technology Department)

تعد دائرة الأنظمة من الإدارات التي تتبع المدير العام، بالتالي فهي تعكس الأهمية الكبيرة لهذه الدائرة. وتقسم إدارة الأنظمة إلى:

١- مركز إدارة المراكز الدولية.

٢- مركز دعم البنية التحتية (Infrastructure Support Center).

٣- مركز إدارة المشاريع (Project Management Center).

٤- مركز توكيد الجودة (Quality Assurance Center).

٥- مركز مراقبة أمن المعلومات (Security Control Center).

٦- مركز التخطيط الإستراتيجي (Strategic Planning Center).

٧- مركز دعم الحلول المصرفية (Solution Support Center).

٨- مركز التشغيل والدعم الفني (Operations & Technical Support).

٩- الوحدة الإدارية (Administration Unit).

وتقوم إدارة الأنظمة بالمهام الآتية:

١- دراسة العروض المقدمة من الشركات الموردة للأنظمة أو الأجهزة كل في مجال اختصاصه وبالتنسيق مع مراكز العمل، وإعداد الخطط التدريبية للموظفين في إدارة الأنظمة.

٢- متابعة المستجدات في مجال الأنظمة والأجهزة وملحقاتها، ورفع التقارير اللازمة لتطبيقها لدى البنك.

٣- توثيق الأنظمة والبرامج والتطبيقات حسب المنهجية المعتمدة، وتطبيق ضوابط الأمن والحماية المقررة في كل نظام فيما يخص كل مركز من مراكز إدارة الأنظمة.

٤- تحديث السياسات والإجراءات الخاصة بإدارة الأنظمة.

وفيما يلي تلخيص لأهم الواجبات لكل إدارة من إدارات الأنظمة:

١- مركز المراكز الدولية، ويقوم هذا المركز بالمهام الآتية :

أ- دراسة كافة المتطلبات الضرورية لفتح مركز دولي (فرع/ بنك خارجي) من حيث تجهيزه بالأنظمة والمستلزمات، مع إدارة عملية تطوير أنظمة وأجهزة المراكز الدولية بالتنسيق مع الإدارة الدولية.

ب- دراسة كافة نسخ التحديثات على الأنظمة المطبقة في المراكز الدولية، ومتابعة حل المشاكل التي تواجه المراكز الدولية وذلك بالتنسيق ما بينها وبين الشركة الموردة.

ج- العمل على تحليل وتصميم ووصف البرامج والعمليات والتصميمات البرمجية والتحليلية لجميع المراحل الخاصة ببناء وأتمتة الأنظمة الجديدة المراد إضافتها / تعديلها على مستودع البيانات وبرمجتها.

د- إعطاء صلاحيات للمستخدمين لنظام مستودع البيانات، وتقديم الدعم والمساندة لهم، وتقديم الحلول للمشاكل الخاصة بمستودع البيانات.

٢- مركز دعم البنية التحتية، ويقوم هذا المركز بالمهام الآتية :

أ- تصميم وتأسيس وإدارة ودعم شبكات الحاسب وخطوط الإتصال لشبكة الإنترنت والإكسترانت.

ب- تصميم وتأسيس ودعم أنظمة الحماية لشبكات الحاسب ونظم التشغيل والإنترنت لكافة فروع البنك الداخلية والخارجية، ومراقبة هذه الأنظمة للتأكد من كفاءتها.

ج- اختيار وتحديد الشركات التي تتولى تقديم الخدمات للشبكات وأنظمة الحماية.

د- الإدارة والدعم الفني لنظام الحوالات السريعة ويسترن يونيون.

٣- مركز إدارة المشاريع، ويقوم بالواجبات الآتية :

أ- رفع التقارير الشهرية التي تعكس حالة المشاريع للإدارة العليا والجهات المعنية.

ب- اعتماد المنهاج التدريبي لمدراء إدارة المشاريع ومدراء المشاريع.

٤- مركز توكيد الجودة، ويقوم بالمهام الآتية :

أ- دراسة الأنظمة العاملة والتعديلات المطلوبة على الأنظمة بالتنسيق مع مراكز العمل.

ب- وضع الخطط اللازمة لفحص المشاريع بحيث تكون متوافقة مع الخطة العامة للمشروع.

ج- التنسيب للجهات المعنية بمراجعة الأنظمة أو التعديلات في حالة وجود أخطاء.

د- الإحتفاظ بسجلات آلية عن الأنظمة الجديدة والمعدلة التي تم فحصها.

٥- مركز مراقبة أمن المعلومات، ويقوم بالمهام الآتية :

أ- وضع التعليمات والثوابت اللازمه لضبط كافة الأمور المتعلقة بالسرية لدى إدارات وفروع البنك.

ب-	الإشراف على عمليات منح المستخدمين صلاحيات الدخول إلى التطبيقات البنكية للتأكد من توافقها مع السياسات الأمنية، مع عمل المراجعة الدورية.

ج-	القيام بتحديث التعليمات والإجراءات لأنظمة السرية العاملة لدى مركز أمن وحماية الأنظمة.

د-	مراقبة أية اختراقات لأجهزة الربط الشبكي، والتطبيقات الخاصة بشبكة الإنترنت.

٦-	مركز التخطيط الاستراتيجي، ويقوم بالمهام الآتية :

أ-	تحديد استراتيجية إدارة الأنظمة بالتنسيق مع مراكز العمل لدى إدارة الأنظمة ومدير إدارة الأنظمة، وتقديم الدعم لطلب عروض لمنتجات وخدمات جديدة.

ب-	التنسيق مع الوحدات والمراكز للتأكد من أن كافة العمليات والإجراءات محدثة.

ج-	إنجاز الدراسات اللازمة لتحديد مواصفات الأجهزة والأنظمة اللازمة لعمل المراكز، ورفع التوصيات للإدارة، ورفع التوصيات اللازمة لرفع كفاءة أجهزة الحاسب العاملة في البنك.

د-	عمل مسح لإحتياجات إدارة الأنظمة من الدورات التدريبية فيما يتعلق بتكنولوجيا المعلومات.

هـ-	التجديد السنوي لتسجيل مواقع البنك الإلكترونية على الإنترنت.

٧-	مركز دعم الحلول المصرفية، ويقوم بالمهام الآتية:

أ-	تطوير الأنظمة القائمة، وتقديم الدعم والصيانة اللازمة لها.

ب-	حل المشاكل الطارئة على بيئة الإنتاج على مدار الساعة.

ج- إدارة ومعالجة إجراءات عمل النسخ الاحتياطية (يومي، أسبوعي، شهري، سنوي).

د- معالجة ودعم أنظمة الصراف الآلي والخدمة الذاتية من الناحية الفنية والإدارية.

هـ- دعم ومساعدة المستخدمين للتغلب على المشاكل التي تواجههم في أنظمة الصراف الآلي والخدمة الذاتية.

٨- مركز التشغيل والدعم الفني، ويقوم بالمهام الآتية :

أ- دعم نظم التشغيل الرئيسية وبدورها تقوم بما يلي:

١- تركيب وتجهيز واختبار وصيانة ومراقبة أداء أجهزة الكمبيوتر الرئيسية مثل جهاز (Zos) والأجهزة العاملة عليها، مع وضع خطة الطوارئ اللازمة.

٢- مراقبة سعة خطة المساحات التخزينية للبيانات على الجهاز الرئيسي لبيئات الإنتاج والتطوير وقواعد البيانات والملفات.

ب- دعم النظم المساندة، وللقيام بهذه المهمة فإنه يقوم بالمهمات الآتية:

١- تركيب وتجهيز واختبار وصيانة ومراقبة وإدارة أنظمة (CICS) و(Mqseries) على الأجهزة الرئيسة (Zos) و(S/٣٩٠).

٢- دعم المبرمجين والمحللين في حل المشاكل المتعلقة بالتعامل مع الأنظمة المذكورة.

٣- مساعدة المبرمجين على تصميم البرامج وكيفية التعامل مع النظم.

ج- دعم قواعد البيانات، ولتحقيق ذلك فانه يقوم بالمهام الآتية:

١- تركيب وتجهيز واختبار وصيانة ومراقبة وإدارة أنظمة قواعد البيانات (IMS) على الأجهزة الرئيسة (Zos) و(S/٣٩٠).

٢- دعم نظام مستودع المعلومات وصيانة البيانات الخاصة به.

٣- دعم المبرمجين والمحللين في حل المشاكل المتعلقة بالتعامل مع قواعد البيانات.

٤- إعداد واختبار إجراءات النسخ الإحتياطية وإجراءات الاسترجاع والتصحيح للبيانات عند اللزوم.

د- دعم التشغيل، وللقيام بذلك فأنه يتولى ما يلي:

١- متابعة أعمال النسخ الإحتياطية من دائرة الأنظمة لكي يتم حفظها أو استعادتها من الأماكن المخصصة لها.

٢- متابعة التقارير المستخرجة يومياً المطلوبة من الفروع وإدارات البنك، والتأكد من توزيعها.

٣- مراقبة عمل أجهزة الصراف الآلي، وتبليغ المعنيين في حالة حدوث أية مشاكل.

٩- الوحدة الإدارية تقوم بمهام متابعة أعمال المراسلين في إدارة الأنظمة، مع مراقبة عملية إدخال إخراج والأجهزة وملحقاتها من وإلى إدارة الأنظمة (مركز السياسات والإجراءات) .

الفصل الثالث
أطراف الصيرفة الإلكترونية

Electronic Banking Divisions

تمهيد

ترتبط معيقات التوسع في الصيرفة الإلكترونية بالأطراف الأساسية التي تؤثر في التوسع، وهي أطراف مصرفية تتمثل أولا بعملاء البنوك التجارية وهم الطرف الأهم من أطراف الصيرفه الإلكترونية الذين يتعاملون بأدوات الصيرفه الإلكترونية من قنوات وبطاقات إلكترونية، وثانيا : البنوك التجارية وهي الطرف المسؤول عن توفير أدوات الصيرفه الإلكترونية ، وثالثا :البنك المركزي باعتباره السلطة النقدية والإشرافية على البنوك، ومصدراً للتشريعات والقوانين المصرفية إلى جانب كونه الجهة المسؤولة عن تطبيق ورقابة الإجراءات المصرفية فيما يخص الصيرفة الإلكترونية، لذلك فإن هذا الفصل يحاول تحليل دور هذه الأطراف المصرفية فيما يتعلق بتطبيق الصيرفة الإلكترونية وصولاً إلى تحديد دور كل طرف من هذه الأطراف في التوسع في الصيرفة الإلكترونية .

٣-١-المبحث الأول:عملاء البنوك التجارية (Commerical Banks Customers)

يعتبر عملاء البنوك التجارية الطرف الأهم في الصيرفه الإلكترونية من خلال تعاملهم بأدوات الصيرفه الإلكترونية .

٣-١-١- أسباب عدم الحصول على البطاقة الإلكترونية

هناك عدة أسباب تمنع العملاء من التعامل بالبطاقات الإلكترونية أهمها ما يلي :

١- عدم الحاجة للبطاقة كون رصيد الحساب قليلاً.

٢- عدم الحاجة للبطاقة لقرب الفرع من مكان العمل أو السكن.

٣- عدم الحاجة للبطاقة كون الرصيد هو فقط الراتب الذي يسحبه في نهاية الشهر ولا يعلم أن تعليمات البنك تسمح بالحصول على بطاقة كونه لا يوجد رصيد.

٤- عدم القناعة بهذه البطاقات، والرغبة بالتعامل مع الفرع مباشرة.

٥- عدم قدرة بعض العملاء على الحصول على البطاقة الإلكترونية كونهم أميين وتعليمات البنوك لا تسمح له بالحصول على البطاقة.

٦- عدم الحاجة للبطاقة كون الرصيد الموجود للعميل هو لأغراض التوفير ولا يرغب بالسحب منه.

٣-١-٢- القنوات التي يستخدمها العملاء وطرق التعرف عليها

أولا : أهم القنوات الإلكترونية التي يستخدمها العملاء

هناك العديد من القنوات الإلكترونية التي يستخدمها العملاء للحصول على الخدمات المختلفة أهمها:

١- الصراف الآلي .

٢- البنك الخلوي.

٣- البنك المنزلي.

٤- بنوك الإنترنت.

٥- نقاط البيع.

٦- خدمة مرسال.

٧- البنك الفوري.

٨- بنوك الشركات.

٩- البنك الآلي.

١٠- البنك الناطق.

ويعد الصراف الآلي من أهم القنوات الإلكترونية التي يستخدمها العملاء كما أثبتت العديد من الدراسات أهمها :

دراسة للدكتور عبدالفتاح العبداللات على البنوك التجارية الأردنية للفترة من ٢٠٠٤-٢٠٠٦ فقد كانت النتائج كما يلي :

الجدول (١٤)

النسبة المئوية للقنوات الإلكترونية التي يستخدمها العملاء

القناة الإلكترونية	النسبة المئوية لإستخدام القناة	متوسط عدد استخدامات القناة الشهري	النسبة المئوية للرغبة في استخدام القناة مستقبلا
الصراف الآلي	%٨٥	١٠	%٩٨
البنك الخلوي	%٢	٢	%١٠٠
البنك المنزلي	٠	٠	٠
بنوك الإنترنت	%٥	٦	%١٠٠
نقاط البيع	%٦.٨	٣	%٨٦
مرسال	%٢	٢	%١٠٠
البنك الفوري	%١.٥	٣	%١٠٠
بنوك الشركات	٠	٠	٠
البنك الآلي	%٠.٥	٧	%١٠٠
البنك الناطق	%٣.٩	٤	%٨٨

يتضح من الجدول (١٤) بأن (٨٥%) من أفراد عينة الدراسة يستخدمون الصراف الآلي، وأن (٢%) يستخدمون البنك الخلوي، كما يتضح بأن (٥%) من أفراد عينة الدراسة يستخدمون بنوك الإنترنت، في حين أن (٦.٨%) من أفراد عينة الدراسة يستخدمون نقاط البيع، كذلك يتضح بأن (٢%) من أفراد عينة الدراسة يستخدمون (مرسال)، في حين بلغ مستخدمي البنك الفوري (١.٥%)، أما البنك الآلي فقد بلغت النسبة المئوية للأفراد الذين يستخدمونه (٠.٥%)، وأن نسبة من يستخدم البنك الناطق (٣.٩%).

أما بالنسبة لنسبة الإنتشار للقنوات الإلكترونية :

الجدول (١٥)

نسبة الإنتشار للقنوات الإلكترونية

القناة الإلكترونية	النسبة المئوية لإستخدام القناة	الوزن النسبي
الصراف الآلي	٨٥	%٨٠
البنك الخلوي	٢	%٢
بنوك الإنترنت	٥	%٥
نقاط البيع	٦.٨	%٦
مرسال	٢	%٢
البنك الفوري	١.٥	%١
البنك الآلي	٠.٥	%٠
البنك الناطق	٣.٩	%٤

يبين الشكل (١) التوزيع النسبي للقنوات الإلكترونية

الصراف الالي
البنك الخلوي
بنوك الانترنت
نقاط البيع
مرسال
البنك الفوري
البنك الآلي
البنك الناطق

الشكل (١): التوزيع النسبي للقنوات الإلكترونية

ثانيا : وسائل التعرف على القنوات الإلكترونية

هناك العديد من الطرق التي يتعرف بموجبها العملاء على القنوات الإلكترونية التي يقدمها البنك أهمها :

١- الصحف : حيث تقوم البنوك بالإعلان عن القنوات الإلكترونية والخدمات التي تقدم من خلال تلك القنوات بالصحف اليومية والأسبوعية وغيرها .

٢- الإعلانات التلفزيونية والإذاعية :من خلال قيام البنوك بالإعلان عن خدماتها الإلكترونية من خلال جهاز التلفاز الذي يعد من أكثر وسائل الإعلان إنتشارا، وكذلك من خلال جهاز الراديو .

٣- الفروع : فمن خلال فروع البنك يتم الإتصال المباشر بالعملا ء وإبلاغهم عن القنوات الإلكترونية التي يوفرها البنك ، والخدمات التي تقدم من خلالها ، وكذلك تعريفهم بالمزايا التي توفرها تلك القنوات للعملاء في حالة الإستخدام مثل توفير الوقت والجهد.

٤- عن طريق صديق أو زميل بالعمل :سواء بالعمل أو بالجامعة الذين يتعاملون بتلك القنوات أو لديهم معرفة بالمزايا التي توفرها تلك القنوات .

٥- فريق البيع بالبنك :في أغلب البنوك يوجد فريق بيع يضم موظفين مؤهلين ومدربين ولديهم قدرة عالية على تسويق تلك القنوات الإلكترونية من خلال تسويق تلك القنوات في فروع البنك أو من خلال زيارة العملاء في مواقعهم .

٦- موقع البنك على الإنترنت :حيث يوجد لكل بنك موقع على الإنترنت حيث يتم التعريف بالبنك والقنوات الإلكترونية التي يوفرها والخدمات التي تقدم من خلال تلك القنوات وأيضا الطريقة التي تؤهله للإستفادة من تلك القنوات.

٧- الإعلانات في الأماكن العامة : تلجأ العديد من البنوك الى الإعلان عن القنوات الإلكترونية من خلال وسائل الإعلان التي تنتشر في الأماكن العامة كالقارمات وغيرها .

٣-١-٣- معيقات استخدام الصيرفة الإلكترونية بالنسبة للعملاء

مـن أهـم المعيقـات التـي تحـول دون اسـتخدام الصـيرفة الالكترونيـة مـن قبـل العملاء.

١- عدم توفر الأمان والسرية على استخدام القنوات الإلكترونية.

٢- صعوبة الإستخدام (مثل صعوبة اللغة أو عدم توفر النشرات الإرشادية).

٣- قلة الثقة في استخدام الصيرفة الإلكترونية والقناعة بالتعامل مع الفروع مباشرة.

٤- عدم توفر المهارات اللازمة لإستخدام الخدمة (مثل عدم المعرفة باستخدام الإنترنت).

٥- استخدام الصيرفة الإلكترونية ينطوي على تلاعب من قبـل البنـوك (مثـل: فـرض عمـولات أو رسـوم إضافية).

٦- عدم توفر الأجهزة اللازمة لإستخدام القنوات الإلكترونية (مثل عدم توفر حاسوب).

٧- عدم المعرفة بهذه الخدمات الإلكترونية.

٨- زيـادة الكلفـة المترتبـة علـى اسـتخدام القنـوات الإلكترونيـة بمـا فيهـا الأعبـاء الماليـة الإضـافية (مثـل الإشتراك في الإنترنت، إجراء مكالمة هاتفية).

٩- وجود أعطال فنية تحول دون استخدام الصيرفة الإلكترونية وقت الحاجة.

١٠- عدم المعرفة بفوائد القنوات الإلكترونية.

١١- وجود قيود على الخدمة (مثل تحديد سقف أعلى للسحب النقدي).

١٢- ضعف تسويق الخدمات المصرفية من قبل البنك.

١٣- وجود خدمات مصرفية لا يمكن تقديمها من خلال القنوات الإلكترونيـة (مثـل الإعتمـاد المسـتندي، الكفالة، تحصيل البوالص).

٣-١-٤- مزايا إستخدام القنوات الإلكترونية (الصيرفة الإلكترونية)

هناك العديد من المزايا التي يستفيد منها العملاء من خلال إستخدام الصيرفة الإلكترونية من أهمها :

توفير الوقت ، توفير الجهد ، خفض الكلفة ، سهولة الوصول لها على مدار الساعة ، الإنتشار في الأماكن المتعددة ، تعتبر أكثر آمانا إذا استخدمت كبديل عن النقود.

٣-١-٥- أهم الدراسات في مجال الصيرفة الإلكترونية

وفيما يلي بعض الدراسات في مجال الصيرفة الإلكترونية التي تبين العوائق التي تحول دون التوسع في الصيرفة الإلكترونية ، وكذلك مدى تأثير توسع البنوك في الصيرفة الإلكترونية على رضا العملاء.

١- دراسة (Sathye, Milind, ١٩٩٩): بعنوان (Adoption of Internet Banking by Australian Consumer: an Empirical Investigation) وهي دراسة تمت على عملاء البنوك الأسترالية، حيث هدفت الدراسة إلى التعرف على العوامل التي تؤثر على تبني عملاء البنوك الأسترالية لبنوك الإنترنت. ولقد أشتمل نموذج الدراسة على تحديد ستة عوائق هي: الأمن والسرية، سهولة الإستخدام، الوعي والمعرفة بالخدمة وفوائدها، التكلفة، مقاومة التغيير لدى العملاء، وجود بنية تحتية لدى العملاء للحصول على الخدمة مثل: توفر الأجهزة اللازمة للحصول والوصول الخدمة ، وقد دلت النتائج أن عدم توفر السرية والأمان، وعدم المعرفة والوعي بالخدمة وفوائدها كانت العوائق التي تحول دون عدم تبني عملاء البنوك الأسترالية لبنوك الإنترنت.

٢- دراسة (Kolodinsky, Jane, Hogarth Jeanne, ٢٠٠٠) بعنوان (Bricks or Clicks! Consumers' Adoption of Electronic Banking Technologies) وهي دراسة أجريت على عملاء البنوك الأمريكية لمعرفة العوامل التي تؤثر على تبني العملاء لتكنولوجيا الصيرفة الإلكترونية، وتناولت في هذه الدراسة الصراف الآلي،

وبنوك الإنترنت، وتحويل الأموال والدفع الإلكتروني.

وتم التوصل إلى أن المتغيرات الديموغرافية تلعب دوراً كبيراً في تبني العملاء لتلك التكنولوجيا، وأن هناك صعوبة في التعامل بالتكنولوجيا المصرفية الإلكترونية من قبل كبار السن، وحملة الشهادات الدراسية المتدنية، وتم التوصل أيضاً إلى ضرورة قيام البنوك بتشجيع العملاء على تبني تكنولوجيا الصيرفة الإلكترونية من خلال تأكيد المزايا التي يحصل عليها العملاء من الإستخدام مثل: توفير الوقت، والجهد، وقد نصح بضرورة تبني البنوك سياسة تؤدي إلى زيادة ثقة العملاء بتكنولوجيا الصيرفة الإلكترونية فيما يخص توفر السرية والأمان.

٣- دراسة (Kolodinsky, Jane, Hogarth, Jeanne, ٢٠٠١) بعنوان (The Adoption of Electronic Banking Technologies by American Consumers) وقد أجريت الدراسة في أمريكا على عملاء البنوك الأمريكية، حيث هدفت إلى معرفة العوامل التي تؤثر على تبني العملاء لأربعة أفرع من تكنولوجيا الصيرفة الإلكترونية وهي: البنك الناطق، وبنك الإنترنت، ووسائل الدفع الإلكتروني، واستخدام طرق تحويل الأموال الإلكترونية.

وقد توصلت الدراسة إلى أن الذكور يفضلون استخدام البنوك الإلكترونية، وكذلك وسائل الدفع الإلكترونية، وأن الإناث يفضلون استخدام البنك الناطق أكثر من الذكور، وأن هناك اختلافاً كبيراً في مدى الإستخدام حسب المتغيرات الديموغرافية فمثلاً: الدخل كان له تأثير كبير، فأصحاب الدخول العالية كان هناك توسع لديهم في استخدام الصيرفة الإلكترونية، ولم يكن للجنس، أو الحالة الإجتماعية، أو التعليم تأثير في التوسع أو عدم التوسع في الإستخدام، أما أهم المعيقات التي كانت تحول دون الإستخدام فهي: صعوبة إجراءات استخدام تلك القنوات الإلكترونية، وعدم المعرفة بالمزايا التي يجنيها العميل من خلال استخدام تلك القنوات للحصول على الخدمات المصرفية المختلفة.

٤- دراسة (Mcphail, Janelle, Fogarty, Gerard, ٢٠٠٤) بعنوان (Mature Australian Consumer, Adoption and Consumption of Self-Service Banking Technology)

وهي دراسة أجريت على عملاء البنوك الأسترالية، حيث هدفت الدراسة إلى التعرف على المتغيرات الديموغرافية للعملاء، وحجم الإستخدام لتكنولوجيا الخدمات المصرفية الذاتية لعملاء البنوك الأسترالية. وقد كانت الدراسة مركزة على أربع قنوات الكترونية هي: الصراف الآلي، والبنك الناطق، وبنوك الإنترنت، ونقاط البيع.

وقد دلت الدراسة أنه بازدياد عمر العميل تقل قناعاته باستخدام القنوات الإلكترونية الجديدة، وبالذات البنك الناطق وبنك الإنترنت، وكان لهذا العامل (العمر) تأثير أكبر من تأثير العوامل الأخرى مثل: التحصيل العلمي، والدخل. واقترحت الدراسة التركيز في تسويق تلك القنوات على ميزة القنوات الإلكترونية في توفير الجهد والوقت، وأنه لا بد من دراسة العوامل الثقافية والإجتماعية للبيئة المحيطة بالعميل.

٥- دراسة (Anguelov, Christoslav, Hilgert, Marianne, Hogarth, Jeanne, ٢٠٠٤) بعنوان .U.S) (Consumers and Electronic Banking, ١٩٩٥-٢٠٠٣. وقد أجريت الدراسة على عملاء البنوك الأمريكية، حيث هدفت إلى إثبات أن التوسع في استخدام وقبول تكنولوجيا الصيرفة الإلكترونية مثل: الصراف الآلي، وبنوك الإنترنت، ووسائل الدفع الإلكترونية، يعتمد على الصفات والميزات للعميل مثل: المتغيرات الديموغرافية؛ كالعمر، والدخل، وغيرها، بالإضافة إلى ميزات تلك القنوات والتي تتمثل بسهولة الإستخدام.

وقد دلت الدراسة على أن منتجات الصيرفة الإلكترونية تستخدم من قبل ذوي الدخل المرتفع، وذوي الأرصدة المالية العالية، وفئات الشباب، والأفراد ذوي التحصيل العلمي المتقدم، وتوصلت الدراسة إلى أن أهم عائق يتعلق بالخدمة هو عدم توفر السرية والأمان، وسهولة الإستخدام.

وقد أوصت الدراسة بقيام البنك الفيدرالي الأمريكي بإصدار سندات الإيداع ليتم الإكتتاب بها إلكترونياً.

٦- دراسة (White, Helene, ٢٠٠٤) بعنوان (Internet Banking in the U K: Why are There not More Customers?). وهي دراسة أجريت على عملاء البنوك البريطانية، حيث كانت مشكلة الدراسة عدم وجود زيادة في عدد مستخدمي الإنترنت للحصول على الخدمات البنكية (البنوك الإلكترونية) بالدرجة نفسها مقارنة مع الإزدياد الكبير في أعداد مستخدمي الإنترنت، وتوصلت الدراسة إلى أهمية تأكيد توفر السرية والأمان، وأن استخدام الصيرفة الإلكترونية يحقق مزايا مثل توفير وقت وجهد المستخدم، بالتالي يشجع العملاء على تبني تكنولوجيا الصيرفة الإلكترونية فيما يتعلق ببنوك الإنترنت.

٧- دراسة (العبداللات ، عبدالفتاح ، ٢٠٠٦) بعنوان "معيقات التوسع في الصيرفة الإلكترونية " حيث هدفت الدراسة إلى التعرف على المعيقات التي تحول دون توسع العملاء في الصيرفة الإلكترونية ، وقد توصلت الدراسة إلى عدد من النتائج أهمها:

١- كانت نسبة من يستخدمون قناة الصراف الآلي (٨٥%) من العينة، بينما باقي النسب كانت، (٦.٨ %) نقاط البيع، (٥%) الإنترنت، (٣.٩%)الصيرفة عبر الهاتف.

٢- كانت وسيلة الإعلان الأهم التي تعرف بموجبها العملاء على القنوات الإلكترونية هي الفرع، مقابل ضعف دور باقي وسائل الإعلان الأخرى.

٣- بالنسبة لمعيقات التوسع في استخدام الصيرفة الإلكترونية من قبل العملاء يبرز عائق وهو عدم توفر الأمان والسرية، ويليه صعوبة الإستخدام مثل صعوبة اللغة.

٣-١-٦- أهم التوصيات للبنوك فيما يتعلق بزيادة إستخدام الصيرفة الإلكترونية من قبل العملاء

١- القيام بحملة تسويقية تهدف إلى زيادة الوعي المصرفي لدى العملاء بالقنوات الإلكترونية والخدمات التي تقدم من خلالها، ومن خلال تلك الحملة التسويقية التي يجب أن تكون دورية، يتم تعريف العملاء على المزايا والفوائد التي يحصل عليها العميل من خلال قيامه بالحصول على الخدمة من خلال تلك القنوات الإلكترونية مثل توفير الوقت والجهد والكلفة وغيرها.

٢- القيام بحملة مساندة لتسويق البطاقات الإلكترونية، فضلاً عن بطاقة الصراف الآلي، إذ لابد من قيام البنك بتسويق البطاقات الإلكترونية الأخرى مثل: بطاقات الفيزا، وبطاقة الماستر كارد ، وبطاقة التسوق عبر الإنترنت وغيرها من البطاقات التي تشجع العملاء على استخدام تلك القنوات الإلكترونية، ولا بد للبنوك التجارية من القيام بإجراءات بغرض تسهيل حصول العملاء على تلك البطاقات، مثل قيام البنك بإعفاء العميل من عمولة إصدار البطاقة لأول سنة.

٣ من خلال تلك الحملة التسويقية التي ستقوم بها البنوك التجارية لا بد من تأكيد توفر السرية والأمان للعملاء الذين يقومون باستخدام القنوات الإلكترونية، مع تجنب البنوك إضافة أي نوع من التكاليف على العملاء مثل فرض عمولات جديدة وغيرها باعتبارها ستشكل حاجزاً يحد من توسع العملاء باستخدام الصيرفة الإلكترونية.

٤- لا بد من الاهتمام ومعرفة و تفهم المعيقات التي تحول دون توسع العملاء في الصيرفة الإلكترونية، وكذلك دراسة احتياجات العملاء الحالية والمستقبلية، والإستماع إلى اقتراحاتهم ومشاكلهم في هذا الخصوص، وذلك من خلال قيام البنوك التجارية بأجراء دراسات دورية حول هذا الموضوع ومن قبل كادر مدرب، وموهل يهدف إلى تشجيع العملاء على استخدام القنوات الإلكترونية، وللغرض نفسه أيضاً لا بد من دراسة مجانية العديد من الخدمات التي يمكن للعملاء الحصول عليها من خلال تلك القنوات الإلكترونية ولو لفترة محدودة، بالإضافة إلى قيام البنك

المركزي بدعم تلك الدراسات التي تقوم بها البنوك.

٥- قيام إدارات البنوك التجارية بتشجيع عملائها على استخدام أكثر للقنوات الإلكترونية، من خلال حصولهم على العديد من الخدمات المتاحة وغير المفعّلة وأهمها: إيداع النقد والشيكات من خلال الصراف الآلي، وتسوية المدفوعات من خلال الإنترنت وغيرها من القنوات التي ورد ذكرها.

٦- لا بد من تفعيل دور الفروع وفريق البيع الخاص بالبنك وتزويدهم بالخبرات الكافية، إلى جانب تفعيل دور باقي وسائل الدعاية مثل الصحف، والتلفزة وغيرها، حيث إن هناك مبالغ طائلة تنفق على هذه الوسائل دون تحقيق الأهداف المرجوة منها في تسويق القنوات والخدمات الإلكترونية، وتنمية الوعي المصرفي باعتباره سيصب في مصلحة البنوك والعملاء.

٧- ضرورة اعتماد البنوك على نظام حوافز ومكافآت للعملاء الأكثر تعاملاً مع القنوات الإلكترونية المتاحة.

٣-٢-المبحث الثاني : البنوك التجارية   (Commercial Banks)

تمثل البنوك التجارية الطرف الثاني من أطراف التوسع في الصيرفه الإلكترونية وهي المسؤولة عن توفير أدوات الصيرفه الإلكترونية

٣-٢-١- معيقات التوسع في الصيرفة الإلكترونية بالنسبة للبنوك التجارية

أولا : المعيقات التنظيمية

هناك العديد من المعيقات التنظيمية التي تحول دون توسع البنوك في استخدام الصيرفة الإلكترونية أهمها :

١- عدم قناعة الإدارة بالجدوى الإقتصادية لتطبيق التكنولوجيا وبالذات الصيرفة الإلكترونية.

٢- عدم وجود معرفة بالميزات والفوائد.

٣- عدم توفر روح الإبداع.

٤- عدم التوافق والإنسجام بينها وبين أنظمة العمل الموجودة بالبنك.

٥- عدم توفر سياسة متعلقة بالأمان والسرية.

٦- عدم توفر كادر بشري مدرب.

٧- عدم امتلاك بنية تكنولوجية تحتية.

ثانيا :المعيقات المالية

١   ارتفاع تكاليف الاستثمار المالي مثل ارتفاع شراء الأجهزة والصيانة والتدريب وغيرها.

٢   ارتفاع التكاليف الإدارية مثل إنشاء وحدة إدارية متخصصة.

٣   عدم تخصيص البنك مبلغ دوري لتجديد وتطوير الصيرفة الإلكترونية.

ثالثا : هناك العديد من المعيقات الأخرى التي تحول دون توسع البنوك في الصيرفة الإلكترونية أهمها

١- وجود مقاومة للتغيير من قبل العاملين بالبنوك نتيجة التغير في أداء العمل والخوف من فقدان الوظيفة مثلاً.

٢- عدم وجود عدد كافي من العملاء للتعامل مع هذه التطبيقات.

٣- انخفاض الوعي المصرفي لدى العملاء وقلة الثقة.

٤- عدم وجود قوانين تشجع البنوك على تبني الصيرفة الإلكترونية.

٥- عدم وجود تفضيل أو تمييز من قبل البنك المركزي للبنوك التي تتوسع في استخدام الصيرفة الإلكترونية على غيرها.

٦- عدم وجود تشريعات حكومية لتنظيم هذه الأعمال وحمايتها وضمان سريتها.

٧- عدم توفر بنية تكنولوجية تحتية خارجية.

٨- ازدياد المنافسة بين البنوك.

٩- عدم المعرفة بالتطورات التكنولوجية المصرفية الجديدة.

١٠- انخفاض دور البنك المركزي في زيادة الوعي المصرفي لدى العملاء من خلال الجهود الترويجية (مثل: الندوات، النشرات وغيرها).

٣-٢-٢ - مزايا التوسع في إستخدام الصيرفة الإلكترونية بالنسبة للبنوك التجارية

١- زيادة القدرة على المنافسة : حيث من خلال توسع البنوك في الصيرفة الإلكترونية يستطيع تقديم خدمات مصرفية بسعر أقل وبجوده أقل وبكلفة أقل .

٢- زيادة الأرباح : وذلك من خلال تخفيض النفقات وزيادة الحصة السوقية للبنك .

٣- زيادة الحصة السوقية: من خلال القدرة على تقديم خدمات مصرفية الكترونية متكاملة وعلى مدار الساعة ، وأيضا مراعاة السرية والأمان والدقة ، ومراعاة حاجات العملاء الحالية والمستقبلية .

٤- تشجيع الإبتكار والتنويع في الخدمات:فمن خلال التوسع في الصيرفة الإلكترونية يستطيع البنك التوسع في حجم الخدمات التي يقدمها ، وتخفيض كلفة تقديم تلك الخدمات ، والتنويع في تلك الخدمات.

٥- زيادة رضا العملاء:من خلال تلبية احتياجاته على مدار الساعة من خلال وجود القنوات الإلكترونية التي تمكنه من الحصول على الخدمة المصرفية في أي وقت ، وأيضا من خلال تخفيض الكلفة والجهد للحصول على الخدمة .

٦- تخفيض التكاليف: من خلال تشجيع العملاء على إستخدام القنوات الإلكترونية يتم تخفيض الكلفة ، فقد أثبتت الدراسات أن تكلفة الخدمة المصرفية من خلال الإنترنت على البنك هي أقل بكثير من كلفة الخدمة عن طريق الفرع .

٣-٢-٣- أهم الدراسات فيما يخص أثر التوسع في استخدام الصيرفة الإلكترونية على البنوك التجارية

١- دراسة (صباح الحلو، برهان، ٢٠٠٠): بعنوان "أثر استخدام تكنولوجيا المعلومات على الخدمات المصرفية المتكاملة في البنوك التجارية الأردنية من منظور القيادات المصرفية". وقد هدفت الدراسة إلى قياس رغبة إدارات المصارف في تطبيق أنظمة وتكنولوجيا المعلومات، وإلى قياس العلاقة بين تكنولوجيا المعلومات وقوة المصرف التنافسية.

وتوصلت الدراسة إلى أن معظم المصارف تدرك أهمية التكنولوجيا في تخفيض التكاليف على المدى البعيد، وزيادة رضا العملاء، كما توصلت إلى أن أقل من نصف عدد المصارف تستخدم التكنولوجيا لتقديم خدمات مصرفية متقدمة، ولا يقوم أي مصرف باستخدام شبكة الانترنت في تقديم خدماته المصرفية.

٢- دراسة (العمري، غسان، ٢٠٠٤) بعنوان "الإستخدام المشترك لتكنولوجيا المعلومات وإدارة المعرفة لتحقيق قيمة عالية لأعمال البنوك الأردنية" حيث تمثلت مشكلة الدراسة في وجود فجوة بين ما تمتلكه البنوك من تكنولوجيا ومعلومات وإدارة معرفة من ناحية، وبين ما هي بحاجة لامتلاكه لمساعدتها في إتخاذ القرارات وحل المشكلات، وتحقيق قيمة عالية لأعمالها من ناحية أخرى. وخلصت الدراسة إلى وجود علاقة قوية بين إدارة المعرفة والقيمة العالية لأعمال البنك، وبين تكنولوجيا المعلومات والقيمة العالية لتلك الأعمال.

٣-دراسة (Casolaro, Luca, Gobbi, Giorgio, ٢٠٠٤) بعنوان (Information Technology and productivity Changes in the Italian Banking Industry)

وهي دراسة في إيطاليا على البنوك الإيطالية، وهدفت الدراسة التي أجريت على أكثر من (٦٠٠) بنك إيطالي إلى التعرف على تأثير التوسع في استخدام تكنولوجيا المعلومات على صناعة الصيرفة الإلكترونية في البنوك الإيطالية، حيث دلت الدراسة على وجود تأثير إيجابي للتوسع في استخدام تكنولوجيا المعلومات على التكاليف والربحية والإنتاجية في البنوك الإيطالية.

٣-٢-٤- التوصيات المتعلقة بالبنوك التجارية للتوسع في الصيرفة الإلكترونية

١- قيام البنوك بنشر ثقافة الصيرفة الإلكترونية لدى إدارتها العليا وليس فقط بين الموظفين ذوي الإختصاص، وبيان أهميتها ومزاياها في زيادة الأرباح، وزيادة القدرة على المنافسة، وزيادة الرقعة السوقية، وتقدّم البنك واستمراره، وإزالة المخاوف فيما بين الموظفين بخصوص تصورهم بأن تطبيق هذه التكنولوجيا المتقدمة يترتب عليه الإستغناء عن خدماتهم.

٢- توفير أحدث الأجهزة والبرمجيات المتقدمة المتاحة والتي لا بد من الحصول عليها للتوسع في الصيرفة الإلكترونية، وزيادة حجم الإنتشار للصرافات الآلية وباقي القنوات الإلكترونية، مع تسهيل إجراءات استخدام تلك القنوات للحصول على الخدمات المختلفة.

٣- لا بد من قيام البنك بمواكبة التطورات التكنولوجية المصرفية الحديثة من حيث إضافة قنوات جديدة أو تطوير قناة موجودة أصلاً، من خلال زيادة عدد الخدمات المقدمة بوساطة هذه القنوات.

٤- عقد دورات تدريبية داخلية وخارجية بشكل دوري لكافة الموظفين ذوي العلاقة بهدف توعيتهم بأهمية التوسع في الصيرفة الإلكترونية، فضلاً عن إلمامهم بما هو مطبق حالياً لدى البنك، وأيضاً توعيتهم بما هو جديد في مجال الصيرفة الإلكترونية، وذلك بهدف توفير كادر بشري مدرب ومؤهل خدماتها.

٥- الإستعانة من قبل البنوك بمؤسسات الدعاية المتخصصة للتسويق وتدريب الموظفين المختصين لدى البنك.

٦- إنشاء وحدة إدارية متخصصة تكون مسؤولة عن الإشراف على تلك القنوات، وتطويرها، وتوفير وسائل الحماية والسرية للأنظمة المطبقة، ومعالجة الأخطاء والأعطال.

٧- لا بد من قيام البنوك بتوفير الحوافز المادية والمعنوية للموظفين وذلك لتشجيعهم على تسويق القنوات الإلكترونية، وكذلك لا بد من توفير الوقت اللازم للتسويق لتلك القنوات والخدمات الإلكترونية من خلال قنوات التسويق المختلفة وخصوصاً الفروع.

٨- ضرورة تبني إدارات البنوك لسياسة تسويقية وترويجية للقنوات الإلكترونية المتاحة عن طريق أشراك العاملين في هذه البنوك بهذه السياسة بعد توفير مستلزماتها المطلوبة وأهمها تنظيم الوقت، ومنح الحوافز لهؤلاء العاملين.

٣-٣- المبحث الثالث : البنوك المركزيه (Central Banks)

تمثل البنوك المركزية الطرف الثالث من أطراف الصيرفه الإلكترونية باعتبارها السلطه النقدية والرقابية التي تشرف على البنوك فيما يتعلق بالصيرفه الإلكترونية .

٣ ٣ ١ البنك المركزي والصيرفة الإلكترونية

يعد البنك المركزي الجهة المشرفة والرقابية على أنشطة البنوك العاملة في الأردن، ومن هنا فإنه يقوم بتنظيم هذه الأنشطة والإشراف عليها بما فيها أنشطة الصيرفة الإلكترونية، ويتم ذلك من خلال القوانين والتشريعات التي يصدرها البنك المركزي باعتباره السلطة النقدية والرقابية على البنوك ، ومثل هذه القوانين والتشريعات تمثل ركيزة أساسية لتطوير البنوك لأنشطتها المصرفية المعتمدة على الإستخدامات التكنولوجية والإلكترونية .

٣-٣-٢-   المهمة الرقابية للبنك المركزي على الصيرفة الإلكترونية

٣-٣-٢-١   أنواع وتقنيات الجرائم المعلوماتية المصرفية

نظراً لإعتماد المصارف الكبير والمباشر على تقنية المعلوماتية والإتصالات المتطورة في إدارة أعمالها وتسيير أمور زبائنها، ونتيجة للتحول الجذري لمفهوم الخدمات المصرفية، وأساليب التبادلات المالية عن بعد، كان طبيعياً أن تتعرض هذه المصارف لإعتداءات مصدرها التقنيات الحديثة المستعملة، في ظل قلة التشريعات المختصة التي ترعى هذا النوع من الجرائم المستجدة.

وأهم الجرائم المعلوماتية ذات الأثر على القطاع المصرفي ما يأتي:

أولاً: جريمة الإحتيال المعلوماتي

عرّفت لجنة أوديت في المملكة المتحدة الإحتيال أو الغش المعلوماتي بأنه "سلوك احتيالي أو خداعي مرتبط بالكومبيوتر يهدف شخص بواسطته إلى كسب فائدة أو مصلحة مالية"، والمجرم بهذه الطريقة أما أن يكون من موظفي المصرف أو من التقنيين المختصين في هذه التكنولوجيا المستخدمة، وهذه الجريمة تتم من خلال ثلاثة مظاهر وتقنيات هي:

١-   التلاعب في البيانات المدخلة: ويلجأ إليها بعض الموظفين والتقنيين العاملين في القطاع المصرفي، خصوصاً الذين يعملون على إدخال بيانات في ذاكرة الكمبيوتر، أو قيام بعض المبرمجين اللذين يعهد إليهم تحديث بعض البرامج المصرفية فيكون بإمكانهم تعديل هذه البرامج بما يسمح لهم باختلاس أرصدة موجودة في المصرف، ومن الأمثلة العملية قيام أحد الموظفين في فرع مصرفي تابع لمصرف (Indo-Suez) بإنجاز تحويلات لنقود وهمية مستخدماً في ذلك الكمبيوتر الخاص في المصرف، وقد سجلت المبالغ الدائنة في ذاكرة الكمبيوتر إلا أنها لم ترد إلى الخزينة بل انتقلت إلى حساب خاص به في سويسرا.

٢- التلاعب في البرامج: طريقة التلاعب هذه تتطلب مهارة فنية عالية لا يجيدها سوى الاختصاصين في علم المعلوماتية والبرمجة، وتتم هذه العملية أثناء تطوير برنامج أو صيانته من خلال استعمال طريقتين:

الطريقة الأولى: ويطلق عليها اسم (Perruque) وهي كناية عن برمجة الكومبيوتر كي يقوم باقتطاع قيمة صغيرة من الإيداعات الدورية، مثال على هذه الطريقة قيام أحد المستخدمين في شركة تأمين ببرمجة الكومبيوتر الخاص بالشركة لإقتطاع الكسور في كل عمليات الشركة وتحويلها لحسابه السري.

أما الطريقة الثانية فتعرف باسم (Salami) وهي عبارة عن استيلاء على المال بكميات صغيرة من الحسابات الخاصة الكبيرة بشكل لا يلاحظ نقصانها، وتحويله إلى حساب خاص يستطيع الجاني استعماله والسحب منه بشكل شرعي.

٣- التلاعب في المعطيات عن بعد، مع اتساع رقعة المبادلات المالية والمصرفية واشتمالها على شبكة الإنترنت وشبكات خاصة مقفلة، ووسط تقنية بث المعلومات عن بعد ظهرت مخاطر جديدة تمثلت بارتكاب جريمة الغش المعلوماتي عن بعد من قبل أشخاص خارجيين، وذلك من خلال اعتراض المعلومات المتبادلة عبر الشبكات وتحليلها واستعمالها من أجل اختلاس الأموال المرتبطة بها.

ثانياً: جريمة إتلاف برامج كومبيوتر المصرف وبياناته

هذه الجريمة الجديدة تقوم على الإعتداءات المنطقية، وتستهدف التعرض لسلامة وأمن الأنظمة المعلوماتية وسرية البيانات والمعلومات التي تتضمنها من خلال التلف السريع الذي يلحق بها جراء فيروس رقمي معين يتغلغل في النظام ويتسبب في عطبه وإيقافه عن العمل، ويكون الهدف من هذه الجرائم تكبيد المصارف خسائر ضخمة، والإضرار بسمعتها المهنية من خلال إشاعة جو من الخوف في نفوس العملاء وقد يقوم بمثل هذه الأعمال طلاباً لا يبتغون المال بل لإثبات قدراتهم العالية.

وتتبع المصارف وخصوصاً التي تتعاطى الخدمات المالية عبر الإنترنت أساليب وتقنيات معلوماتية تبقي بموجبها أنظمتها وكمبيوتراتها المركزية بمنأى عن تلك الكمبيوترات

التي تتصل مباشرة بشبكة الإنترنت، حيث تكتفي بنسخة مصغرة عنها لكن كافية لتسيير الأعمال.

والأساليب التقنية المعتمدة في ارتكاب جريمة إتلاف برامج كومبيوتر المصرف وبياناته هي:

١- الجرثومة المعلوماتية أو الفيروس المعلوماتي وهو شبيه بالفيروس البيولوجي: فهو عبارة عن برنامج معلوماتي يتضمن أهداف تدميرية لأنظمة المعلومات ويتميز بقدرته على تعديل برامج أخرى حيث يرتبط بها ويعمل على زيادة حجمها، ويتميز هذا الفيروس بقدرته على نسخ نفسه في البرنامج الذي يصيبه، والتحكم بالبرنامج المصاب وتعديله، ويعود السبب في تفشي هذا الفيروس إلى الإنتشار الواسع والإستعمال المكثف لشبكة المعلومات خصوصاً عبر شبكة الإنترنت.

٢- القنبلة المعلوماتية: وهو برنامج يعده مصمم النظام المعلوماتي ويثبته بداخله، وينطلق هذا البرنامج بعد انقضاء مدة محددة على استعمال النظام المعلوماتي بهدف تعطيله أو تدميره أو محو البيانات التي يحتويها، ويمكن تصنيف هذه القنبلة إلى فئتين:

أ- القنبلة المنطقية: تهدف إلى تدمير المعلومات عند حدوث ظرف معين، أو لدى تغير أمر ما كشطب اسم أحد الموظفين مثلاً.

ب- القنبلة الزمنية: تعمل في وقت محدد وفي يوم معين مثل فيروس (Shernobel) الذي اكتشف عام ١٩٩٨.

ثالثاً: جريمة الدودة المعلوماتية

وهو عبارة عن برنامج معلوماتي يمتاز بقدرته على التنقل عبر شبكات المعلومات بهدف إعاقة عملها والتشويش عليها، من خلال شل قدرتها على التبادل، ومن أشهر هذه الفيروسات ما سمّي بدودة الإنترنت والتي أطلقها طالب أمريكي يدعى (Robert Morris) في جامعة (Cornell University) عام ١٩٨٨.

هذه الأنواع من الإعتداءات على الأنظمة المعلوماتية داخل الشبكات المقفلة للمصارف والشركات أو عبر شبكة الإنترنت يتطلب التدخل السريع للمشرع لوضع التشريعات الرادعة. وتعتبر فرنسا من أول الدول التي أصدرت قوانين جزائية تعاقب صراحة الجرائم الواقعة على الأنظمة المعلوماتية سمي بقانون (Godfrain) حول الغش المعلوماتي وصدر عام ١٩٨٨، وأنشأت مكتباً مركزياً لمكافحة الجرائم المتصلة بتكنولوجيا المعلومات والإتصالات تابعاً لوزارة الداخلية الفرنسية.

أما في الولايات المتحدة الأمريكية فأصدرت عام ١٩٨٨ قانونين متخصصين بالجرائم المعلوماتية هما: قانون الغش والتعسف في الكومبيوتر، أما القانون الثاني فهو قانون سرية المخابرات الإلكترونية، كما اهتم المجلس الأوروبي بموضوع الجرائم المعلوماتية فاستحدث لجنة حول الجرائم في فضاء الشبكات عام ١٩٩٧، كما أعد مشروع اتفاقية دولية حول جرائم الشبكات عام ٢٠٠٠، أما التعامل العربي مع المستجدات الإلكترونية بشكل عام ومع قطاع المصارف عبر الإنترنت بشكل خاص فلا يزال قاصر عن تحقيق طموحاتنا (أبو جريش ورشوان، ٢٠٠٣).

٢-٢-٣-٣- أهم التحديات التي تواجه السلطات الإشرافية

تواجه السلطات الإشرافية العديد من التحديات، ويمكن تصنيفها إلى:

أولاً : التحديات غير القانونية أمام الصيرفة الإلكترونية

إن التكنولوجيا قد باتت الآن إحدى أكبر القضايا الإستراتيجية في مجال الأعمال المصرفية، كما أن مستقبل منظمات الأعمال التي تخفق في التأقلم مع الفرص والتحديات التي يطرحها هذا الواقع الجديد سيكون محدوداً دون ريب، وهذا بدوره سيفرض تحدياً جديداً على السلطات الإشرافية. فالإطار الإشرافي الحالي يقوم في أغلبه على المرجعية المادية التقليدية، بالتالي يجب التحقق من أن الإطار الإشرافي سيكون قادراً على مواصلة الارتقاء، ومواكبة التطورات التكنولوجية والتسليم في الوقت نفسه بأن الابتكارات

التكنولوجية، مثل: الخدمات المصرفية الإلكترونية، ومنتجات النقد الإلكتروني هي في واقع الأمر تحسينات وتطورات مرغوبة، ولا ينبغي عرقلتها أو اعتراض سبيلها.

أهم القضايا التي أثرت على زيادة المخاطر المصرفية:

١- الزيادة الكبيرة في حجم المنافسة في صناعة الخدمات المالية الإلكترونية، حيث تتسابق المؤسسات البنكية وغير البنكية لاستحداث منتجات وخدمات مالية جديدة.

٢- التحسينات التكنولوجية المتسارعة في مجالات الإتصالات وأجهزة وبرامج الحاسب الآلي التي تمكن من معالجة المعاملات بسرعة أكبر.

٣- وجود إدارة بنكية وموظفين يفتقرون في الغالب للخبرة اللازمة في مجالات التكنولوجيا ومخاطر العمليات المصرفية الإلكترونية.

٤- تزايد الإعتماد على التعاقد مع مقدمي الخدمات الآخرين، وانتشار ظاهرة التحالفات الجديدة والائتلافات المشتركة مع مؤسسات غير مالية.

٥- طلب متعاظم على بنية تحتية عالية التكنولوجيا تتمتع بالقدرة، والمرونة، والقابلة للعمل بصورة مشتركة ضمن المؤسسة نفسها وبين المؤسسة والمؤسسات الأخرى، وتكفل في الوقت نفسه أمن وسلامة وتوفر المعلومات والخدمات.

٦- زيادة في إمكانية حدوث عمليات الإحتيال المالي بسبب غياب المعايير القياسية التي تتبعها المؤسسات للتحقق والتثبت من هوية العميل في بيئة الشبكات المفتوحة مثل: شبكة الإنترنت.

٧- قد يؤدي التجميع والتخزين والتبادل المتكرر لكميات كبيرة من معلومات العميل إلى بروز قضايا تتعلق بالخصوصية، من شأنها أن تخلق مخاطر للبنوك مثل: المخاطر القانونية، ومخاطر السمعة.

ويتفق المصرفيون والمشرفون بصورة عامة، على أن الأسس والمبادئ الإشرافية التي تنطبق على الأعمال المصرفية الإلكترونية التقليدية قابلة أيضاً للتطبيق على العمليات المصرفية، غير أن التغيرات المتسارعة في التكنولوجيا، ودرجة اعتماد البنك على موردي التكنولوجيا ومقدمي الخدمات تؤدي إلى تغيير، بل أحياناً تضخيم المخاطر المصرفية التقليدية، وتؤكد دراسات أجريت أخيراً في أوساط المشرفين والبنوك في آسيا وأوروبا وأمريكا الشمالية إن هناك مجالات مختارة منها بحاجة لتوجيهات استرشادية إضافية من قبل السلطات الإشرافية، بهدف الارتقاء بالإطار الكلي لإدارة المخاطر المرتبطة بالأنشطة المصرفية الإلكترونية.

التحديات التي تواجه السلطات الإشرافية

إن البنوك تركز على نحو متزايد في مجال على أنشطتها في مجال العمليات المصرفية الإلكترونية، وتقوم بتوسيع أنشطتها المصرفية محلياً وعالمياً من خلال شبكة الإنترنت. وتقوم البنوك بتقديم الخدمات المصرفية الإلكترونية إما بهدف توسيع حصتها في السوق، أو خفض التكاليف وبالتالي زيادة ربحيتها، وتوفر شبكة الإنترنت للبنوك أيضاً فرصاً كبيرة لتوصيل خدماتها للعملاء في مواقع تتجاوز الحدود الوطنية القائمة.

غير أن طبيعة الشبكة كفضاء مفتوح، ونشوء التجارة الإلكترونية، يجعلان البنوك عرضة لمنافسة لا يستهان بها من قبل المؤسسات البنكية وغير البنكية على حد سواء، بالإضافة إلى أن القنوات الإلكترونية لتوصيل الخدمات تعمل في بيئة قانونية ورقابية غير واضحة، وتختلف باختلاف المناطق السيادية، وتطرح هذه العوامل أمام المؤسسات المالية تتمثل في إدارة الجوانب الأمنية وضمان سلاسة وتوفر الخدمات المقدمة مع الحفاظ في الوقت نفسه على مستوى كافٍ من الربحية.

وقد أوحت التطورات التي شهدتها العمليات المصرفية الإلكترونية حتى الآن بما يلي:

١- أضحت الرغبة في الإستفادة من مزايا التجارة الإلكترونية في مجال الخدمات المالية واسعة الإنتشار، وتركز صناعة الخدمات المالية على نحو متزايد على تزويد العملاء وبطريقة مباشرة بخدمات مالية قائمة على التكنولوجيا، بغرض تكوين قواعد عملاء والحفاظ على تلك القواعد.

٢- أصبحت سرعة الوصول إلى السوق عنصراً حاسماً للنجاح في العمليات المصرفية الإلكترونية، ولتقليل الوقت الذي تستغرقه عادة للوصول إلى السوق، وتتحالف المؤسسات المصرفية مع مؤسسات غير مصرفية بغرض توفير حلول خدمات مالية متكاملة.

٣- يتوقع أن تتعاظم التوجهات الحالية المتمثلة في إقامة تحالفات استراتيجية، وتوفير التكنولوجيا من خلال التعاقد مع مؤسسات خارجية.

ومن هنا يبرز تحدّ ثلاثي الأبعاد بالنسبة للسلطات الإشرافية:

١- يتوجب على السلطات الإشرافية أن تدرك أن شبكة الإنترنت تتيح إمكانية تقديم الخدمات المصرفية الإلكترونية التي يمكن أن تتجاوز الحدود الجغرافية، وتبرز من ثم إمكانية إثارة تساؤلات بشان متطلبات التصريح من السلطات ذات الاختصاص وبشأن العمليات والإجراءات الرقابية.

٢- يتوجب على السلطات الإشرافية أن تعي التبعات التي يمكن أن تترتب على تبني توجهات تقييدية تجاه البنوك الخاضعة حالياً للرقابة والإشراف، دون الحرص على تطبيق هذه التوجهات نفسها على المؤسسات المصرفية الأجنبية التي قد تكون منخرطة في تقديم أنشطة مطابقة أو شبه مطابقة في السوق المحلي من خلال شبكة الإنترنت.

٣- يتعين على السلطات الإشرافية التحقق من أن البنوك قادرة على إدارة أوضاع عدم التيقن التي تكتنف الجوانب القانونية خلال الفترة التي تكون فيها الُبنى التحتية التشريعية للأعمال المصرفية المتجاوزة للحدود قيد الإنشاء.

لذا يتوجب على إدارة البنوك أن تعيد تقييم قوة وفعالية إدارات المخاطر التقليدية في ضوء المخاطر الجديدة التي تفرزها العمليات المصرفية الإلكترونية، كما يتوجب على السلطات الإشرافية أن تتبنى مقاربات متوازنة عندما تشرع في إدخال أنظمة وسياسات إشرافية جديدة على العمليات المصرفية الإلكترونية، بحيث يضمن عمل البنوك بصورة سليمة، وتحرص في الوقت نفسه على عدم وضع العراقيل أمام الابتكار، وعدم الإضرار بالوضعية التنافسية للبنوك في مقابل المؤسسات غير البنكية (السماتي، ٢٠٠٤).

ثانيا : التحديات القانونية أمام الصيرفة الإلكترونية

تبادر المصارف والمؤسسات المالية إلى الإسراع في التكيف مع قطاع المعلوماتية ومستخرجات الثورة التكنولوجية سعياً في الاندماج في الاقتصاد الجديد أو اقتصاد الإنترنت والتجارة الإلكترونية أملاً في تنويع خدماتها ومنتجاتها وزيادة أرباحها، الأمر الذي حفز الدول المتطلعة إلى ولوج العصر الإلكتروني إلى العمل على نشر الثقافة المعلوماتية والإلكترونية في مجتمعاتها، وتيسير سبل انتقال التكنولوجيا الحديثة إلى أسواقها بحيث يؤدي استعمال الكمبيوترات كنقاط نهائية، واستخدام الشبكات الإلكترونية إلى ثورة في عالم الإتصالات من شأنها إفراز موجات جديدة من الخدمات التي تأتي استجابة لحاجات السوق وإشباعاً لرغبات شرائح متعددة من الزبائن والعملاء الذين يطلبون السرعة في أداء معاملاتهم المصرفية والمالية.

لذا لا بد من إحداث تشريعات جديدة تكون أكثر تواؤماً مع مستلزمات البيئة التكنولوجية، وأكثر حرصاً على إزالة معيقات الخدمات المالية والمصرفية عبر الإنترنت سواء أكانت قيوداً إدارية أم قانونية الأمر الذي يستلزم ما يلي:

١- إدارة حكومية نظيفة قادرة على إشاعة الشعور بالاطمئنان لدى المستثمرين المحليين والأجانب.

٢- استقرار سياسي وإقتصادي ومناخ استثماري وضرائبي ومالي جاذب وملائم.

٣- بنى مؤسساتي كنظام قضائي ذي أجهزة متخصصة، اقتصادياً، ومالياً، ومصرفياً، وقادر على تطبيق القانون وتحقيق العدالة والمساواة بالسرعة الممكنة والمطلوبة.

٤- تبسيط المعاملات الإدارية والمالية والضريبية على أساس التسهيل والشفافية.

٥- تشجيع الأفراد والشركات على إجراء عملياتهم المصرفية إلكترونياً.

إن الصعوبات القانونية التي تتمثل في طريق انتشار المصارف الإلكترونية يمكن إيراد أهمها وفق الترتيب الآتي :

١- التعاقد المصرفي الإلكتروني وإثباته

لقد أثارت وسائل الإتصال الحديثة التساؤل حول مدى صحة العقود المبرمة بالوسائل الإلكترونية، وما يتصل بها من حجية الرسائل الإلكترونية والبريد الإلكتروني، في ظل غياب المعايير والأوصاف والأنظمة القانونية للبيانات وتجيز قبولها كأدوات إثبات نهائية، ومدى قدرة الغير على التلاعب بالمحتوى، بالإضافة إلى مسائل مثل وقت ومكان إبرام العقد، والقانون الواجب تطبيقه عليه، وجهة الإختصاص القضائي في بت النزاع ومدى تواؤم النصوص القانونية القائمة مع إفرازات شبكة المعلومات على اعتبار أن تلك النصوص ما زالت تتعامل مع عناصر الكتابة والمستندات والأوراق والتوقيع والصور طبق الأصل من منظور مادي بحت، بالتالي فإنها لا تنطبق على الوسائل ذات المحتوى الإلكتروني. لذا لا بد من إعادة النظر في التشريعات ضماناً لتكاملها وتلاؤمها بدلاً من تعارضها وتناقضها.

٢- سلامة المعاملات والمعلومات المصرفية الإلكترونية

إن حلقات الحماية التقنية وأمن المعلومات لا تكتمل إلا بالحماية القانونية من خلال أحكام تحمي من إساءة استخدام الحواسيب والشبكات في ارتكاب جرائم الكمبيوتر والإنترنت والجرائم المالية الإلكترونية، وإلا بقيت الحماية منقوصة ومشكوك في جدواها، بالتالي لا بد من استراتيجية شاملة لأمن المعلومات لنظام المصرف وعميله والنظم المرتبطة بهما.

٣- **تحديات وسائل الدفع**

إن الاتجاه السائد نحو المال الرقمي أو الإلكتروني بديلاً عن المال الورقي، يجعل المعايير والقواعد والنظريات تتغير تدريجياً لتصبح موائمة مع مفاهيم المال الإلكتروني ووسائله وصولاً إلى بناء قانوني يسّهل على إدارات المصارف التعامل مع تحديات المصارف الإلكترونية، التي تتمثل في مشاكل الدفع والوفاء بالإلتزامات وتقديم الخدمات وما شابه على أساس مراعاة هذه المنشآت المالية والمصرفية الحديثة من حيث خصوصيتها واعتباراتها وأولوياتها.

٤- **التحديات الضريبة**

إن خصوصية الإعمال الإلكترونية تلغي فكرة الموقع أو المكان بالنسبة إلى الأنشطة التجارية مما يعني احتمال عدم الكشف علي مصدر تلك الأنشطة، الأمر الذي يطرح مشاكل تحديد النظام القانوني المختص، وإمكان تحوّل الأعمال الإلكترونية المتحركة أصلاً، إلى بلدان ذات نظم ضريبية أكثر سهولة وتشجيعاً.

لذلك فقد قررت أميركا عدم فرض ضرائب على أنشطة العمال والتجارة الإلكترونية في حين تتدارس أوروبا اليوم أهمية هذا التوجه الأميركي وتأثيراته كون فرض الضرائب على هذه الأعمال يتطلب برامج ضريبية مختلفة في المتابعة والكشف والجمع، إضافة إلى ضرورة التعاون والتنسيق إقليمياً ودولياً بحيث إن منظمة التجارة العالميه تتجه إلى عدم فرض رسوم جمركية على التبادل الإلكتروني.

أما فيما يتعلق بمواقف الدول العربية من تشريعات الإنترنت فإن ما تحقق في التعامل مع آثار التقنية العالية بقي محصوراً بزوايا محددة، وفيما يلي أبرز ما تحقق في هذا المجال:

١- في نطاق التجارة الإلكترونية تم إقرار ثلاثة تشريعات في كل من الأردن وتونس ودبي، وثمة نحو خمسة تشريعات قانونية أخرى أبرزها مشروع القانون المصري.

٢- في نطاق حماية المصنفة الرقمية تم توفير الحماية للبرمجيات وقاعدة البيانات في مختلف الدول العربية، وثمة توفير حماية لطوبوغرافيا الدوائر المتكاملة في الأردن وتونس.

٣- على صعيد قوانين جرائم الكمبيوتر تم إقرار مواد معدلة في قانون الجزاء العُماني جرمت عدداً من صور جرائم الكمبيوتر، ويجري الآن إعداد مشروع في ذات الحقل في الأردن والإمارات العربية، إضافة إلى أن هناك مشروع قانون نموذجي شرعت بوضعه جامعة الدول العربية (سفر، ٢٠٠٠).

٤- ليس ثمة قانون في حقل الخصوصية وحماية البيانات الشخصية.

٥- لا يوجد أي قانون يتعلق بالبنوك الإلكترونية والأتمتة المصرفية عدا عدد من النصوص التي تضمنتها قوانين التجارة الإلكترونية المذكورة.

٦- أما على صعيد الإثبات فثمة تعديل لقانون البيانات الرقمية الأردنية، وهناك مشروع قانون معدّل للقانون اللبناني في حقل حجية البريد الإلكتروني ومستخرجات الحاسب.

٧- على صعيد المعايير والمقاييس التقنية. لم يوضع للآن تشريعات تضبط مستويات التزامات جهات خدمات الإنترنت، وثمة جملة من التعليمات المنظمة لبعض الخدمات العامة للإنترنت كمقاهي الإنترنت لكنها تعليمات إدارية لا تتصل بالجوانب التقنية، ومن أشملها التعليمات المقررة في الأردن لتنظيم مقاهي الإنترنت لعام ٢٠٠١.

٨- على مستوى أجهزة الشرطة تم استحداث قسم جرائم الكمبيوتر في الأردن.

٩- لم يجر أي تدخل للآن في تشريعات الأصول الجزائية بشان تنظيم عملية ضبط وتفتيش نظم المعلومات وقواعد البيانات.

١٠- ليس ثمة أية اتفاقية تعاون أو تنظيم للإختصاص أو القانون الواجب التطبيق أو نقل التحقيق خارج الحدود بالنسبة لمسائل وقضايا الإنترنت بين الدول العربية أو بينها وبين دول العالم.

إن الحاجة إلى الدخول السلس إلى العصر الرقمي، واحتلال مكانة حقيقية فيه، وإنجاز خططنا الطموحة في حقل تقنية المعلومات عموماً وبالذات الأعمال الإلكترونية، يتطلب حزمة معتبرة وواعية لتشريعات تقنية المعلومات، تمتاز بالشمولية والتوازن، وأن تكون وليدة إبداع وطني شأنها شأن التقنية ذاتها القائمة على الإبداع (عرب، ٢٠٠٢).

٣-٣-٣- التوصيات المتعلقة بالبنك المركزي للتوسع في الصيرفة الإلكترونية

١- لا بد من قيام البنك المركزي بمراجعة التشريعات والقوانين النافذة التي تهدف إلى تنظيم استخدام الصيرفة الإلكترونية، والمحافظة على سريتها، وسن القوانين الجديدة إذا لزم الأمر ، وذلك لتوفير البيئة التشريعية والرقابية لتوسع البنوك في الصيرفة الإلكترونية .

٢- تفعيل دور البنك المركزي في مراقبة نشاط البنوك المتصلة بالصيرفة الإلكترونية وخصوصاً أنظمة الحماية والسرية بهدف المحافظة على سلامة أداء الجهاز المصرفي.

٣- قيام البنك المركزي بدراسة سبل تشجيع البنوك على تطوير استخدام تكنولوجيا المعلومات لديها ، بما في ذلك التوسع في استخدام الصيرفة الإلكترونية .

٤- لا بد من وجود تمييز أو تفضيل من قبل البنك المركزي للبنوك التي تميزت في الصيرفة الإلكترونية، كقيام البنك المركزي بمنح جائزة تقديرية للبنك الذي تميز في هذا النشاط عن طريق إجراء عمليات تقييم دورية للبنوك، أو قيام البنك المركزي بمنح ذلك البنك تسهيلات في فتح فروع جديدة.

٥- قيام البنك المركزي بعقد ندوات ومؤتمرات، ودورات بهدف زيادة الوعي المصرفي لدى العملاء والتعرف على المعيقات التي تحول دون قيامهم بالتوسع في استخدام الصيرفة الإلكترونية.

٦- قيام البنك المركزي بإيفاد المختصين لديه في دورات تدريبية داخلية وخارجية بهدف الإطلاع على آخر المستجدات في مجال الصيرفة الإلكترونية.

٧- هناك علاقة قوية بين ارتفاع رأس المال وقدرة البنك على التوسع في الصيرفة الإلكترونية، لذلك تبرز الحاجة عند العديد من البنوك لرفع رأس المال لديها وذلك لزيادة قدرتها على التوسع في الصيرفة الإلكترونية.

٨- قيام البنك المركزي بتشجيع الدفع للمؤسسات العامة إلكترونياً مثل الدفع: لضريبة الدخل، والدفع لمؤسسات الضمان الإجتماعي وغيرها من المؤسسات العامة.

٩- عند إصدار شهادات إيداع عن طريق البنك المركزي يكون الإكتتاب بهذه الشهادات إلكترونياً، ما يشجع على الدفع الإلكتروني، والتوسع في الصيرفة الإلكترونية.

الفصل الرابع
الصيرفة الإلكترونية عربيا
دراسة تطبيقية حالة الأردن

Electronic Banking In The Arab World

٤-١- المبحث الأول: هيكل الجهاز المصرفي الأردني والصيرفة الإلكترونية

(The Jordanian Banking System Framework And The Electronic Banking)

٤-١-١-   التطور التاريخي للجهاز المصرفي في الأردن

شهد الأردن خلال العقود الماضية تطوراً كبيراً في مختلف المجالات الإقتصادية والإجتماعية، ويعد تطور الجهاز المصرفي من أهم مظاهر التقدم الإقتصادي في الأردن، فخلال تلك الفترة نما الجهاز المصرفي والمالي الأردني بشكل ملموس ليواكب التطورات المصرفية على الصعيد العالمي.

كان الأردن حتى نهاية الحرب العالمية الأولى خاضعاً لسيطرة الدولة العثمانية، ثم بعد ذلك أصبح تحت السيطرة البريطانية والتي استمرت حتى عام ١٩٤٦، وكان من الطبيعي أن ترتبط الفعاليات النقدية والمصرفية في إمارة شرق الأردن بالنظامين المصرفيين في تركيا وبريطانيا.

قبل الإنتداب البريطاني لم يكن هنالك وجود لأية مؤسسة مصرفية في شرق الأردن، بعد ذلك افتتح البنك العثماني فرعاً له في عمّان عام ١٩٢٥، وظل المؤسسة المصرفية الوحيدة التي تعمل في شرق الأردن حتى عام ١٩٣٤، حيث أقدم البنك العربي على افتتاح فرعه الأول في عمّان عام ١٩٣٤، ثم افتتح فرعه الثاني في مدينة إربد عام ١٩٤٣، وكان مجلس النقد الفلسطيني يتولى إصدار الجنيه الفلسطيني الذي ظل العملة القانونية المتداولة في كل من فلسطين وشرق الأردن خلال الفترة ١٩٢٧-١٩٥٠. وبعد إعلان الأردن دولة مستقلة عام ١٩٤٦، بدأ التفكير في إصدار عملة وطنية، فتشكل مجلس النقد الأردني عام ١٩٤٩، وأصبحت وحدة النقد هي الدينار الأردني الذي طرح للتداول في ١٩٥٠/٧/١، وتوقف تداول الجنيه الفلسطيني في المملكة، وقد عمل البنك العثماني وكيلاً لمجلس النقد الأردني في مختلف مناطق الأردن باستثناء منطقة إربد التي قام البنك العربي بمهمة الوكالة، وقد كان مجلس النقد يتخذ من لندن مقر له، وكانت بريطانيا تحتفظ بأغلبية الأصوات فيه، وكان غطاء النقد للدينار الأردني هو الجنيه الإسترليني بنسبة (١٠٠%) من

قيمة النقد المتداول، وقد قامت الحكومة الأردنية بسلسلة من الخطوات الهادفة إلى تحقيق الإستقلال النقدي، من أهمها نقل كافة الأعمال المنوطة بمجلس النقد إلى مقره في عمّان في عام ١٩٦٢، وقد بقي دور المجلس محصوراً في إصدار النقد، والإحتفاظ بالاحتياطات الإسترلينية، وظل الأردن دون سلطة إشرافية على أعمال المؤسسات المصرفية حتى مباشرة البنك المركزي لأعماله.

في عام ١٩٥٩ أصدرت الحكومة الأردنية قانون البنك المركزي رقم (٤) لسنة ١٩٥٩، وأصدرت معه قانونين آخرين هما: قانون مراقبة البنوك، وقانون مراقبة العملة الأجنبية، وفي ١٩٦٤/١٠/١ باشر البنك المركزي الأردني أعماله، وانتقلت صلاحيات وموجودات مجلس النقد الأردني إليه، وخلال هذه الفترة كان هناك تطورات حثيثة ومستمرة يشهدها الجهاز المالي والمصرفي الأردني، سواء من حيث عدد المؤسسات المصرفية، أو من حيث نوعية تلك المؤسسات، ونوعية الخدمات المصرفية والمالية التي تقدمها، وكذلك الأدوات المالية والمصرفية المتاحة.

أما فيما يتعلق بوجود البنوك المرخصة فيرجع كما أسلفنا إلى عام ١٩٢٥، حيث بدأ البنك العثماني والذي عرف باسم بنك (كرندليز) في الستينات وبنك (ستاندر تشارترد كرندليز منذ عام ٢٠٠٠)، بمزاولة أعماله في البلاد، بعد ذلك البنك العربي الذي تأسس في عام ١٩٣٠، وتلاه تأسيس البنك الأهلي الأردني في عام ١٩٥٦، وتأسيس بنكين وطنيين جديدين هما بنك الأردن وبنك القاهرة - عمّان في عام ١٩٦٠. وقد شهدت فترة الأربعينات والخمسينات دخول أربعة بنوك غير أردنية هي: البنك البريطاني للشرق الأوسط، والبنك العقاري، ومصرف الرافدين، وبنك انترا الذي خرج من السوق الأردني عام ١٩٦٦، وقد أصبحت البنوك المرخصة العاملة في الأردن في الوقت الحاضر أربعة وعشرين بنكاً تتوزع بواقع (١٦) بنكاً أردنياً (منها بنكان إسلاميان)، وثمانية بنوك غير أردنية (منها خمسة بنوك عربية). وتخضع البنوك العاملة إلى الترخيص من قبل البنك المركزي الأردني لكي تتمكن من مزاولة أعمالها، ويجب أن تتقيد بتعليمات البنك المركزي وتشريعاته (النابلسي، ١٩٩٤، ص ص: ١٩-٢٦).

الجدول (١٦)

عدد البنوك العاملة في الأردن من عام ١٩٦٤ وحتى عام ٢٠٠٤

السنة	١٩٦٤	١٩٧٠	١٩٨٠	١٩٩٠	٢٠٠٠	٢٠٠٢	٢٠٠٣	تشرين أول ٢٠٠٤
عدد البنوك	٨	٨	١٥	١٨	٢١	٢١	٢١	٢٤
عدد الفروع داخل المملكة	٢٢	٤١	١٢٤	٢٩٨	٤٦٩	٤٧١	٤٤٩	٤٥٦
عدد السكان ألف نسمة لكل فرع	٨٨.٠	٣٦.٨	١٨.٠	١١.٦	١٠.٧	١١.٣	١٢.٢	١١.٦

المصدر: موقع البنك المركزي الأردني على الإنترنت (www.cbj.gov.jo.com).

٤-١-٢- البنك المركزي وإدارته النقدية

٤-١-٢-١- مهام البنك المركزي

يمثل البنك المركزي السلطة النقدية في المملكة ويتمتع بشخصية اعتبارية مستقلة مالياً وإدارياً، ويعتبر حصراً الجهة المسؤولة عن إدارة السياسة النقدية، وعن الإشراف على القطاع النقدي والمصرفي، وتنبع أهمية الإستقرار النقدي من كونه أحد أهم الأركان الرئيسة في تهيئة البيئة الملائمة لتشجيع الإستثمار المحلي والخارجي، وبالتالي تحريك النشاط الإقتصادي. ويتولى إدارة شؤون البنك المركزي مجلس إدارة يتم تعيينه من قبل مجلس الوزراء، يتألف من المحافظ رئيساً ومن نائبين، ومن خمسة أعضاء يمثلون البنوك المرخصة ومؤسسات الإقراض المرخصة ولتسهيل التعامل مع البنوك المرخصة والمؤسسات والدوائر الحكومية المنتشرة في كافة أنحاء المملكة مع البنك المركزي؛ فقد تم افتتاح فرعين للبنك المركزي في إربد والعقبة، وقد تطورت مهام البنك المركزي منذ إنشائه وحتى الوقت الحاضر بحيث أصبحت تشمل ما يلي:

١- إصدار أوراق النقد والمسكوكات في المملكة وتنظيمه.

٢- الإحتفاظ باحتياطي المملكة من الذهب والعملات الأجنبية وإدارته.

٣- تنظيم كمية الائتمان ونوعيته وكلفته ليتجاوب مع متطلبات النمو الإقتصادي والإستقرار النقدي.

٤- إتخاذ التدابير المناسبة لمعالجة المشكلات الإقتصادية والمالية المحلية.

٥- العمل كبنك للبنوك المرخصة ومؤسسات الإقراض المتخصصة.

٦ مراقبة البنوك المرخصة بما يكفل سلامة مركزها المالي، وضمان حقوق المودعين والمساهمين.

٧- العمل كبنك للحكومة والمؤسسات العامة ووكيل مالي عنها.

٨- تقديم المشورة للحكومة في رسم السياسات المالية والإقتصادية وكيفية تنفيذها.

٩- القيام بأية وظيفة أو تعامل مما تقوم به البنوك المركزية، وبأي واجبات انيطت به بمقتضى قانون البنك المركزي الأردني، أو أي قانون آخر، أو أي اتفاق دولي تكون الحكومة طرفاً فيه.

وقد حرص البنك المركزي على تحديث التشريعات المنظمة للعمل المصرفي في الأردن بغرض مواكبتها لمستقبل الصناعة المصرفية على الساحة العالمية، بالتالي تبني مفهوم البنك الشامل، وتسهيل استخدام القنوات الإلكترونية من خلال إصدار قانون المعاملات الإلكترونية المؤقت رقم (٨٥) لعام ٢٠٠١، ويأتي ضمن استراتيجية حكومية للتحول نحو الحكومة الإلكترونية.

٤-١-٢-٢- إدارة السياسة النقدية في الأردن

يمكن تقسيم المراحل التي مرت بها إدارة السياسة النقدية في الأردن إلى مرحلتين، المرحلة الأولى والتي غلب عليها طابع التدخل المباشر، بدأت منذ شرع البنك المركزي

بمباشرة أعماله وحتى الأزمة الإقتصادية والمالية في أواخر الثمانينات، أما المرحلة الثانية التي غلب عليه طابع الإدارة غير المباشرة للسياسة النقدية فقد بدأت منذ عام ١٩٩٠.

١-	المرحلة الأولى ١٩٦٤-١٩٨٩

وقد اتسمت هذه المرحلة بالتركيز على استخدام الأدوات التقليدية للسياسة النقدية والمتمثلة في تغيير سعر إعادة الخصم ونسبة الإحتياطي النقدي الإلزامي بهدف التأثير على مستوى السيولة المحلية، وفي عام ١٩٨٨ استخدم عمليات السوق المفتوحة، إلا أن تأثيرها كان محدوداً؛ نظراً لعدم كفاية الإصدارات الحكومية لأدوات الدين العام من جهة، وضعف السوق النقدي الثانوي لتلك الأوراق من جهة أخرى. أما السمة الثانية فهي التدخل المباشر من قبل البنك في تحديد حجم وكلفة ووجهة الائتمان إلى جانب التأثير على المحفظة المالية للبنوك، وتحديد سقوف للائتمان، وتحديد سعر الفائدة المدينة والدائنة بالسوق، ولعب دوراً في تمويل عجز الموازنة بشكل مباشر.

وقد كان هذا التدخل مبرراً في حينه لتحقيق بعض الأهداف الإقتصادية والإجتماعية، وكان التدخل في فترة السبعينات سمة بارزة في الدول النامية وبعض الدول المتقدمة. وبالرغم من نجاح السياسة النقدية في تحقيق جانب من أهدافها، إلا أنها أفرزت عدداً من السلبيات منها: التشوهات الهيكلية في السوق المصرفي وإساءة تخصيص الموارد، وتعمقت هذه المشكلة نتيجة الأزمة في أواخر الثمانينات التي كان أبرز معالمها ارتفاع المديونية الخارجية، وتفاقم عجز الموازنة، وتدهور سعر الصرف.

٢-	المرحلة الثانية ١٩٩٠-٢٠٠٤

نتيجة الأزمة المالية والإقتصادية في نهاية الثمانينات شرعت الحكومة الأردنية، وبالتعاون مع صندوق النقد والبنك الدوليين، بتطبيق برامج إصلاح اقتصادي شملت مختلف القطاعات الإقتصادية بما فيها القطاع النقدي والمصرفي، وقد كان أبرز سمات الإصلاحات النقدية في هذه المرحلة التحول نحو قوى السوق في إدارة السياسة النقدية، من خلال تحرير سعر الفائدة على الودائع والقروض، وتبني البنك المركزي عمليات السوق المفتوحة كأداة رئيسية في إدارة السياسة النقدية.

ونتيجةً لعدم كفاية إصدارات الأوراق الحكومية الموجودة في السوق آنذاك، لجأ البنك المركزي في أواخر عام ١٩٩٣ إلى إصدار شهادات الإيداع الخاصة به لهذه الغاية لأجل ثلاثة شهور و/أو ستة شهور لامتصاص السيولة الفائضة، وسمح للبنوك بإعادة تداولها لأجل أسبوع والسماح بتداولها فيما بين البنوك، بالإضافة إلى استخدام أدوات أخرى مثل سعر إعادة الخصم، والاحتياطي النقدي الإلزامي ونافذة الإيداع لليلة واحدة في إدارة سياسته النقدية (البنك المركزي الأردني، www.cbj.gov.jo.com).

٤-١-٣- تطبيقات الصيرفة الإلكترونية في الأردن

يشهد العالم تغيرات واسعة النطاق نتيجة الثورات الهائلة في مجال تكنولوجيا المعلومات وتكنولوجيا الإتصالات في كافة مناحي الحياة ومنها البنوك، وقد سبق أن تناولنا في الفصل الثاني مفهوم ومكونات تكنولوجيا المعلومات. وسنتناول فيما يلي أهم تطبيقات تكنولوجيا المعلومات في البنوك الأردنية وهي: القنوات، والمنتجات الإلكترونية، وسيتم أيضاً تناول تطبيقات التجارة الإلكترونية.

٤-١-٣-١- أهم المنتجات وأنواع الإستخدامات المصرفية الإلكترونية في البنوك الأردنية

تقدم البنوك الأردنية العديد من المنتجات والخدمات الإلكترونية، ويظهر الجدول (١٧) أهم الخدمات المصرفية الإلكترونية التي تقدمها البنوك الأردنية لعملائها بوسائل إلكترونية.

الجدول (١٧)

أهم الخدمات المصرفية الإلكترونية التي تقدمها البنوك الأردنية عام ٢٠٠٢

نوع الخدمة	عدد العملاء المشتركين بالخدمة (ألف عميل)	عدد العمليات	مبالغ (قيم) التحويلات بالمليون
Electronic Cards	٧٠٤.٩١٩	٦.٥٠٠.٢١٥	٤١٣.٨٦٨
Phone and Mobile Bank	٢٧٤.٤٤٣	١.٢٩٣.٢٧٥	٤.٦٩٨
Call Center	٢٣٦.٥٠١	٤.٥٣٦	١.٨٦٤
Home Bank	١.٤٢٨	١٥٥	١.٨٤٩
Corporate Bank	٩٧	١.٤٨٠	١٢.٧٠٩
Internet Bank	٢٣٩.٦٣١	١٠٨.٨٢٣	٢.١٦٤
المجموع	١.٤٥٧.٠١٩	٧.٩٠٨.٤٨٤	٤٣٧.١٥٢

المصدر: شقير، عمر مسعود أحمد، (العمل المصرفي الممارس بوسائل إلكترونية من قبل البنك المركزي)/ المؤتمر العلمي السنوي بعنوان (الأعمال الإلكترونية في العالم العربي)، جامعة الزيتونة، ٧-٩ نيسان ٢٠٠٣، ص٢٠، ٢١.

ويظهر الجدول أعلاه أيضاً مبالغ وقيم التحويلات التي تمت خلال الفترة من ٢٠٠٢/١/٢ إلى ٢٠٠٢/٦/٣٠.

أما بالنسبة لإستثمار البنوك الأردنية بتكنولوجيا المعلومات للفترة من ١٩٩٨-٢٠٠٢ فهي كما في الجدول (١٨):

الجدول (١٨)

حجم استثمار البنوك الأردنية بتكنولوجيا المعلومات بالمليون دينار

السنة	١٩٩٨	١٩٩٩	٢٠٠٠	٢٠٠١	٢٠٠٢
حجم الاستثمار	٢٣.٦٩٥	٢٧.٠٩٤	٢٦.٨٢٥	٢٨.٢٨	٣٠.٦٥٧

المصدر: شقير، عمر، المصدر السابق، ص٢٢.

ويلاحظ من الجدول (١٨) أن حجم الاستثمار في تكنولوجيا المعلومات في ازدياد. أما بالنسبة لأجهزة الصراف الآلي لدى البنوك الأردنية فهي موضحه في الجدول (١٩).

الجدول (١٩)

أجهزة الصراف الآلي موزعة بحسب البنوك الأردنية لعام ٢٠٠٤

اسم البنك	العدد
بنك الإسكان	١٤٣
البنك العربي	١١٣
البنك الإسلامي الأردني	٥٣
بنك القاهرة عمان	٥١
البنك الأهلي الأردني	٤٢
بنك الأردن	٤٠
البنك الأردني الكويتي	٣٩
بنك المؤسسة العربية المصرفية (عمّان)	٢١

البنك التجاري الأردني	١١
HSBC	١١
بنك الإتحاد للادخار والإستثمار	١١
بنك سوسيته جنرال	١٠
بنك الإستثمار العربي الأردني	٩
بنك ستاندر تشارترد	٨
البنك العقاري المصري العربي	٦
بنك الصادرات والتمويل	٥
بنك الإستثمار العربي الأردني	٢
البنك الأردني للإستثمار والتمويل	٢
البنك العربي الإسلامي الدولي	١
المجموع	٥٧٧

المصدر: موقع جمعية البنوك في الأردن www.abj.org.jo

يمكن تقسيم الخدمات المصرفية التي تقدمها البنوك الأردنية إلى:

١- **خدمات مصرفية عبر الإنترنت**

بلغ عدد البنوك التي تقدم هذا المنتج ثلاثة بنوك، وقد بلغت نسبة حجم أعمالها إلى إجمالي البنوك حوالي (٤٥.٥%)، وبلغ عدد المشتركين حوالي (٢٤٠) ألف عميل شكلوا ما نسبته (٢٠.٥%) من إجمالي عملاء تحت الطلب، وما نسبته (١١%) من إجمالي عملاء البنك، قاموا خلال الفترة من ٢٠٠٢/١/١ إلى ٢٠٠٢/٦/٣٠ بإجراء (١٠٨.٨) ألف حركة دفع

وتحويل بقيمة إجمالية بلغت حوالي (٢.٢) مليون دينار، وقد كانت حصة العميل خلال الستة أشهر (٠.٥) حركة، معدل قيمة كل حركة حوالي (٢٠) ديناراً.

٢- **البطاقات الإلكترونية وتشمل (ATM, Credit Cards, Debit &Charge Cards)**

بلغ عدد البنوك التي تقدم هذا المنتج (١٦) بنكاً، بلغت نسبة حجم أعمالها إلى إجمالي البنوك حوالي (٨٦.٤%)، وبلغ عدد العملاء المشتركين حوالي (٧٠٥) ألف عميل شكلوا ما نسبته (٦٠%) من إجمالي عملاء تحت الطلب وما نسبته (٣٢%) من إجمالي عملاء البنوك، قاموا خلال الفترة من ٢٠٠٢/١/١ إلى ٢٠٠٢/٦/٣٠ بإجراء (٦.٥) مليون حركة دفع وتحويل بقيمة إجمالية بلغت حوالي (٤١٤) مليون دينار، وكانت حصة العميل الواحد خلال الستة أشهر (٩) حركات، ومعدل قيمة كل حركة (٦٤) دينار.

وقد شكلت البطاقات الائتمانية ما نسبته حوالي (٩٤%) من إجمالي البطاقات البنكية المصدرة بتاريخ ٢٠٠٢/٦، والجدول (٧) يظهر عدد البطاقات المصدرة خلال الفترة من ١٩٩٨/١٢-٢٠٠٢/١٢.

الجدول (٢٠): عدد البطاقات المصدرة من البنوك الأردنية للفترة من (١٩٩٨-٢٠٠٠)

السنة	١٩٩٨	١٩٩٩	٢٠٠٠	٢٠٠١	٢٠٠٢
عدد البطاقات الائتمانية المصدره	٢٢٢٧٤	٣١٧١٨	٤٢١٠٨	٥٦٦٥٥	٧٥٥٤٥

المصدر: شقير، عمر، مصدر سابق، ص٢٣.

وقد تطور نمو عدد الصرافات الآلية خلال الفترة ما بين عام ١٩٩٨ إلى عام ٢٠٠٢ كما يأتي:

الجدول (٢١)

عدد أجهزة الصراف الآلي في الأردن للفترة من (١٩٩٨-٢٠٠٢)

السنة	١٩٩٨	١٩٩٩	٢٠٠٠	٢٠٠١	٢٠٠٢
عدد الصرافات الآلية	٢٤٠	٣٠٠	٣٩٦	٤٥٠	٥٢٢

المصدر: شقير، عمر، مصدر سابق، ص٢٣.

٣- خدمات مصرفية عبر الهاتف الأرضي والخلوي (Phone and Mobile Bank):

بلغ عدد البنوك التي تقدم هذا المنتج (٥) بنوك، بلغت نسبة حجم أعمالها إلى إجمالي البنوك حوالي (٥٠.٤%)، وبلغ عدد المشتركين حوالي (٢٧٥) ألف عميل شكلوا ما نسبته (٢٣.٥%) من إجمالي عملاء تحت الطلب وما نسبته (١٣%) من إجمالي عملاء البنوك، قاموا خلال الفترة من ٢٠٠٢/١/١ إلى ٢٠٠٢/٦/٣٠ بإجراء (١.٣) مليون حركة دفع وتحويل بقيمة إجمالية بلغت حوالي (٤.٧) مليون دينار، وقد كانت حصة العميل الواحد خلال الستة أشهر حوالي (٥) حركات، وكان معدل قيمة كل حركة (٤) دنانير.

٤- خدمات مصرفية عن طريق البنك المنزلي والبنك الفوري (Call Center, Home Bank):

يقدم هذه الخدمة بنك واحد، بلغت نسبة حجم أعماله إلى إجمالي البنوك حوالي (١٢.٤)، وبلغ عدد العملاء المشتركين حوالي (٢٣٧.٩) ألف عميل شكلوا ما نسبته (٢٠.٣%) من إجمالي عملاء تحت الطلب، وما نسبته (١١%) من إجمالي عملاء البنوك، وقاموا خلال الفترة من ٢٠٠٢/١/١ إلى ٢٠٠٢/٦/٣٠ بإجراء (٤٧٠٠) حركة دفع وتحويل بقيمة إجمالية بلغت حوالي (٣.٧) مليون دينار. وقد كانت حصة العميل الواحد خلال الستة أشهر حوالي (٠.٠٢) حركة، معدل قيمة كل حركة حوالي (٤١١) ديناراً.

٥- **الخدمات المصرفية التي تقدم من خلال بنك الشركات (Corporate Bank):**

يقدم هذه الخدمة بنك واحد، بلغت نسبة حجم أعماله إلى إجمالي البنوك حوالي (٢.٧%)، وبلغ عدد العملاء المشتركين حوالي (٩٧) عميلاً، قاموا خلال الفترة من ٢٠٠٢/١/١ إلى ٢٠٠٢/٦/٣٠ بإجراء (١٤٨٠) حركة دفع وتحويل بقيمة إجمالية حوالي (١٢.٧) مليون دينار، وحصة العميل الواحد حوالي (١٥) حركة، معدل قيمة كل حركة (٨٥٨٧) ديناراً.

٦- **تقدم البنوك إلى جانب المنتجات أعلاه خدمات التحويل عبر القنوات الإلكترونية مثل: خدمات (Swift, Money Gram, Speed Cash):**

ويلاحظ من البيانات أعلاه أنه بالرغم من قيام البنوك الأردنية بتقديم العديد من الخدمات المصرفية الإلكترونية بشكل شبه مجاني، إلا أن قيم هذه العمليات التي نفذها العملاء ما زالت متواضعة فتبلغ فقط (٤٣٧) مليون دينار، معظمه تتم عبر الصرافات الآلية، وبلغ عدد العمليات التي تمت عن طريق شبكة الإنترنت (١٠٩) عمليات نتج عنها عمليات مالية تقدر بحوالي (٢٠٢) مليون دينار (شقير، ٢٠٠٣).

٤-١-٤- تحليل هيكل الصيرفة الإلكترونية في الأردن

يتضمن هذا البند دراسة مدى الإنتشار للقنوات والخدمات الإلكترونية لدى البنوك الأردنية، وترتيب البنوك الأردنية حسب التوسع في الصيرفة الإلكترونية ، وكذلك تحليل هيكل الصيرفة الإلكترونية، وكذلك تحليل إحصائيات البنك المركزي بخصوص الصيرفة الإلكترونية للبنوك الأردنية .

٤-١-٤-١- إنتشار القنوات والخدمات الإلكترونية لدى البنوك الأردنية

يتضح من الجداول (٢٢) و(٢٣) و(٢٤) الذي يبين نسبة الإنتشار للقنوات الإلكترونية والخدمات التي تقدمها البنوك الأردنية بما فيها البنوك الثلاث التي استبعدت من

عينة الإستبانات وهي بنك الرافدين، والكويت الوطني، وبنك لبنان والمهجر؛ حيث تم اعتماد البنك الذي يقدم أكبر عدد من الخدمات أو الذي يملك أكبر عدد من الفروع والمكاتب أو عدد الصرافات الآلية هو المقياس أو المعيار بإعطاء علامة (١٠٠%)، بحيث يتم حصول البنك على نسبة مئوية حسب عدد الخدمات التي يقدمها من خلال مقارنته بالبنك الذي تم اعتماده كمعيار حسب كل حالة.

وقد تم استبعاد نقاط البيع كون هذه القناة يتم الحصول على خدمة واحدة من خلالها وهي تسديد ثمن المشتريات من خلالها، ولا تتحكم فيها البنوك إلا من خلال منحها للبطاقات الإلكترونية التي تستخدم في نقاط البيع، وكذلك البنك المنزلي كون هذه القناة شبه متوقفة حالياً، وقد حلت محلها بنوك الإنترنت، بالتالي تم اعتماد ثمانية قنوات إلكترونية، بالإضافة إلى نسبة انتشار الصراف الآلي كأهم قناة إلكترونية موجودة حاليا، و نسبة انتشار الفروع، وذلك لكون الفروع هي أهم وسيلة للدعاية والإعلان عن القنوات الإلكترونية، وتضم الفروع النسبة الأكبر من الصرافات الآلية يتبين ما يلي:

أولاً: وجود فروقات في حجم انتشار الصراف الآلي كأهم قناة إلكترونية بين البنوك الأردنية.

ثانياً: وجود فروقات كبيرة في حجم انتشار القنوات الإلكترونية؛ فمثلاً البنك الآلي يقدم من خلال ثلاثة بنوك فقط من أصل ثلاثة وعشرين بنكاً تجارياً أردنياً، وقناة البنك الفوري، وتسمى أيضاً خدمة العملاء تقدم بشكل متكامل من خلال بنك واحد، حيث يستطيع العميل من خلال البنك الحصول على العديد من الخدمات المصرفية التي يحصل عليها من باقي القنوات سواء أكانت خدمة استعلام أو خدمة تنفيذية على حسابه، بينما في بقية البنوك يستطيع العميل الحصول على بعض المعلومات فيما يخص خدمات البنك فقط دون الحصول على أية معلومة بخصوص حسابه أو القيام بعملية مالية على حسابه.

ثالثاً: هناك ثلاثة بنوك فقط تملك سبعة قنوات الكترونية من أصل ثمانية قنوات إلكترونية، وكذلك لديها انتشار جيد للصرافات الآلية والفروع، وهذه البنوك هي: الإسكان، والعربي، والأردني الكويتي.

رابعاً: يوجد قنوات إلكترونية مثل البنك الناطق يملكها ثلاثة عشر بنكاً تجارياً، وبنك الإنترنت الذي يملكه اثني عشر بنكاً، لكن يلاحظ الإختلاف الكبير في حجم الخدمات التي تقدم من خلال هذه القنوات بين البنوك التي تملك هذه القنوات، وقد كانت البنوك الثلاث التي تم ذكرها في الفقرة السابقة هي أكثر البنوك التي تقدم خدمات إلكترونية من خلال هذه القنوات الإلكترونية.

خامساً: انخفاض عدد القنوات الإلكترونية التي تملكها البنوك التجارية الأردنية، والفروقات الكبيرة بين البنوك الأردنية في عدد القنوات الإلكترونية التي يملكونها.

ويبين الجدول (٢٢) مدى الإنتشار للقنوات الإلكترونية والخدمات التي تقدم من خلالها.

الجدول (٢٢)

مدى الإنتشار للقنوات الإلكترونية والخدمات التي تقدم من خلالها

البنك	عدد الصراف الآلي	عدد الفروع	نسبة الصراف إلى الفروع	نسبة خدمات الصراف	نسبة خدمات الإنترنت	نسبة خدمات مرسال	نسبة خدمات البنك الفوري	نسبة خدمات بنوك الشركات	نسبة خدمات البنك الآلي	نسبة خدمات البنك الناطق	نسبة خدمات البنك الخلوي
العربي	١١٣	٨٢	١٣٧.٨٠	٧٨.٥٧	١٠٠.٠٠	٧٢.٢٢	٥.٢٦	١٠٠.٠	٧٥.٦٨	٨٤.٦٢	٥٠.٠٠
الأهلي	٤٤	٥٤	٨٤.٤٨	٥٧.١٤	٤٧.٠٦	٣٣.٣٣	٥.٢٦	٠.٠٠	٠.٠٠	٣٨.٤٦	٤١.٦٦
الأردن	٤٠	٧٢	٥٥.٥٦	٧١.٤٢	٥٢.٩٤	٥١.١١	٥.٢٦	٠.٠٠	٠.٠٠	٥١.٥٤	١٠٠.٠٠
القاهرة عمان	٥١	٥٠	١٠٢.٠٠	٣٥.٧١	٠.٠٠	٠.٠٠	٥.٢٦	٠.٠٠	٠.٠٠	٠.٠٠	٠.٠٠
الإسكان	١٤٢	١٠١	١٤٠.٥٩	١٠٠.٠٠	١٠٠.٠٠	١٠٠.٠٠	١٠٠.٠٠	٠.٠٠	١٠٠.٠٠	٥٣.٨٥	٨٣.٠٠
الأردني كويتي	٣٩	٣٣	١١٨.١٨	٦٤.٢٩	٧٠.٥٩	٧٢.٢٢	٥.٢٦	٠.٠٠	٤٨.٦٥	٧٦.٩٢	٩١.٦٦
التجاري الدولي	١١	١٥	٧٣.٣٣	٦٤.٢٩	٠.٠٠	٦١.١١	٥.٢٦	٠.٠٠	٠.٠٠	١٠٠.٠٠	٩١.٦٦
الإستثمار العربي	٩	١٤	٦٤.٢٩	٥٧.١٤	٥٨.٨٢	٠.٠٠	٥.٢٦	٠.٠٠	٠.٠٠	٧٦.٩٢	٨٣.٠٠
العربية المصرفية	٢١	١٦	١٣١.٢٥	٥٧.١٤	٤١.١٨	٧٢.٢٢	٥.٢٦	٠.٠٠	٠.٠٠	٧٢.٩٦	٦٦.٦٦
أردني للإستثمار	٢	٧	٢٨.٥٧	٥٧.١٤	٥٢.٩٤	٠.٠٠	٥.٢٦	٠.٠٠	٠.٠٠	٦٩.٢٣	٥٠.٠٠
الإتحاد	١١	١٣	٨٤.٦٢	٤٢.٨٦	٠.٠٠	٠.٠٠	٥.٢٦	٠.٠٠	٠.٠٠	٠.٠٠	٠.٠٠
سوسيته	١٠	١٥	٦٦.٦٧	٥٧.١٤	٧٠.٥٩	٠.٠٠	٥.٢٦	٠.٠٠	٠.٠٠	٥٣.٨٥	٠.٠٠
صادرات وتمويل	٥	٥	١٠٠.٠٠	٥٠.٠٠	٠.٠٠	٠.٠٠	٥.٢٦	٠.٠٠	٠.٠٠	٠.٠٠	٠.٠٠

HSBC	١١	٦	١٨٣.٣٣	٦٤.٢٩	٤١.١٨	٠.٠٠	٥.٢٦	٠.٠٠	٠.٠٠	٦٩.٢٣	٠.٠٠
العقاري	٦	١٨	٣٣.٣٣	٤٢.٩٦	٠.٠٠	٠.٠٠	٥.٢٦	٠.٠٠	٠.٠٠	٠.٠٠	٠.٠٠
ستاندرد تشارترد	٨	٧	١٠٠.٢٨	٥٧.١٤	٠.٠٠	٠.٠٠	٥.٢٦	٠.٠٠	٠.٠٠	٦٩.٢٣	٠.٠٠
ستي	٢	٢	١٠٠.٠	٥٠.٠٠	٠.٠٠	٠.٠٠	٥.٢٦	٠.٠٠	٠.٠٠	٠.٠٠	٠.٠٠
الإسلامي	٥٣	٦٥	٨١.٥٤	٥٧.١٤	٤١.١٧	٠.٠٠	٥.٢٦	٠.٠٠	٠.٠٠	٠.٠٠	٥٨.٣٣
العربي الإسلامي	١	١٢	٨.٣٣	٥٠.٠٠	٠.٠٠	٠.٠٠	٥.٢٦	٠.٠٠	٠.٠٠	٦١.٥٤	٠.٠٠
الرافدين	٠	٣	٠.٠٠	٠.٠٠	٠.٠٠	٠.٠٠	٠.٠٠	٠.٠٠	٠.٠٠	٠.٠٠	٠.٠٠
عودة	٥	٥	١٠٠.٠٠	٦٤.٢٩	٧٦.٤٧	٢٨.٨٨	٥.٢٦	٠.٠٠	٠.٠٠	٠.٠٠	٦٦.٦٦
الكويت الوطني	١	١	١٠٠.٠٠	٤٢.٨٦	٠.٠٠	٠.٠٠	٥.٢٦	٠.٠٠	٠.٠٠	٠.٠٠	٠.٠٠
لبنان والمهجر	١	١	١٠٠.٠٠	٤٣.٨٦	٠.٠٠	٠.٠٠	٥.٢٦	٠.٠٠	٠.٠٠	٠.٠٠	٠.٠٠

المصدر: عمل الباحث.

ويبين الجدول (٢٣) مدى الإنتشار للصيرفة الإلكترونية في البنوك الأردنية.

الجدول (٢٣)

مدى الإنتشار للصيرفة الإلكترونية في البنوك الأردنية

البنك	عدد الصراف الآلي	عدد الفروع	نسبة الصراف إلى الفروع	نسبة انتشارا لصراف	نسبة انتشار الفروع
العربي	١١٣	٨٢	١٣٧.٨٠	٧٩.٥	٨١.٢٠
الأهلي	٤٤	٥٤	٨١.٤٨	٣١.٠٠	٥٣.٥٠
الأردن	٤٠	٧٢	٥٥.٥٦	٢٨.٢٠	٧١.٣٠
القاهرة عمان	٥١	٥٠	١٠٢.٠٠	٣٦.٠٠	٤٩.٥٠
الإسكان	١٤٢	١٠١	١٤٠.٥٩	١٠٠.٠٠	١٠٠.٠٠
الأردني كويتي	٣٩	٣٣	١١٨.١٨	٢٧.٥٠	٣٢.٦٧
التجاري الدولي	١١	١٥	٧٣.٣٣	٧.٧٥	١٤.٨٥
الإستثمار العربي	٩	١٤	٦٤.٢٩	٦.٣٤	١٣.٨٦
العربية المصرفية	٢١	١٦	١٣١.٢٥	١٤.٨٠	١٥.٨٤
الأردني للإستثمار	٢	٧	٢٨.٥٧	١.٤١	٦.٩٣
الإتحاد	١١	١٣	٨٤.٦٢	٧.٧٥	١٢.٨٧
سوسيته	١٠	١٥	٦٦.٦٧	٧.٠٠	١٤.٨٥
صادرات وتمويل	٥	٥	١٠٠.٠٠	٣.٥٠	٤.٩٥
HSBC	١١	٦	١٨٣.٣٣	٧.٧٥	٥.٩٤
العقاري	٦	١٨	٣٣.٣٣	٤.٢٣	١٧.٨٢
ستاندرد تشاردر	٨	٧	١٠٠.٢٨	٥.٦٣	٦.٩٣

ستي	٢	٢	١٠٠.٠٠	١.٤١	٢.٠٠
الإسلامي	٥٣	٦٥	٨١.٥٤	٣٧.٣٢	٦٤.٣٦
العربي الإسلامي	١	١٢	٨.٣٣	٠.٧٠	١١.٨٨
الرافدين	٠	٣	٠.٠٠	٠.٠٠	٣.٠٠
عودة	٥	٥	١٠٠.٠٠	٣.٥٢	٥.٠٠
الكويت الوطني	١	١	١٠٠.٠٠	٠.٧٠	١.٠٠
لبنان والمهجر	١	١	١٠٠.٠٠	٠.٧٠	١.٠٠

المصدر: عمل الباحث.

ويتبين من هذا الجدول (٢٣) أن هناك العديد من القنوات الإلكترونية التي تستخدمها البنوك الأردنية، وتقدم من خلالها خدمات مصرفية متنوعة، وافتقار عدد آخر من هذه البنوك لتلك القنوات الإلكترونية.

ويبين من خلال الجدول (٢٤) الذي يبين القنوات الإلكترونية وعدد البنوك الأردنية التي تملك هذه القنوات.

الجدول (٢٤)

القنوات الإلكترونية وعدد البنوك الأردنية التي تملك هذه القنوات

القناة الإليكترونية	الصراف الآلي	بنك الإنترنت	البنك الفوري	مرسال	بنوك الشركات	البنك الآلي	البنك الناطق	البنك الخلوي
عدد البنوك التي تمتلك تلك القناة	٢٢	١٢	١	٨	١	٣	١٣	١١

المصدر: عمل الباحث.

٤-١-٤-٢- ترتيب البنوك حسب الصيرفة الإلكترونية مقارنة برأس المال

ويبين الجدول (٢٥) ترتيب البنوك الأردنية حسب التوسع في الصيرفة الإلكترونية مقارنة برأس المال لتلك البنوك.

الجدول (٢٥)

ترتيب البنوك الأردنية حسب التوسع في الصيرفة الإلكترونية مقارنة برأس المال لتلك البنوك

التسلسل	اسم البنك	العلامة من ١٠٠%	رؤوس أموال البنوك المدفوعة لعام ٢٠٠٤ بالمليون
١	الإسكان	%٨٣.٦٨	١٠٠
٢	العربي	%٧٢.٧١	١٧٦
٣	الأردني كويتي	%٤٨.٩٧	٣١.٢٥
٤	الأردن	%٤٥.١٨	٤٠.٨
٥	مؤسسة عربية مصرفية	%٣٥	٢٧.٦
٦	تجاري دولي	%٣٤.٤٩	٤٠
٧	الأهلي	%٣٠.٧٤	٦٠
٨	الإستثمار عربي	%٣٠.١٣	٣٠
٩	الإسلامي	%٢٦.٣٦	٤٠
١٠	عودة	%٢٦	٢٠
١١	الأردني للإستثمار	%٢٤.٢٩	٣٠
١٢	سوستيه	%٢٠.٨٧	٢٢.٥
١٣	اتش اس بي سي	%١٩.٣٦	١٤
١٤	ستا ندرد تشارترد	%١٤.٤٢	١٣
١٥	العربي الإسلامي	%١٢.٩٤	٤٠

١٦	القاهرة عمان	%١٢.٦٥	٣٠
١٧	العقاري	%٧.٠٢	٢٠
١٨	اتحاد	%٦.٨٧	٢٥
١٩	صادرات وتمويل	%٦.٣٧	٤١.٥
٢٠	ستي	%٥.٨٧	١٠
٢١	لبنان والمهجر	%٤.٩٨	٢٠
٢٢	الكويت الوطني	%٤.٩٨	٢٠
٢٣	الرافدين	%٠.٣	١٠

المصدر: إعداد الباحث.

من خلال الجدول (٢٥) يتبين لنا ما يلي:

أولاً: يلاحظ أن هناك ضعفاً كبيراً في حجم ما تملكه البنوك الأردنية من القنوات الإلكترونية من جهة وضعف عدد الخدمات التي تقدمها تلك القنوات.

ثانياً: هناك فقط ثلاثة بنوك حصلت على علامة تعادل (٥٠%) أو أكثر، وهذه البنوك الثلاث هي البنك العربي، وبنك الإسكان، والبنك الأردني الكويتي.

ثالثاً: وانطلاقاً من الافتراض بأن البنوك التي لها رأس مال كبير تتوسع في الصيرفة الإلكترونية، تم حساب معامل ارتباط بيرسون بين رأس مال البنك والعلامة التي حصل عليها البنك في الصيرفة الإلكترونية حسب ما هو مبين أعلاه، فقد بلغ معامل الارتباط (٠.٧٦) وهو دال عند مستوى (٠.٠١) فأقل.

٤-١-٤-٣-   تركيبة الصيرفة الإلكترونية في الأردن

يتبين من خلال الشكل (٢)؛ حيث تم إجراء تحليل العناقيد (Tree Cluster Analysis)، يتضح لنا تركيبة الصيرفة الإلكترونية في البنوك الأردنية.

يبين الشكل (٢) هيكل الصيرفة الإلكترونية في الأردن.

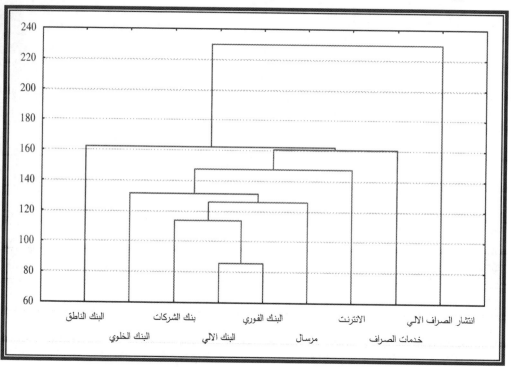

الشكل (٢): هيكل الصيرفة الإلكترونية في الأردن

نلاحظ من الشكل (٢) أن نسبة انتشار الصراف الآلي تشكل تجمعاً أساسياً يعتبر أساس للصيرفة الإلكترونية لجميع البنوك العاملة في الأردن، كما شكلت نسبة الخدمات المقدمة من خلال الصراف الآلي مع كل من بنك الإنترنت والبنك الناطق تجمع لنوع محدد من خدمات الصيرفة الإلكترونية، أما قناة مرسال فقد شكلت لوحدها تجمع ارتبط مع

قناتي البنك الفوري والبنك الآلي واللذان أيضاً شكلا مع بعضهما البعض تجمعاً آخر، وجاء بنك الشركات ليشكل وحده تجمعاً، وارتبط مع بقية الخدمات الصيرفة الإلكترونية.

٤-١-٤-٤- تحليل إحصائيات البنك المركزي بخصوص الصيرفة الإلكترونية

يتضمن هذا التحليل عمل مقارنة بين نسب استخدام القنوات الإلكترونية حسب الدراسة وإحصائيات البنك المركزي.

ويوضح الجدول (٢٦) مقارنة نسب استخدام القنوات الإلكترونية بين نتائج الدراسة وإحصائيات البنك المركزي.

الجدول (٢٦)

مقارنة نسب استخدام القنوات الإلكترونية بين نتائج الدراسة وإحصائيات البنك المركزي

نسب الإستخدام حسب إحصائيات البنك المركزي	نسب الإستخدام حسب الدراسة	القناة الإلكترونية
%٧١٫٥	%٨٥	الصراف الآلي
%٢٨٫٦	%٧٫٤	البنك الخلوي + البنك الناطق + خدمة العملاء
%٢٤٫١	%٥	بنوك الإنترنت

وقد تم اعتماد نسبة حملة البطاقات الإلكترونية لإجمالي البنوك الأردنية حسب إحصائيات البنك المركزي، وذلك لعدم توفر إحصائيات لنسبة مستخدمي الصراف الآلي لإجمالي البنوك، مع العلم أن نسبة من يحملون بطاقات صراف آلي سواء أكانت فيزا إلكترون أو غيرها هم (٩٣%) من إجمالي حملة البطاقات الإلكترونية، وقد تم اعتماد نسبة من يحملون البطاقات الإلكترونية نسبة إلى إجمالي العملاء الذين يملكون حسابات توفير، وذلك على فرض أن أغلب حملة هذه البطاقات هم العملاء الذين يملكون حسابات توفير.

ويلاحظ من الجدول (٢٦) تقارب بين هذه النسب للدراسة وإحصائيات البنك المركزي وذلك بخصوص الصراف الآلي، ووجود فروقات فيما يخص باقي النسب، وقد يعزى إلى مدى دقة إحصائيات البنوك التي يتم تزويدها للبنك المركزي.

ويبين الشكل (٣) مقارنة بين نسب الدراسة ونسب البنك المركزي بخصوص الصراف الآلي.

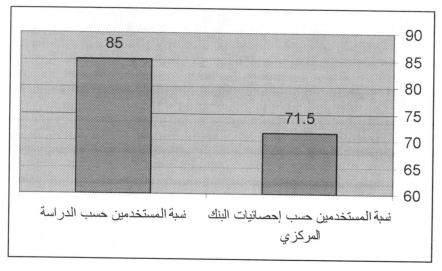

الشكل (٣): مقارنة بين نسب الدراسة ونسب البنك المركزي بخصوص الصراف الآلي

ويبين الشكل (٤) مقارنة بين نسب الدراسة ونسب البنك المركزي بخصوص الإنترنت.

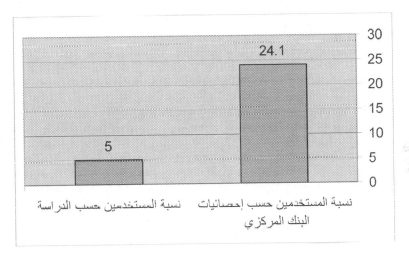

30
25
24.1
20
15
10
5
5
0
نسبة المستخدمين حسب إحصائيات   نسبة المستخدمين حسب الدراسة
البنك المركزي

الشكل (٤): مقارنة بين نسب الدراسة ونسب البنك المركزي بخصوص الإنترنت

ويبين الشكل (٥) مقارنة بين نسب الدراسة ونسب البنك المركزي بخصوص البنك الناطق، والفوري والخلوي.

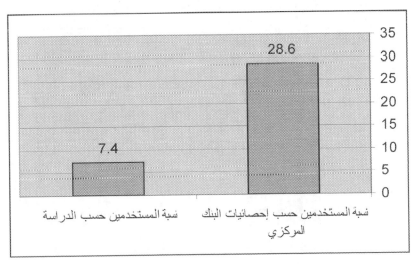

35
30
28.6
25
20
15
10
7.4
5
0
نسبة المستخدمين حسب إحصائيات البنك   نسبة المستخدمين حسب الدراسة
المركزي

الشكل (٥): مقارنة بين نسب الدراسة ونسب البنك المركزي بخصوص البنك الناطق والفوري والخلوي

ويتبين من الجدول (٢٧) أن هذه البنوك الثلاث تستحوذ على أكثر من ثلث الحسابات الإجمالية لدى الجهاز المصرفي.

الجدول (٢٧)

نسبة البنوك الثلاث من الحسابات إلى إجمالي البنوك حسب إحصائيات البنك المركزي

٢٠٠٤	٢٠٠٣	٢٠٠٢	الحساب
٣٢	٣١.٨	٣١.٣	جاري
٥٥.٤	٥٥.٦	٥٤.٣	توفير
٤١.٢	٤١.٤	٤٠	إجمالي

المصدر: إعداد الباحث استناداً إلى إحصائيات البنك المركزي.

ويتبين من الجدول (٢٨) أن هناك فروقات كبيرة بين نسبة عملاء البنوك الثلاث الذين يتعاملون مع القنوات الإلكترونية مقارنة مع إجمالي عملاء الجهاز المصرفي، حيث يبين الجدول نسبة المتعاملين مع هذه القنوات نسبة إلى عدد العملاء.

الجدول (٢٨)

مقارنة للقنوات بين الثلاث بنوك وإجمالي البنوك حسب إحصائيات البنك المركزي

٢٠٠٤/ إجمالي البنوك	٢٠٠٤/ البنوك الثلاث	٢٠٠٣/ إجمالي البنوك	٢٠٠٣/ البنوك الثلاث	٢٠٠٢/ إجمالي البنوك	٢٠٠٢/ البنوك الثلاث	نوع الحساب	القناة
٤٦.٧	٨٦	٤٤.١	٨٣.٧	٣٧.٢	٧٤.٤	جاري	بطاقات إلكترونية
٧١.٥	٧٦	٦٥.٤	٧١	٥٤.٣	٦٢.٥	توفير	بطاقات إلكترونية
٢٨.٣	٤٠.٤	٢٦.٣	٣٨.٤	٢٢	٣٤	إجمالي	بطاقات إلكترونية
١٥.٧	٤٨.٦	١٥.٤	٤٨.٤	١٢.٧	٤٠.٧	جاري	إنترنت

٢٤.١	٤٣	٢٢.٨	٤١	١٨.٦	٣٤.٢	توفير	إنترنت
٩.٦	٢٢.٨	٩.٢	٢٢.٢	٧	١٨.٦	إجمالي	إنترنت
١٨.٧	٥٥	١٧.٥	٥٢.٧	١٤.٢	٤٤.٨	جاري	Phone
٢٨.٦	٤٨.٤	٢٦	٤٤.٧	٢٠.٨	٣٧.٦	توفير	Phone
١١.٣	٢٥.٧	١٠.٤	٢٤.٢	٨.٤	٢٠.٤	إجمالي	Phone

المصدر: عمل الباحث استناداً إلى إحصائيات البنك المركزي.

ويبين الجدول (٢٩) مقارنة بين عدد العملاء الذين يملكون بطاقات إلكترونية للبنوك الثلاث: (العربي، والإسكان، والأردني الكويتي) مقارنة مع إجمالي البنوك وذلك حسب إحصائيات البنك المركزي.

الجدول (٢٩)

مقارنة بين عدد العملاء الذين يملكون بطاقات إلكترونية للبنوك الثلاث: (العربي، والإسكان، والأردني الكويتي) مقارنة مع إجمالي البنوك وذلك حسب إحصائيات البنك المركزي

عام ٢٠٠٤	عام ٢٠٠٣	عام ٢٠٠٢	اسم البنك
٧٠٦١٢٣	٦٤٣٩٨٠	٥٤٦٥٦٧	إجمالي البنوك الثلاث
١١٩٩٣٠٥	١٠٦٧٠٠٢	٨٧٣٨٨٩	إجمالي البنوك
٥٨.٩%	٦٠.٤%	٦٢.٥%	نسبة البنوك الثلاث

المصدر: عمل الباحث استناداً إلى إحصائيات البنك المركزي.

ويبين الجدول (٣٠) مقارنة بين عدد عملاء البنك الخلوي والناطق والفوري للبنوك الثلاث مقارنة مع إجمالي البنوك وذلك حسب إحصائيات البنك المركزي.

الجدول (٣٠)

مقارنة بين عدد عملاء البنك الخلوي والناطق والفوري للبنوك الثلاث مقارنة مع إجمالي البنوك وذلك حسب إحصائيات البنك المركزي

اسم البنك	عام٢٠٠٢	عام٢٠٠٣	عام ٢٠٠٤
إجمالي البنوك الثلاث	٣٢٨٧٢٩	٤٠٥٢٩٦	٤٤٩٩٩٨
إجمالي البنوك	٣٣٤١٥٤	٤٢٣٠٢٧	٤٧٩٢٣٠
نسبة البنوك الثلاث	%٩٨.٤	%٩٥.٨	%٩٣.٩

المصدر: عمل الباحث استناداً إلى إحصائيات البنك المركزي.

ويبين الجدول (٣١) مقارنة بين عدد عملاء الإنترنت للبنوك الثلاث مقارنة مع إجمالي البنوك الثلاث وذلك حسب إحصائيات البنك المركزي.

الجدول (٣١)

مقارنة بين عدد عملاء الإنترنت للبنوك الثلاث مقارنة مع إجمالي البنوك الثلاث وذلك حسب إحصائيات البنك المركزي

اسم البنك	عام ٢٠٠٢	عام ٢٠٠٣	عام ٢٠٠٤
إجمالي البنوك الثلاث	٢٩٨٨٨٥	٣٧٢٢١٥	٣٩٩٠٠٨
إجمالي البنوك	٢٩٨٨٨٥	٣٧٢٤٣٥	٤٠٣٦٤٠
نسبة البنوك الثلاث	%١٠٠	%٩٩.٩	%٩٨.٩

المصدر: عمل الباحث استناداً إلى إحصائيات البنك المركزي.

ويتبين من خلال الجداول (٣٠-٣١) أن هناك ثلاثة بنوك تستحوذ على الغالبية العظمى من عملاء الصيرفة الإلكترونية وهذه البنوك هي: البنك العربي، وبنك الإسكان، والبنك الأردني الكويتي (العبداللات ، ٢٠٠٦).

٤-١-٥- التجارة الإلكترونية في الأردن

إن التجارة الإلكترونية واحدة من التعبيرات الحديثة التي دخلت حياتنا وأصبحت تتداول للتعبير عن العديد من الأنشطة الإنسانية المرتبطة بثورة تكنولوجيا المعلومات والإتصالات، وتلعب دوراً متنامياً في إحداث التحولات والتغيرات في التجارة الدولية. إن انضمام الأردن لمنظمة التجارة العالمية عام ٢٠٠٠، بالإضافة إلى الإتفاقات التجارية الإقليمية والثنائية، يتطلب منه إتباع استراتيجيات السوق المفتوح وتعزيز قدرته التنافسية، فبالرغم من وجود بعض المخاطر التي قد تتسبب لبعض القطاعات الإقتصادية، إلا أنه بحاجة إلى أن تدخل منتجاته الأسواق العالمية، والإستفادة من الفرص الإستثمارية المتاحة.

١- أشكال التجارة الإلكترونية في الأردن:

إن التجارة الإلكترونية في الأردن ما زالت في مراحلها الأولى، حيث إن الصفقات التجارية (البيع والشراء) عبر الإنترنت محدودة، ومعظم الصفقات التي تتم عبر الإنترنت في الأردن تتم بمبادرات شخصية ومن قبل القطاع الخاص، وذلك بسبب غياب بعض عناصر البنية التحتية اللازمة لتطوير التجارة الإلكترونية، وغياب خطة واضحة للتطوير، وستساهم المبادرة التي أطلقها جلالة الملك عبد الله الثاني لتطوير تكنولوجيا المعلومات في الأردن في تطوير التجارة الإلكترونية، وذلك من خلال التعاون بين القطاع الخاص والعام، ويوجد أربعة أشكال للتجارة الإلكترونية في الأردن هي:

أ- التجارة الالكترونية بين مؤسسات الأعمال. وهي من أكثر الأشكال شيوعاً في الأردن، ومعظم الصفقات تتم لغايات الإستيراد، وتتم من خلال بنوك أجنبية وليست محلية.

ب- التجارة الإلكترونية بين مؤسسات الأعمال والمستهلك. هذا النمط من التجارة قليل الإستعمال في الأردن، حيث لا يوجد إلا القليل من المؤسسات التي لها مواقع على الإنترنت وترغب بالبيع للمستهلك.

ج- التجارة الإلكترونية بين مؤسسات الأعمال والحكومة. هذا النوع محدود جداً، ويغطي جميع التحويلات مثل: دفع الضرائب، والتعاملات بين الشركات وهيئات الإدارات المحلية، مثل عرض الإجراءات واللوائح والرسوم، مثل برنامج مؤسسة الضمان الإجتماعي للدفع الموجه للشركات.

د- التجارة الإلكترونية بين المستهلك والحكومة، حيث يوجد برنامج لدفع الضريبة إلكترونياً بالتعاون مع دائرة ضريبة الدخل، وبرنامج دفع اشتراكات الضمان بالتعاون مع مؤسسة الضمان الإجتماعي.

إن انتشار الكمبيوتر والإنترنت في الأردن لا يزال محدوداً، وقد أظهرت الحكومة اهتماما حول التجارة الإلكترونية فقامت بإجراءات لتعزيز استخدام التجارة الإلكترونية منها: إدخال استخدام الإنترنت منذ عام ١٩٩٥، وإعفاء أجهزة الكمبيوتر من الضرائب، وإدخال منهاج الكمبيوتر في المدارس، ويقدر عدد مستخدمي الإنترنت (٤.٧%) من سكان المملكة في عام ٢٠٠٢، وعدد اللذين يملكون أجهزة كمبيوتر في الأردن حوالي (٤%) من عدد السكان عام ٢٠٠٣ مقارنة مع (٦.٧٨%) عالمياً.

٢- البنية التحتية للتجارة الإلكترونية

تلعب البنية التحتية للتجارة الإلكترونية في الأردن دوراً كبيراً؛ كونها تتضمن المستلزمات الضرورية لتطبيق إجراءات البيع والشراء للسلع والخدمات عبر الإنترنت وأهمها ما يلي:

١- الإتصالات: وهي من أهم عناصر البنية التحتية اللازمة لتطبيق التجارة الإلكترونية وتتكون من:

أ- مجموعة شركات الإتصالات الأردنية: وهي أهم عناصر البنية التحتية، وتضم مجموعة شركة الإتصالات الأردنية أربع شركات:

١- الإتصالات الأردنية: وهي تعتبر أكبر مشغل ومزود لخدمات الإتصالات في الأردن، وتقدم خدمات عديدة منها الخط المؤجر الذي هو عبارة عن خط دائم ومخصص بين نقطتين متباعدين ويوفر سرعة اتصال عالية، وخدمة الإتصال بالمجان بحيث تتحملها الشركة والمؤسسة الخدمية.

٢- شركة موبايلكم: وهي شركة أخرى من مجموعة شركة الإتصالات الأردنية.

٣- شركة أي دايمنشن (E-Dimension): وقد أنجزت هذه الشركة بوابة الدفع الإلكتروني والتي يستطيع المستخدم من خلالها دفع الفواتير والإلتزامات المالية عبر شبكة الإنترنت، وتعمل هذه البوابة بالتعاون مع البنك الأهلي الأردني والذي يقوم بمهمة المحصل لجميع حركات بطاقات الائتمان، كما يشمل التعاون البنك العربي، وبنك الأردن، وبنك الإسكان لتحصيل حركات الفيزا إلكترون (الصراف الآلي).

٤- شركة وانا دو (Wanadoo): وهذه الشركة تقوم بتزويد خدمة الإنترنت إلى مجتمع الأعمال والمستهلكين، وتأسست عام ١٩٩٦.

ب- الشركات المزودة لخدمة الإنترنت: ويبلغ عدد هذه الشركات المرخصة(٣٠) شركة، والعاملة منها بلغ (١١) شركة في عام ٢٠٠١.

ج- شركات تصميم صفحات الإنترنت، وتبلغ (٥٠) شركة عام ٢٠٠٢.

د- الهاتف النقال: وقد بلغ مستخدمي الهاتف النقال (١.٢) مليون شخص في نهاية عام ٢٠٠٢، نسبة المشتركين على شبكة فاست لينك حوالي (٧٣%) والباقي على شبكة موبايلكم.

٢- القطاع المالي: ويلعب دوراً مميزاً في مجال التجارة الإلكترونية، فتقوم البنوك بإصدار بطاقات الائتمان وبطاقات التسوق عبر الإنترنت وغيرها من البطاقات.

٣- النقل والتوزيع: هناك طريقتان لتوزيع السلع والخدمات في مجال التجارة الإلكترونية، وتعتمد هذه الطرق على ماهية ونوع هذه السلع والخدمات، فإذا كانت قابلة للتوفير بشكل رقمي يمكن نقلها عبر الإنترنت، أما إذا كانت غير ذلك فيمكن نقلها بالطرق الحديثة والتقليدية عبر شركات النقل مثل: شركة أرامكس، شركة البريد الأردني، شركة دي اتش ال (D H L) والملكية الأردنية (سهاونة وآخرون، ٢٠٠٤، ص ص: ١١-٣٤).

وقد تبنت الحكومة الأردنية بالإتفاق مع الولايات المتحدة برنامجاً لإيجاد بيئة تجارية حرة للتجارة الإلكترونية، وذلك ضمن اتفاقية التجارة الحرة بين البلدين، وقد اتفقت الدولتان على عدم فرض المزيد من الأعباء الجمركية على الصفقات الإلكترونية، أو فرض معيقات تحد من القدرة على تسهيل التجارة. وفي عام ٢٠٠١ عقدت شركة منظمة تكنولوجيا المعلومات/ الأردن مؤتمرها الدولي الأول حول التجارة الإلكترونية، وكان يهدف إلى تقييم جاهزية الأردن للتجارة الإلكترونية، وحفز قطاع تكنولوجيا المعلومات في الأردن على تطوير استراتيجية أعمال لدخول الأسواق الإقليمية، وإزالة المعيقات والقيود على التجارة الإلكترونية (عواد، ٢٠٠٣).

٤-٢- المبحث الثاني: البنك المركزي والصيرفة الإلكترونية

Central Bank and Electronic Banking

يعد البنك المركزي الجهة المشرفة والرقابية على أنشطة البنوك العاملة في الأردن، ومن هنا فإنه يقوم بتنظيم هذه الأنشطة والإشراف عليها بما فيها أنشطة الصيرفة الإلكترونية، ويتم ذلك من خلال القوانين والتشريعات التي يصدرها البنك المركزي باعتباره السلطة النقدية والرقابية على البنوك ، ومثل هذه القوانين والتشريعات تمثل ركيزة أساسية لتطوير البنوك لأنشطتها المصرفية المعتمدة على الإستخدامات التكنولوجية والإلكترونية، لذلك فإن هذا المبحث سيتناول أنواع التحديات والمخاطر التي تواجه العمل المصرفي، وتشريعات البنك المركزي لمواجهتها، والمهمة الرقابية للبنك المركزي على الصيرفة الإلكترونية.

٤-٢-١- إجراءات وتشريعات البنك المركزي تجاه العمل المصرفي الإلكتروني

٤-٢-١-١- أنواع المخاطر التي تواجه العمل المصرفي الإلكتروني

إن تقديم الخدمات المصرفية من خلال شبكة الإنترنت تسبب في إحداث نقلة حضارية في صناعة تقديم الخدمات المصرفية والمالية، وقد أدّت التغيرات العالمية مثل تحرير الخدمات المالية، إضافة لبعض الخصائص الفنية لتكنولوجيا شبكة الإنترنت، إلى إثارة المخاوف والقلق لدى المصرفيين والسلطات الإشرافية، مما أدى إلى المطالبة بضرورة توفر ضوابط قبل الدخول في العمل المصرفي الإلكتروني ، وذلك لتجنب الكثير من المخاطر وأهمها:

١- زيادة المنافسة في صناعة الخدمات المصرفية الإلكترونية، حيث تتسابق المؤسسات المالية والشركات لإستحداث منتجات وخدمات مالية دون أن تراعي الآثار التي تحدث عند الإستخدام.

٢- عدم توفر بنية تحتية ذات تكنولوجيا متطورة من شبكات الإتصالات والتي يجب أن تتمتع بالمرونة والكفاءة ، وتوفر الأمن والسلامة والخدمات بصورة ملائمة.

٣- انتشار ظاهرة التحالفات المشتركة مع مؤسسات غير مالية.

٤- التطورات الهائلة في مجال الإتصالات وأجهزة الحاسب والبرامج، وعدم القدرة على ملاحقتها.

٥- زيادة عمليات الإحتيال والنصب والقرصنة على الشبكة بسبب غياب المعايير القياسية التي تتبعها المؤسسات للتحقق من هوية العميل.

٦- الغموض التشريعي والتنظيمي بشأن اختصاص وتطبيق القوانين واللوائح الحالية على الأنشطة المصرفية الإلكترونية.

أما المخاطر المتوقعة من تطبيق الأعمال المصرفية الإلكترونية فهي:

١- مخاطر التشغيل: ويمكن تقسيم هذه المخاطر إلى:

أ- الأمن (System Security): تنشأ هذه المخطرة عن إمكانية اختراق غير المُرّخص لهم بالدخول إلى نظم حسابات البنك بهدف التعرُف على المعلومات الخاصة بالعملاء واستغلالها، وقد يتم ذلك من خلال أشخاص خارج البنك أو من العاملين في البنك بالتالي يجب توافر إجراءات كافية لحماية حسابات العملاء، وتلجأ بعض المؤسسات إلى استخدام نظام الشيفرة في التعاملات، وإلى استخدام التوقيعات الإلكترونية المشفرة لتحقيق الأمن والسلامة لجميع أطراف المعاملات التجارية.

ب- عدم ملائمة تصميم النظم أو إجراء الصيانة الدورية للنظام: وهي تنشأ من إخفاق النظم أو عدم كفاءتها لمواجهة متطلبات المستخدمين، وعدم السرعة في حل المشاكل المتعلقة بالنظم والصيانة الخاصة بها، وخصوصاً عندما يتم الإعتماد على جهات خارجية مما قد يؤدي إلى تسرب معلومات عن حسابات العملاء، أو ظهور مشاكل فنية لمستخدمي شبكة الإنترنت، بالتالي فقدان البنك لمصداقيته، لذلك يجب على البنك مراقبة أداء تلك الجهات، ومراجعة العقود المبرمة معها.

ج- إساءة الإستخدام من قبل العملاء: وذلك نتيجة عدم إحاطة العملاء بإجراءات التأمين الوقائية، أو السماح لعناصر إجرامية بالدخول على الشبكة أو القيام بعملية غسيل الأموال باستخدام معلومات العملاء الشخصية.

د- سلامة البيانات: وهي من أهم مكونات أمن النظام، ويجب على إدارات البنوك أن تعمل على تحسين قابلية الأنظمة للعمل والإرتباط مع أنظمة أخرى داخل المنظمة نفسها ومع المؤسسات الأخرى، ولكون الخدمة المصرفية متوفرة على مدار الساعة زاد ذلك من الضغوط التنافسية لكسب رضا العملاء، وقلل من استعداداتهم لتحمل وقوع أخطاء.

هـ- ضبط التدقيق الداخلي: إن تحقيق الكفاءة في العمل المصرفي، وقدرة البنك على خفض النفقات يعتمد على قدرته على معالجة كافة نواحي ومراحل العمل الإلكتروني، وكذلك القدرة على الفصل السليم بين المهام والمسؤوليات لتحقيق الضبط الداخلي بفاعلية، وتزاد الضغوط على البنك في حالة وجود نقص في الخبرات، أو نقص الكفاءات ذات المهارة في أداء العمليات المصرفية الإلكترونية وقدرة البنك على معالجة هذه الظروف الطارئة.

٢- مخاطر السمعة (Reputation Risk): تنشأ مخاطر السمعة في حالة توفر رأي سلبي تجاه البنك، نتيجة مثلاً اختراق مواقع البنك على الشبكة مما يسيء إلى سمعة البنك، لذا يجب وضع استراتيجية للإتصال لحماية سمعة البنك.

٣- المخاطر القانونية (Legal Risk): تقع هذه المخاطر في حالة انتهاك القوانين أو القواعد أو الضوابط المقررة، خاصة تلك المتعلقة بمكافحة غسيل الأموال أو نتيجة عدم التحديد الواضح للحقوق والإلتزامات القانونية الناتجة عن العمليات المصرفية الإلكترونية.

٤- مخاطر أخرى، مثل:

- ارتفاع تكاليف جذب عملاء جدد للمعاملات المصرفية من خلال الإنترنت، مما أدى إلى تراجع بعض البنوك عن تقديم خدمات مجانية للعملاء.

- عدم وجود فهم واضح لمتطلبات عملاء البنوك الإلكترونية، وكيفية تلبية هذه المتطلبات على مواقع البنك بالشكل الأمثل.

- صعوبة الإعتماد على الإنترنت فقط كوسيلة لتقديم الخدمات المصرفية، فقد أثبتت الدراسات أهمية الوجود المادي للبنوك التقليدية بالإضافة للبنوك الإلكترونية، حيث أن العديد من العملاء يفضلون التواجد المادي للبنك، بالإضافة إلى عامل الأمان.

- إن عملية الإيداع النقدي تعد مشكلة بالنسبة لعملاء بنوك الإنترنت حيث يضطر العميل لإرسال المبالغ التي يريد إيداعها بالبريد، وهذه مشكلة كبيرة بالنسبة له.

لذا لا بد من عمل استراتيجية واضحة للبنك تحدد الأهداف المطلوبة من إدخال العمل المصرفي الإلكتروني، وطرق تحقيق ذلك، وضمان تنفيذ العملية بشكل آمن وسليم (الشرقاوي، ٢٠٠٤).

٤-٢-١-٢-   التحديات التي تواجه تطبيق الخدمات الإلكترونية

إن أهم التحديات التي تواجه العمل المصرفي الإلكتروني بشكل عام، والعمل عبر شبكة الإنترنت بشكل خاص ما يلي:

١- البنية التحتية اللازمة: لا يمكن تحقيق الانتشار لأي عمل إلكتروني – من ضمنه العمليات عبر الإنترنت – دون وجود بنية تحتية أساسية، وتتألف تلك البنية من المتطلبات الآتية:

أ- وجود الحاسبات الشخصية لدى البنوك والمؤسسات المختلفة والمنازل والتي عن طريقها يتم إجراء الأعمال الإلكترونية، وكلما زاد الإنتشار للحاسبات قل التحدي أمام انتشار الخدمات الإلكترونية، وتؤكد الإحصاءات للفترة ما بين

١٩٩٢-١٩٩٩ أن المعدل العالمي هو (٤٣.٦) حاسب لكل (١٠٠٠) مواطن، ويرتفع إلى (٧٨.٢) حاسباً لكل (١٠٠٠) مواطن في الدول المتقدمة، وينخفض إلى (٦.٥) حاسباً فقط لكل (١٠٠٠) مواطن في الدول النامية، وتعد هذه النسب أحد التفسيرات لزيادة حجم العمليات المصرفية الإلكترونية في الدول الصناعية وتقلصها في الدول النامية.

ب- انتشار شبكات الإتصال بأنواعها: أي وجود شبكات الإتصال الهاتفية العادية المعتمدة على تكنولوجيا الـ(Digital) والهواتف الخلوية (GSM)، وكذلك شبكات الأقمار الصناعية لكونها قنوات ومسارات انتقال العمليات الإلكترونية.

ج- توفر الحاسبات المضيفة (Hosts): وهي تلك الحاسبات المضيفة المحلية التي تتصل بشبكة الإنترنت الدولية، وتتيح من خلال خطوط اتصال محلية الدخول إلى الشبكة، ويكون لها عنوان رقمي على الإنترنت (IP Address)، وقد نمت عدد الحاسبات المضيفة على المستوى العالمي من (٥.٨) مليون عام ١٩٩٥ إلى (٩٣) مليوناً عام ٢٠٠٠.

د- أمن البنية التحتية (Public Key Infrastructure): طالما أنه سيتم تبادل معلومات وبيانات خاصة بأعمال وعمليات مصرفية بما تحتوى عليه من سرية فائقة، فلا بد من أن تكون كل من الخدمات (Service) أو الحاسبات المضيفة (Hosts) آمنة، وأن تكون هناك بنية تحتية للإتصالات آمنة، تقوم على تأمين خطوط الإتصال وعدم تداخلها، فضلاً عن وجود طرف ثالث يضمن الجهات المتعاملة مع بعضها البعض على الإنترنت، وهو ذلك الطرف الذي يمنح الأطراف الشهادات الضامنة لوسائل وبرمجيات الإتصال المشفرة، وتقدم خدمة التحقق من شخصية المتصل عبر الإنترنت، وتسهيل عملية التوقيع الإلكتروني، وبلغت الإستثمارات في البنية الأساسية للمعلومات (٩٤.٣٨) دولاراً للفرد لعام ٢٠٠٠ في دول منظمة

التعاون الإقتصادي، بينما في دول الشرق الأوسط بلغت (٢٤.٥٧) دولاراً فقط للفرد.

٢- الموارد البشرية اللازمة لإنتشار العمليات المصرفية الإلكترونية: إن العنصر البشري من العناصر الحاكمة في العمليات المصرفية الإلكترونية، وكلما انتشر عدد مستخدمي القنوات الإلكترونية، ومنها الإنترنت ازداد انتشار التعامل بالخدمات المصرفية، ويعتمد ذلك على مدى توفر الحاسبات بأسعار مناسبة، وحسن صيانتها، ورخص الدخول على الإنترنت، ويبلغ عدد المستخدمين للإنترنت على مستوى العالم (٢٢٦) مليون نسمة عام ١٩٩٩ نسمة، بينما يبلغ في العالم العربي (١.٩) مليون نسمة.

٣- استمرار بحوث تطوير الخدمات المصرفية عبر الإنترنت، والتي تعد لازمة لدعم وانتشار وتطوير الخدمات المصرفية الإلكترونية.

٤- البنية التشريعية: إن البنية التشريعية والقانونية ضرورة ملحة لتوفير المناخ الملائم للخدمات المصرفية الإلكترونية وانتشارها، فمثلاً لإنتشار التعامل مع التوقيع الإلكتروني لا بد أن يكون له كامل الحجة القانونية.

٥- توفر السياسات الضريبية والجمركية المشجعة، وهي تشمل ما يفرض على وسائل أداء الخدمات المصرفية الإلكترونية وتتضمن مثلاً: الحاسبات وملحقاتها أو الضرائب التي تفرض على المعاملات ذاتها.

٦- الدعم الحكومي: ويلعب الدور الحكومي دوراً كبيراً في انتشار تلك الخدمات فعلى سبيل المثال يتمثل دورها في توفير البنية الأساسية المطلوبة من حاسبات، شبكات اتصالات آمنة، وأيضاً تشريعات وسياسات ضريبية وداعمة لانتشار الخدمات الإلكترونية (الغندور، ٢٠٠٣، ص ص: ١٣٠-١٤٧).

٤-٢-١-٣- تشريعات البنك المركزي

صدرت مجموعة من التشريعات عن البنك المركزي الأردني تستهدف تنظيم العمل المصرفي الإلكتروني بغرض حماية البنك وعملائه من مخاطر هذه الأعمال، ولقد حرص البنك المركزي على ألا يحد من قدرة البنوك الأردنية على تقديم خدمات ومنتجات مصرفية بوسائل إلكترونية جديدة ومتطورة. وفيما يلي تلخيص لهذه التشريعات التي تنظم العمل المصرفي:

أولاً: قانون البنوك الصادر في عدد الجريدة الرسمية رقم (٤٤٤٨) يوم الثلاثاء ١ جمادى الأول سنة ١٤٢١ الموافق ١ آب سنة ٢٠٠٠ رقم (٢٨) لسنة ٢٠٠٠.

لقد تضمنت المادة (٩٢) من قانون البنوك على المواد القانونية في مجال الإعتراف بمستخرجات أجهزة التكنولوجيا الحديثة وإعطائها القوة القانونية في الإثبات، إضافة لبعض البنود التنظيمية الأخرى، وكما يلي:

١- "للبنك المركزي أن يضع نظاماً إلكترونياً لتحويل الأموال وبالتنسيق مع البنوك، وفي هذه الحالة يكون للبنك المركزي الحرية في إجراء الدفع والقبض بواسطة هذا النظام وإعلام البنوك المعنية بذلك".

٢- "على الرغم مما ورد في أي تشريع آخر يجوز الإثبات في القضايا المصرفية بجميع طرق الإثبات بما في ذلك البيانات الإلكترونية أو البيانات الصادرة عن أجهزة الحاسب أو مراسلات أجهزه التلكس".

٣- "للبنوك أن تحتفظ للمدة المقررة في القانون بصورة مصغرة (ميكروفيلم أو غيره من أجهزة التقنية الحديثة) بدلاً من أصل الدفاتر والسجلات والكشوفات والوثائق والمراسلات والبرقيات والإشعارات وغيرها من الأوراق المتصلة بأعمالها المالية، وتكون لهذه الصور المصغرة حجية الأصل في الإثبات".

٤- "تعفى البنوك التي تستخدم في تنظيم عملياتها المالية الحاسب الآلي أو غيره من أجهزة التقنية الحديثة من تنظيم دفاتر التجارة التي يقتضيها قانون التجارة النافذ المفعول، وتعتبر المعلومات المستقاة من تلك الأجهزة أو غيرها من الأساليب الحديثة بمثابة دفاتر تجارية".

ثانياً: تعليمات ممارسة البنوك لأعمالها بوسائل إلكترونية رقم (٢٠٠١/٨) تاريخ ٢٠٠١/٧/٢٦ والصادرة عن البنك المركزي سنداً لأحكام المادة (٩٩/ب) من قانون البنوك رقم (٢٨) لسنة ٢٠٠٠. وقد صدرت حرصاً من البنك المركزي على سلامة التعاملات المالية والمصرفية التي تنفذها البنوك بوسائل إلكترونية، وأمن النظم والمعلومات الخاصة بها، وضماناً لحقوق المتعاملين فأنه على البنوك التقيد بما يلي كما ورد في المادة رقم (١) إلى المادة رقم (١١):

١- الإلتزام بالتشريعات والأعراف المصرفية والإجراءات الإحترازية اللازمة عند ممارستها بالوسائل الإلكترونية مثل: الإنترنت، والبطاقات الإلكترونية، وغيرها.

٢- على البنوك التي ترغب بممارسة أي من أعمالها بوسائل إلكترونية مراعاة ما يلي:

أ- دراسة وتحديد وتقييم كل الأعمال المنوي ممارستها بوسائل إلكترونية وأنظمة الحماية والمخاطر ووسائل الحماية منها.

ب- أخذ موافقة مجلس الإدارة على ممارسة هذه الأعمال بوسائل إلكترونية.

٣- إلزام البنك الذي يرغب بممارسة أي من أعماله بوسائل إلكترونية بتوفير كادر فني مؤهل لتنفيذ تلك الأعمال، ووضع التعليمات لتنفيذ تلك الأعمال وإجراءات الأمن والحماية وتطويرها واستيفاء المتطلبات الفنية لتنفيذ تلك الأعمال مثل: تسجيل الموقع الإلكتروني، والتوثيق، وغيرها، وتوفير الأنظمة التطبيقية اللازمة من أجهزة وشبكات ربط وغيرها مع وثائق فحصها وتدقيقها.

٤- مراجعة الأنظمة والمعدات والشبكات وإجراءات وأساليب الحماية، وتحسين أدائها بشكل دوري، ووضع خطط للطوارئ.

٥- ضرورة تحديد وبيان المسؤوليات المترتبة على تنفيذ الأعمال بوسائل إلكترونية مع مراعاة البنك تحقيق مبدأ الرقابة الثنائية فيما يتعلق بدوره في هذه الأعمال.

٦- ضرورة تنظيم العلاقات التعاقدية بين البنك والعميل، وبيان مسؤوليات كل طرف بشكل واضح ومتوازن، وضرورة توعية العملاء وإرشادهم.

٧- أن تراعي الاتفاقات المبرمة بين البنك وأي من الشركات الخادمة والمزودة والداعمة بما لا يتعارض مع أحكام السرية المصرفية، وبما لا يتعارض مع أحكام أمن النظم والمعلومات.

٨- القيام بالتأمين على مخاطر الأعمال التي تنفذ بوسائل إلكترونية مثل: البيانات والأنظمة، وأية أعمال يرى البنك أو البنك المركزي أهمية للتأمين عليها.

٩- إخضاع العمليات المنفذة بوسائل إلكترونية للتدقيق والمراقبة والمراجعة الدورية، مع توفر التقارير الرقابية الدورية وتقييمها ومتابعتها.

١٠- يكون البنك مسؤولاً مسؤولية مباشرة عن أي تجهيزات أو أنظمة أو تعاقدات أو خدمات يقدمها طرف ثالث له بخصوص تنفيذ عملياته بوسائل إلكترونية.

١١- على البنك عندما يزود البنك المركزي بالبيانات المالية السنوية ونصف السنوية إرفاق تقرير إحصائي عن التعاملات المنفذة بوسائل إلكترونية وفق نموذج خاص، وإخطار البنك المركزي بأية اختراقات داخلية أو خارجية تحصل لأنظمة معلومات حال حدوثها، وعلى البنك الإلتزام بتسهيل مهام التفتيش الفني من قبل البنك المركزي، وتزويد البنك المركزي بنسخ من تقرير التدقيق والتفتيش الداخلي.

ثالثاً: تعليمات أنظمة الربط والرقابة الداخلية رقم (٤٧٩٤/١٠) تاريخ ٢٠٠٣/٣/٢٧، وقد تضمنت المعايير والمبادئ الأساسية لأنظمة المعلومات وكما يلي:

يترتب على تجميع ومعالجة وتحويل وتخزين المعلومات بالشكل الآلي المخاطر الآتية:

١- خطأ معلوماتي أو خطأ في تشغيل البرمجيات.

٢- ضياع أو تغير البيانات أو البرمجيات.

٣- عدم كفاية البرمجيات أو الموظفين المعنيين بذلك.

٤- دخول غير المخول إلى بيانات سرية.

٥- التلاعب بقصد الإختلاس في أنظمة المعلومات.

٦- القرارات الخاطئة نتيجة لمعلومات غير صحيحة أو مضللة.

بالتالي فإن على أنظمة الرقابة أن تكفل فاعلية وسلامة أنظمة المعلومات لدى البنك من خلال

مثلاً:

أ- تصميم أنظمة المعلومات بطريقة تحقق الرقابة والإدارة الفاعلة للمخاطر المتعلقة بأنظمة المعلومات، وتبني استراتيجيات معتمدة من مجلس الإدارة لمقابلة احتياجاتها وتطويرها.

ب- فصل المهام داخل وحدة أنظمة المعلومات، وتوفر الكفاءات داخل وحدة التدقيق الداخلي بشكل يمكن هذه الوحدة من القيام بمهام التدقيق على أنظمة المعلومات بكفاءة.

ج- أن يتضمن الهيكل التنظيمي وجود وحدة متخصصة لأنظمة المعلومات تدعم عمليات البنك.

د- تبني استراتيجية موحدة لتوثيق جميع الأمور المتعلقة بأنظمة المعلومات في جميع مراحلها.

هـ- توفر إجراءات وسياسات تكفل الدخول على المعلومات للمفوضين فقط ومراجعة هذه الإجراءات والسياسات بشكل منتظم.

و- توفر خطة طوارئ محددة لضمان استمرارية عمل أنظمة المعلومات من خلال وجود برمجيات في أماكن أخرى غير مركز معالجة المعلومات، ووجود ملفات احتياطية، ووجود نسخ احتياطية من أنظمة وبرامج الحاسب وحفظها في أماكن خارج مراكز العمل.

رابعاً: قانون المعاملات الإلكترونية رقم (٨٥) لسنة ٢٠٠١.

وقد قام هذا القانون بتغطية المواضيع الآتية: السجل، والعقد، والرسالة، والتوقيع الإلكتروني، والسند الإلكتروني القابل للتحويل، والتحويل الإلكتروني للأموال، وتوثيق السجل والتوقيع الإلكتروني، والأحكام الختامية، والعقوبات (شقير، ٢٠٠٣) .

قائمة المصادر

أولاً: المصادر العربية

١. أبو جريش، جورج نهاد ورشوان، يوسف خشان. (٢٠٠٣). "المصرف عبر الإنترنت تقنية جديدة تثير مشاكل قانونية قديمة جديدة". **مجلة اتحاد المصارف العربية**، بيروت: جمعية اتحاد المصارف العربية، ٢٣(٢٧٤)، ص ص: ٦٢-٦٤.

٢. أبو تايه، صباح. (٢٠٠٣). "واقع نشاط الإستثمار التكنولوجي في البنوك العربية". **مجلة البنوك في الأردن**. عمّان: جمعية البنوك في الأردن، ٢٢(٩)،ص ص: ٣٣-٣٩.

٣. الجمل، رفاه. (٢٠٠١). **تقييم جودة البنك الناطق المقدمة في العمل المصرفي من وجهة نظر الزبون، دراسة تطبيقية على البنك العربي**. رسالة ماجستير غير منشورة، جامعة اليرموك: إربد، الأردن.

٤. حيدر، معالي. (٢٠٠٢). **نظم المعلومات: مدخل لتحقيق ميزة تنافسية**. (ط١). القاهرة: الدار الجامعية.

٥. دود، بول. (٢٠٠٠). **تفهم أثار الثورة المصرفية العالمية**." بحث مقدم في مؤتمر الأكاديمية العربية العاشر: **تقديم المنتجات والخدمات المصرفية والمالية بالتجزئة أمام تحديات القرن الواحد والعشرين**. الأكاديمية العربية للعلوم المالية والمصرفية، عمّان، الأردن (٢١-٢٣) تشرين الأول ٢٠٠٠.

٦. الديوه جي، عبد الإله. (٢٠٠٠). التجارة إلكترونياً. في: النحلة، علي وقرطاس، المنصف وشمبور، توفيق وماجد، محمد (المحررون). **التجارة الإلكترونية والخدمات المصرفية والمالية عبر الإنترنت** (ص ص: ٥٢-٦٠)، بيروت: اتحاد المصارف العربية.

٧. سروغ، جو. (٢٠٠٣). "الإدارة الإستراتيجية للتكنولوجيا المصرفية". **مجلة اتحاد المصارف العربية**، بيروت، جمعية اتحاد المصارف العربية، ٢٣(٢٧٧)، ص ص: ٢٠-٢٢.

٨. سروغ، جو. (٢٠٠٠). "العمل الإلكتروني في المصارف بين الضرورات والمحاذير". **مجلة اتحاد المصارف العربية**، بيروت، جمعية اتحاد المصارف العربية، ٢٠(٢٣٨)، ص ص: ١٠٩-١١٢.

٩. سفر، أحمد. (٢٠٠٢). "التطبيقات العملية للعمل المصرفي الإلكتروني/ استراتيجية النجاح في العالم الرقمي". **مجلة اتحاد المصارف العربية**، بيروت: جمعية إتحاد المصارف العربية، ٢٢(٢٦٥)، ص ص: ٤٤-٤٧.

١٠. سهاونة، مهند والحسن، إبراهيم والروضان، عبير. (٢٠٠٤). **أسس تطبيق التجارة الإلكترونية في المؤسسات الصغيرة والمتوسطة**. عمّان: الجمعية العلمية الملكية.

١١. الشرقاوي، محمود أحمد إبراهيم. (٢٠٠٤). "الرقابة المصرفية والضبط الداخلي في ظل العمل المصرفي". **محلة اتحاد المصارف العربية**، بيروت: جمعية اتحاد المصارف العربية ٢٤(٢٨٠)، ص ص: ٣٩-٤٢.

١٢. الشريف، خالد. (٢٠٠٠). "اقتصاد الإنترنت". **بحث مقدم في مؤتمر الأكاديمية العربية العاشر: تقديم المنتجات والخدمات المصرفية والمالية بالتجزئة أمام تحديات القرن الواحد والعشرين**، الأكاديمية العربية للعلوم المالية والمصرفية، عمّان - الأردن (٢١-٢٣) تشرين الأول ٢٠٠٠.

١٣. شقير، عمر مسعود أحمد. (٢٠٠٣). "العمل المصرفي الممارس بوسائل إلكترونية من قبل البنك المركزي. **بحث مقدم في المؤتمر العلمي السنوي: الأعمال الإلكترونية في العالم العربي**، جامعة الزيتونة، عمّان - الأردن (٧-٩) نيسان ٢٠٠٣.

١٤. صباح الحلو، برهان. (٢٠٠٠). أثر استخدام تكنولوجيا المعلومات على الخدمات المصرفية المتكاملة في البنوك التجارية الأردنية من منظور القيادات المصرفية. رسالة ماجستير غير منشورة، جامعة آل البيت، المفرق، الأردن.

١٥. طربية، جوزيف. (٢٠٠١). "الصيرفة الإلكترونية - تطبيق التكنولوجيا للصمود والنجاح في الإقتصاد الجديد". مجلة اتحاد المصارف العربية، بيروت: جمعية إتحاد المصارف العربية، ٢١(٢٤٤)، ص١٢٧.

١٦. عبد الكريم، سيف الدين السماتي. (٢٠٠٤). "العمليات المصرفية الإلكترونية والإطار الإشرافي". مجلة اتحاد المصارف العربية، بيروت: جمعية إتحاد المصارف العربية، ٢٤(٢٧٨)، ص ص: ٦٦-٦٩.

١٧. العبداللات،عبدالفتاح .(٢٠٠٦)."معيقات التوسع في الصيرفة الإلكترونية -دراسة حالة على البنوك الأردنية . أطروحة دكتوراه غير منشورة، الأكاديمية العربية للعلوم المالية والمصرفية، عمّان، الأردن.

١٨. عرب، يونس. (٢٠٠٢). "التشريعات والقوانين المتعلقة بالإنترنت في الدول العربية". مجلة اتحاد المصرف العربية، بيروت: جمعية إتحاد المصارف العربية، ٢٢(٢٦٥)، ص ص: ٥٢-٥٣.

١٩. عرب، يونس. (٢٠٠٠). "البنوك الإلكترونية". مجلة البنوك في الأردن، عمّان: جمعية البنوك في الأردن، ١٩(٤)، ص٩.

٢٠. عرب، يونس. (٢٠٠١). قانون الكمبيوتر. (ط١)، بيروت: جمعية إتحاد المصارف العربية.

٢١. العمري، غسان. (٢٠٠٤). الإستخدام المشترك لتكنولوجيا المعلومات وإدارة المعرفة لتحقيق قيمة عالية لأعمال البنوك الأردنية. أطروحة دكتوراه غير منشورة، جامعة عمّان العربية، عمّان، الأردن.

٢٢. عواد، محمد سليمان. (٢٠٠٣). **تطوير استراتيجية لتبني تطبيقات التجارة الإلكترونية في الشركات الأردنية**. أطروحة دكتوراه غير منشورة، جامعة عمّان العربية، عمّان، الأردن.

٢٣. الغندور، حافظ كامل. (٢٠٠٣). **محاور التحديث الفعال في المصارف العربية فكر ما بعد الحداثة**. بيروت: جمعية اتحاد المصارف العربية.

٢٤. قاحوش، نادر الفرد. (٢٠٠١). **العمل المصرفي عبر الإنترنت**. (ط١)، بيروت: الدار العربية للعلوم.

٢٥. قنديلجي، عامر والجنابي، علاء الدين. (٢٠٠٥). **نظم المعلومات الإدارية وتكنولوجيا المعلومات**. (ط١)، عمّان: دار المسيرة النشر والتوزيع والطباعة.

٢٦. قولدفينقر، كارليس. (٢٠٠٥). "بنوك الإنترنت". **بحث مقدم في مؤتمر معهد الدراسات المصرفية: الصيرفة الإلكترونية**، معهد الدراسات المصرفية، عمّان، الأردن (١٣-١٦) حزيران ٢٠٠٥.

٢٧. مديرية البحوث. (٢٠٠٠). "المصارف العربية إنجازات جديدة تحديات جديدة". **مجلة اتحاد المصارف العربية**، بيروت: جمعية اتحاد المصارف العربية، ٢٠(٢٣٩)، ص ص: ٥ ٧.

٢٨. النابلسي، محمد سعيد. (١٩٩٤). **التطور التاريخي للجهاز المصرفي والمالي في الأردن**. عمّان: منشورات لجنة تاريخ الأردن.

٢٩. مرسي، نبيل. (٢٠٠٥). **التقنيات الحديثة للمعلومات**. (ط١)، الإسكندرية: دار الجامعة الجديدة للنشر.

٣٠. دليل السياسات والإجراءات لبنك الإسكان للتجارة والتمويل.

٣١. نشرات وتقارير البنك المركزي حول حجم الودائع للبنوك وحجم التعامل بالقنوات الإلكترونية للأعوام ٢٠٠٢، ٢٠٠٣، ٢٠٠٤.

ثانياً: المراجع الأجنبية

١.   American Savings Bank, Phone Banking: Keeping Track by Phone, Federal Trade Commission – Facts for Consumers, **www.asbhawaii.com**.

٢.   Anguelov, C., & Hilgert, M. & Hogarth, J. (٢٠٠٤). "U. S. Consumers and Electronic Banking: ١٩٩٥-٢٠٠٣". **Federal Reserve Bulletin**, ٩٠(١), ١٣-١٦.

٣.   Awad, E. (٢٠٠٢). **Electronic Commerce from Vision to fulfillment**. New Jersey: Prentice Hall, Upper Saddle River.

٤.   Batdorff, L. (١٩٩٦). "Phone, ATM Leading Way in Banking Technology". **Crain's Cleveland Business**, ١٧(٣٥), ١٣.

٥.   Casolaro, L. & Gobbi, G. (٢٠٠٤). "Information Technology and Productivity Changes in the Italian Banking Industry". **Report Published by Bank of Italy Economic Research Department**, pp:١-٢٦.

٦.   Chong, S. P., & Scruggs, L. & Kiseok, N. (٢٠٠٢). "Internet Banking In The USA., Japan and Europe". **Multinational Business Review**, ١٠(٢), ٧.

٧.   Chris, C. (٢٠٠٥). "Opening Accounts on the Web: Make It Simple". **American Banker**, ١٧٠(٢١٩), ١٤-١٥.

٨.   Kolodinsky, J., & Hogarth, J. M. (٢٠٠٠). "Bricks or Clicks? Consumers' Adoption of Electronic Banking Technologies". **Consumer Interest Annual**, ٤٦(٤٧), ١٨٠.

٩.   Kolodinsky, J., Hogarth, J. M., & Shue, J. F. (٢٠٠١). "The Adoption of Electronic Banking Technologies by American Consumers". **Consumer Interests Annual**, ٤٧(٤٧), ١-٦.

١٠. Fuller, F. (٢٠٠٠). **Getting Started with Electronic Commerce**. Newyork: Harcourt College Publishers.

١١.   OZ, E. (٢٠٠٢). **Management Information Systems**. ٣rd Edition, Boston: Course Technology.

١٢.   National Bank, Electronic Banking, Federal Trade Commission–Facts for Consumer, **www.adobe.com**.

١٣.   Mcphail, J., & Fogarty, G. (٢٠٠٤). "Mature Australian Consumer of Self- Service Banking Technologies". **Journal of Financial Services Marketing**, ٨(٤), ٣٠٢-٣١١.

١٤.   Sathye, M. (١٩٩٩). "Adoption of Internet Banking by Australian Consumers: an Empirical Investigation". **International Journal of Bank Marketing**, ١٧(٦/٧), ٣٢٤, ٣٣٣.

١٥.   Turban, E., Lee, J., & Viehland, D. (٢٠٠٤). **Electronic Commerce A Managerial Perspective**. New Jersey: Pearson Prentice Hall, Upper Saddle River.

١٦.   Whie, H., & Nteli, F. (٢٠٠٤). "Internet Banking in the U.K.. Why are There not More Customers?" .**Journal of financial Services Marketing**, ٩(١), ٤٩.

ثالثاً: مواقع الإنترنت:

١. البنك الأهلي الأردني، القنوات والخدمات الإلكترونية البنكية. (www.ahli.com).

٢. بنك المؤسسة العربية المصرفية، القنوات والخدمات الإلكترونية البنكية. (www.arab-banking.com).

٣. بنك القاهرة، القنوات والخدمات الإلكترونية البنكية. (www.ca-bank.com).

٤. البنك التجاري الأردني، القنوات والخدمات الإلكترونية البنكية. (www.jcbank.com.jo).

٥. البنك الأردني للإستثمار والتمويل، القنوات والخدمات الإلكترونية البنكية. (www.jif-bank.com).

٦. بنك العالم المحلي، القنوات والخدمات الإلكترونية البنكية. (www.jordan.hsbc.com).

٧. بنك الإتحاد، القنوات والخدمات الإلكترونية البنكية. (www.unionbankjo.com).

٨. بنك سوسته جنرال، القنوات والخدمات الإلكترونية البنكية. (www.sgbi.com.jo).

٩. البنك العقاري المصري العربي، القنوات والخدمات الإلكترونية البنكية. (www.arakari.com.jo).

١٠. بنك تمويل الصادرات، القنوات والخدمات الإلكترونية البنكية. (www.efbank.com.jo).

١١. البنك الإسلامي الأردني، القنوات والخدمات الإلكترونية البنكية. (www.jordanislamicba-nk.com).

١٢.   بنك عوده، القنوات والخدمات الإلكترونية البنكية. (www.banqueaudi.com).

١٣.   بنك الأردن، القنوات والخدمات الإلكترونية البنكية. (www.bankotjordan.com).

١٤.   البنك الأردني الكويتي، القنوات والخدمات الإلكترونية البنكية. (www.jordan-kuwait-ban-k.com).

المصطلحات

أدوات الصيرفة الإلكترونية : Tools Of Electronic Banking

أطراف الصيرفة الإلكترونية: Electronic Banking Divisions

آلة الصراف الآلي: Automatic Teller Machine

إدارة الصيرفة الإلكترونية : Electronic Banking Management

الأدوات والتطبيقات ومعيقات التوسع :

Tools, Applications And Expansion Obstacles

بطاقات الدفع: Payment Card

بطاقات الائتمان الوهمية : Pseudo Credit Cards

بطاقة الاتصال المباشر: Direct Contact Card

بطاقة الاتصال غير المباشر : Indirect Contact Card

بطاقات القيمة المخزنة: Stored-Value Cards

البطاقات الائتمانية: Credit Cards

البطاقات الوفائية: Charge Cards

البطاقات الذكية: Smart Cards

البطاقات المدينة: Debit Card

البنك الآلي : Automatic Bank

البنك الخلوي: Mobile Bank

البنك الناطق: Phone Bank

البنك الفوري أو يسمى مركز خدمة العملاء: Call Center

البنك المركزي والصيرفة الإلكترونية: Central Bank and Electronic Banking

البنوك المركزية: Central Banks

البنوك الافتراضية: Virtual Banks

البنوك التجارية: Commercial Banks

بنوك الإنترنت: Internet Banks

تكنولوجيا ونظم المعلومات، المفهوم والمكونات:
Information Technology, Concept and Components

التلفزيون الرقمي: Digital Television

جهاز تبديل العملات: Money Exchange Machine

الحسابات الجارية المدينة: Current Debit Accounts

خدمة الدفع الإلكتروني: Electronic Payment Service

خدمة تسديد الفواتير الكترونيا " ايجابي ":
Bills Payment Electronic Service (Positive)

الخدمات المعلوماتية: Informational Services

الخدمات الاتصالية: Communicational Services

الخدمات التنفيذية: Transactional Services

دائرة الأنظمة: Information Technology Department

رقم سري: Pin Number

الشيكات الإلكترونية :Electronic Checks

العميل أو الزبون :Customer/ Client

الاعتماد المستندي :Letter of Credit

الصيرفة المحمولة :Mobile Banking

الصيرفة المنزلية : Home Banking

الصيرفة الإلكترونية عربيا :Electronic Banking in the Arab World

الصيرفة الهاتفية :Phone Banking

طريقة الدفع من شخص إلى شخص آخر :Person to Person Payments

عملاء البنوك التجارية :Commercial Banks Customers

غرفة التقاص الإلكتروني :Automated Clearing House

الفواتير الإلكترونية :Electronic Billing

القنوات الإلكترونية :Electronic Channels

كلمة سر :Password

مركز التخطيط الاستراتيجي :Strategic Planning Center

مركز إدارة المشاريع :Projects Management Center

مركز توكيد الجودة :Quality Assurance Center

مركز البطاقات الإلكترونية :Electronic Cards Center

مركز مراقبة أمن المعلومات :Information Security Control Center

مرسال أو خدمة الرسائل القصيره :Small Message Service

مركز التشغيل والدعم الفني :Operations & Technical Support Center

مركز دعم الحلول المصرفية : Solution Support Center

مركز خدمة العملاء: Call Center

موقع إلكتروني: Web Site

المحافظ الإلكترونية: Electronic Wallets

نقاط البيع الإلكترونية: Electronic Points of Sale

نظام البطاقة التجارية: Trade Card System

نشأةالصيرفة الإلكترونية وتطورها : Electronic Banking Start and Development

النقود الإلكترونية: Electronic Cash

هيكل الجهاز المصرفي الأردني والصيرفة الإلكترونية:

Jordanian Banking System Framework and the Electronic Banking

الوحدة الإدارية : Administrative Unit

الملاحـــق

T0157217

Printed in the United States
By Bookmasters